入門・国際政治経済の分析
ゲーム理論で解くグローバル世界

石黒 馨

勁草書房

はしがき

　本書の目的は，学生や社会人を対象に国際政治経済の事例研究と簡単な理論分析を提供することである。本書で取り上げた事例は，国際通商交渉，国際通貨協力，国際地域紛争という3つの分野に関するものである。それぞれの分野の事例について解説すると共に，簡単な理論によって分析が行われている。各章末には，理解を深めるための練習問題と文献案内が付けられている。

　本書では，事例研究と共にモデル分析を行う。国際政治経済に関する多くの事実を提供するというよりは，3つの分野の限られた事例について説明し，それらを分析するための理論的な枠組みを提供することを重視した。理論的な枠組みについても，多様な分析アプローチを紹介するというよりは，合理的選択理論やゲーム理論の枠組みで一貫して分析することを試みた。

　本書の構成は以下の通りである。個々の事例研究の前に，第1部の国際政治経済学とは何かにおいて，分析領域（第1章），分析手法（第2章），分析視角（第3章）について紹介している。第2部の国際通商交渉では，通商交渉と議会の批准の役割（第4章），日米自動車交渉と米国の制裁の威嚇（第5章），APEC貿易自由化交渉と日本の官僚制（第6章）について検討している。第3部の国際通貨協力では，ドル本位制と通貨協力（第7章），通貨統合とユーロ（第8章），通貨危機とグローバル・ガバナンス（第9章）を取り上げている。第4部の国際地域紛争では，民族紛争や地域紛争への国際社会の介入（第10章），インド・パキスタン・イランなどの核拡散問題（第11章），米朝核交渉のロード・マップ（第12章）について検討している。

　本書は，国際政治経済学の初歩的な試みである。本書では十分に果たすことができなかった課題が残されている。特に，本書の第4部で国際地域紛争を取り上げているが，これは従来の国際政治経済学の理解とは異なる構成になっている。また第3章で2レベルゲームの分析枠組みを紹介しているが，必ずしもその枠組みで本書全体が統一されているわけではない。これらの点についての

検討は，読者諸賢のご批判をもとに今後の課題としたい。

本書の作成には多くの方々のご協力を得た。石田淳教授（東京大学）には原稿の段階から多くのコメントを頂き，第10章には共同研究の成果の一部を利用させて頂いた。鈴木基史教授（京都大学）と飯田敬輔教授（青山学院大学）には学会や研究会でアイデアを啓発して頂いた。藤中裕二，堀江進也，Daniel Salpak，山本勝造，畢朝暉，高内一宏の神戸大学大学院経済学研究科博士課程のゼミ生には練習問題の作成などで協力を得ることが出来た。また，本書の計画から刊行に至るまで勁草書房編集部の上原正信氏に大変お世話になった。これらの方々に深く感謝したい。

最後に，いつも楽しい家庭環境を与えてくれる妻の靖子と娘の更に感謝する。

2006年11月

六甲山麓の研究室にて

石黒　馨

目　次

第Ⅰ部　国際政治経済学とは何か

第1章　分析領域——対象・アプローチ・課題 …………3
- 本章で何を学ぶか　3
- 1.1　分析対象と分析レベル　3
- 1.2　分析アプローチ　6
- 1.3　グローバル世界の研究課題　13
- 練習問題　17　　・文献案内　18

第2章　分析手法——ゲーム理論 …………19
- 本章で何を学ぶか　19
- 2.1　戦略形ゲームとナッシュ均衡　20
- 2.2　展開形ゲームと部分ゲーム完全均衡　25
- 2.3　部分ゲーム完全均衡の応用：政治交渉ゲーム　28
- 2.4　不完備情報下のゲームの均衡　31
- 練習問題　33　　・文献案内　34

第3章　分析視角——2レベルゲーム …………35
- 本章で何を学ぶか　35
- 3.1　国際政治経済の枠組み　36
- 3.2　2レベルゲーム分析　37
- 3.3　アクターの行動と戦略　42
- 3.4　国際交渉と国内政治　47
- 練習問題　50　　・文献案内　50

第II部　国際通商交渉

第4章　通商交渉と議会の批准 ……………………………… 53
- 本章で何を学ぶか　53
  - 4.1　通商交渉の分析枠組み　54
  - 4.2　通商交渉と政治的圧力　61
  - 4.3　議会の内向き志向と政策効果　63
- 練習問題　67　　・文献案内　67

第5章　日米通商交渉と制裁の威嚇 ……………………………… 69
- 本章で何を学ぶか　69
  - 5.1　日米自動車交渉の経緯　70
  - 5.2　日米通商交渉の分析枠組み　75
  - 5.3　日米自動車交渉の分析　79
- 練習問題　83　　・文献案内　83

第6章　APEC通商交渉と官僚制 ……………………………… 85
- 本章で何を学ぶか　85
  - 6.1　APECと日本の官僚制　86
  - 6.2　貿易自由化交渉と官僚制の分析枠組み　92
  - 6.3　APEC自由化交渉の分析　95
- 練習問題　99　　・文献案内　100

第III部　国際通貨協力

第7章　ドル本位制と通貨協力 ……………………………… 103
- 本章で何を学ぶか　103
  - 7.1　ドル本位制と通貨協力の経緯　103
  - 7.2　通貨協力の分析枠組み　110

7.3　ドル本位制下の通貨協力の分析　115
・練習問題　118　　・文献案内　118

第8章　通貨統合とユーロ　119
・本章で何を学ぶか　119
8.1　欧州通貨統合の経緯　120
8.2　通貨統合の分析枠組み　125
8.3　通貨統合の分析　129
・練習問題　135　　・文献案内　135

第9章　通貨危機とグローバル・ガバナンス　137
・本章で何を学ぶか　137
9.1　メキシコの通貨危機　137
9.2　通貨危機と危機管理の分析枠組み　141
9.3　通貨危機と危機管理の分析　144
9.4　通貨危機のグローバル・ガバナンス　147
・練習問題　151　　・文献案内　151

第Ⅳ部　国際地域紛争

第10章　国内紛争への国際介入　155
・本章で何を学ぶか　155
10.1　国内紛争の分析枠組み　155
10.2　国内紛争と国際介入の分析　158
10.3　国内紛争の実証分析に向けて　165
・練習問題　169　　・文献案内　169

第11章　核不拡散体制の安定条件　171
・本章で何を学ぶか　171
11.1　冷戦後の核不拡散問題　172
11.2　核不拡散体制の分析枠組み　176

11.3 核不拡散体制の分析　178
11.4 核不拡散の処方箋　181
・練習問題　185　　・文献案内　185

第12章　米朝核交渉のロード・マップ……………………187
・本章で何を学ぶか　187
12.1 米朝核交渉の経緯　188
12.2 米朝核交渉の分析枠組み　191
12.3 米朝核交渉の分析　195
12.4 米朝核交渉の処方箋　198
・練習問題　202　　・文献案内　202

練習問題の解答　203
引用・参考文献　211
事項索引　223／人名索引　228

第Ⅰ部◆
国際政治経済学とは何か

第1章　分析領域──対象・アプローチ・課題
第2章　分析手法──ゲーム理論
第3章　分析視角──2レベルゲーム

第 1 章

分 析 領 域

●対象・アプローチ・課題

本章で何を学ぶか

　本章では，国際政治経済学という研究分野について検討する。国際政治経済学の分析対象はグローバリゼーションと共に多様化している。分析対象の多様化は，分析レベルや分析アプローチの多様化をもたらし，新たな研究課題を提起している。

　本章は次のように構成される。第1節では，国際政治経済学の分析対象と分析レベルについて検討する。第2節では，3つの分析アプローチと最近の展開について明らかにし，第3節では，グローバル世界の研究課題について検討する。

1.1 分析対象と分析レベル

1.1.1 分析対象

　現代の国際社会は，分権的な主権国家を前提とし，中央集権的な世界政府が存在しないという意味で国際的なアナーキーと見なされている（Bull 1995）。国内社会には階層的な秩序が存在しているが，国際社会にはそのような秩序は存在していない。主権国家は排他的領域性を持ち，領域内の実効支配権と対外的決定権をもっている。国際社会には，そのような主権国家が併存し，主権国家の上には各国の意思決定を規制するような集権的な権力（立法機関，行政機関，司法機関など）は存在していない。

分権的な主権国家システムにおいて経済活動が国境を越えて広がり，経済的相互依存関係が拡大すれば，貿易・投資・金融のような経済問題をめぐって主権国家間あるいは経済主体と主権国家の間で対立や協調の可能性が高まる。このような国際的な対立や協調は，関税や為替レートのような各国の対外政策から規制緩和や構造改革のような国内政策や国内制度にしだいに広がっている。現代の国際経済の諸問題は，このような国際経済と国際政治が相互作用する国際政治経済の性格を強めている。このような国際政治経済を対象にするのが国際政治経済学である。

　国際経済と国際政治の相互依存関係についての積極的な分析は，1970年代以降の国際社会の変動と関係している。1960年代までは，「**2つの軌道システム**」のもとで高次元の政治（*high-politics*）である国際政治と低次元の政治（*low-politics*）である国際経済は分離し分析されていた。しかし，1970年代以降になると，ニクソン・ショックや石油ショックなどによって「国際経済の政治化」という現象が現れ，両者を分離することが困難になってきた。また1980年代になると，日米経済摩擦や為替レートの政策協調のように，国際政治が国際経済に重要な影響を及ぼすようになった。さらに冷戦後には，高次元の政治の重要性が相対的に低下し，市場経済のグローバル化が国際政治学者の注目を集めるようになった。

　20世紀末以降は，グローバリゼーションが国際政治に及ぼす影響が関心を集めている。**グローバリゼーション**とは，情報通信技術革新を基礎とした相互依存関係の深化がもたらす社会の再編成過程である。グローバリゼーションには3つの側面がある。1つは，情報通信技術革新によるモノ，カネ，ヒト，情報・技術・知識・アイデアなどのトランスナショナルな移動の増大である。2つめは，政治・経済・社会・文化の地球規模での相互依存関係の拡大でありネットワーク化である。3つめは，そうした相互依存関係の拡大による社会の再編成である。

1.1.2　分析レベル

　国際政治経済の分析には，個人・国内・国際・トランスナショナルの4つの分析レベルがある。第1の分析レベルは**個人レベル**の分析である（図1.1の①）。

図1.1　国際政治経済の分析レベル

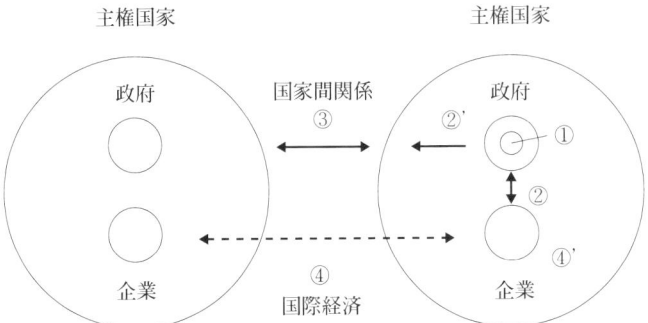

　この分析は，国際関係における各国の大統領や国際機関の責任者などの役割に注目し，個々の政治家の個人的特徴を検討する。この分析レベルは国際政治経済学では従来あまり重視されていない。重要なのは以下の3つの分析レベルである。

　第2の分析レベルは**国内レベル**の分析である（図1.1の②）。個々の国家の政治制度や社会制度に関心を向ける。各国の対外政策（図1.1の②'）を，国内の社会集団の選好や官僚制および政治制度などによって分析する。国内レベルの分析は3つに分けられる。1つは，社会中心理論で，利益集団・選挙・世論などによる国内社会集団からの圧力を重視する。2つめは，国家中心理論で，対外政策の源泉を国家の行政府・意思決定機関・官僚に見いだす。3つめは，教育・行政・議会のような国家と社会を結びつける制度を重視する国家社会関係理論である。

　第3の分析レベルは**国際レベル**の分析である（図1.1の③）。この分析は，国家間関係における国家の位置—各国の政治経済的パワーの相対的関係—に注目する。各国の対外政策を，国内条件の変化によってではなく，対外的制約条件の変化によって分析する。国家を対外的条件の変化に反応する単一のアクターと考える。

　第4の分析レベルは**トランスナショナル・レベル**の分析である（図1.1の④）。国境を越えるモノ・カネ・ヒト・情報などの移動に焦点を当てる。グローバリゼーションは直接的には第4の分析レベルに関係している。

表1.1　3つの分析アプローチ

	リアリズム	リベラリズム	マルクシズム
1　分析レベル	第3の分析レベル	第2の分析レベル	第4の分析レベル
2　システム	国家間システム	非国家間システム	生産関係
3　統治システム	勢力均衡	多様な相互依存関係	資本主義システム
4　アクター	主権国家	非国家アクター	階級
5　目的関数	相対利益	絶対利益	相対利益
6　関係	ゼロサム	非ゼロサム	ゼロサム
7　対外政策	国家間関係	社会集団の選好	資本の選好
8　国際協調	悲観的	楽観的	悲観的

1.2　分析アプローチ

　国際政治経済の分析には，リアリズム，リベラリズム，マルクシズムの3つのアプローチがある。**リアリズム**は，第3の分析レベルに関心をもち，国家間の戦略的な状況を分析する。**リベラリズム**は，第2の分析レベルに関心を持ち，国内の社会的選好や政治制度と対外政策との関係について分析する。**マルクシズム**は，第4の分析レベルに関心を持ち，資本賃労働関係という視点から国際政治経済を分析する。

1.2.1　リアリズム

　リアリズムは，国際政治経済における政治経済的パワーや国際構造の役割を重視する（図1.2を参照）。グローバリゼーションの進展や影響についてはリアリズムは懐疑的である。

　1）**国際政治と国際経済**：リアリズムは，国際政治経済の本質を主権国家間の権力関係として把握する。国際政治と国際経済の関係では，国際経済を低次元の政治として扱い，国際政治を高次元の政治として優先する傾向がある。また国際経済を国際政治の手段と見なし，経済への政治の介入を正当化する。リアリズムの議論には，1970年代の国際経済秩序の不安定化の原因を検討した覇権理論がある。1970年代から1980年代の新重商主義や1990年代のクリントン政

図1.2　リアリズムの国際関係

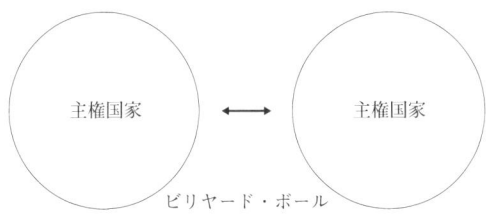

権下の戦略的通商政策論などにもその影響がみられる。

　2）**アクター間の関係**：リアリズムは，主要なアクターとして同質的で単一の主権国家を想定する。主権国家は，国益（政治経済的な安全保障）を主要な目標として行動する。自国の安全確保のために，各国はより大きな国力を得ようとする。この国力には，技術力や経済力および軍事力などが含まれる。他国への経済的依存は自律性を低下させる。

　主権国家の選好については合理的な利己主義が想定され，その目的関数は**相対利益**，例えば主権国家間の相対的な利得格差に依存する。主権国家は，このような目的関数を最大化するように意思決定する。アクターは相互に対立関係にあり，**ゼロサム**関係である。ゼロサム関係のもとでは，相互の同意によって国際協調が成立する可能性はない。国際協調があるとすれば，強制的な支配＝従属関係のもとでの協力であり，非支配国の自発的意思にもとづくものではない。

　3）**国際統治システム**：リアリズムは，アクターの意思決定を拘束する基本的要因として国際構造，特に主権国家間の権力関係を重視する。国際レジームや国際制度の役割は，意思決定の制約条件としては国際構造ほど重視されない。このように国際システムを分析の対象にするリアリズムは，個々の主権国家を分析の対象にする古典的リアリズム（Morgenthau 1948）に対して**ネオ・リアリズム**と呼ばれる。

　ネオ・リアリズムは，勢力均衡論のように権力の対称性を重視する議論と覇権理論のように権力の非対称性を重視する議論に分けられる。ウォルツ（Waltz 1979）に代表される**勢力均衡論**は，国際秩序の安定には主権国家間の

権力の平衡状態が必要であると考える。勢力均衡論では，主要な国際統治システムは主権国家間の権力の均衡である。各国が勢力均衡を規範として行動することによって，国際秩序が安定し，各国の安全が確保される。

覇権理論の国際統治システムは主権国家間の権力の非対称性である。キンドルバーガー（Kindleberger 1973）の**覇権安定論**によれば，圧倒的な軍事力や経済力を持つ覇権国が存在する場合に，自由主義的な国際経済秩序が形成される。覇権安定論は，1970年代における国際経済秩序の不安定性の原因を米国の覇権の後退に求めた。ギルピン（Gilpin 1981）の**覇権循環論**も，国際秩序の安定において主権国家間の権力の非対称性を重視する。

ストレンジ（Strange 1994）の**構造的権力論**は，主権国家間の権力の非対称性を想定しているが，軍事力だけではなく生産構造・金融構造・知識構造の役割を重視する。構造的権力とは，各国の対外行動のルールを決定する力である。ナイ（Nye 2004）も，パワーをハードとソフトに分け，ソフト・パワーの重要性を指摘している。ハード・パワーは従来の軍事力・経済力・技術力を表すが，**ソフト・パワー**は相手を取り込む力であり，文化・イデオロギー・思考様式・知識などが重要になる。

1.2.2　リベラリズム

リベラリズムは，国際政治経済における非国家アクターや国際レジームの役割を重視する（図1.3を参照）。各国間の多様な相互依存関係の深化によって，政府は低次元の政治に関心を向け，国際関係の諸問題を軍事的に解決しようとする誘因を低下させる。リベラリズムは，グローバリゼーションの進展を認め，その積極的な容認派である。

1）**国際政治と国際経済**：リベラリズムの前提は，政治的自由主義と経済的自由主義である。政治的自由主義は政治的多元主義を理念とし，経済的自由主義は競争的な市場経済を理念としている。国際政治と国際経済は形式的に分離し，経済活動は原則として民間の企業や個人の行為によって行われ，政治は集合的権威＝国家によって行われる。政治が経済に介入しない場合に，経済活動はもっとも効率的に行われる。

2）**アクター間の関係**：リベラリズムは主要なアクターとして，主権国家だ

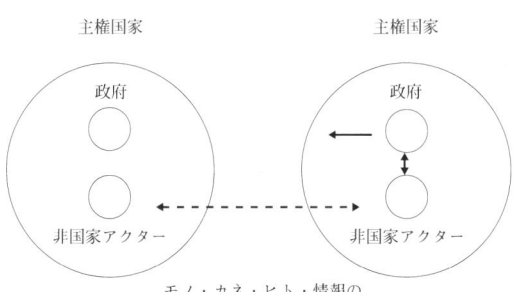

図1.3 リベラリズムの国際関係

けではなく，企業・利益集団・NGO・国際組織などの多様な非国家アクターを想定し，これらのアクターのトランスナショナルな関係を重視する。アクターの選好は，多くの場合リアリズムと同様に合理的な利己主義が想定され，目的関数を最大化するように意思決定する。ただし，リアリズムの場合と異なり，目的関数は相対利益ではなく**絶対利益**の関数である。

リベラリズムは，国益を与件とせず，対外政策の国内要因や国際要因を明らかにしようとする。多様な社会構成員とその選好はどのように国益を構成するのか。経済的相互依存はその国益にどのような影響を及ぼすのか。リアリズムが国益の国際的帰結を問題にするとすれば，リベラリズムは国益の国内的源泉を検討する。

リベラリズムは，アクター間に**非ゼロサム**関係を想定する。このようなゲームの性質は，主要な争点領域が安全保障問題よりも経済問題など多様な領域に存在することや，権力基盤のなかで軍事力以外の経済力や知識などを重視する点とも関係している。

3）**国際統治システム**：リベラリズムは，多様な争点領域における相互依存や協調関係の発展によって各国間の協調の制度化を促進しようとする。モノ・カネ・ヒト・情報の国際市場も各国の相互依存を促進する１つの様式である。リベラリズムの国際統治システムは，このようにして形成された相互依存関係や国際レジームおよび国際制度である。

リベラリズムの理論には，機能主義論，相互依存論，国際レジーム論などがある。**機能主義論**は，経済的社会的分野における協力を積み重ねることによって国家間の協力関係が促進されると考える。特に，ハース (Haas 1964) は，ある分野での協力が次々に他の分野での協力を促進していくというスピルオーバー効果に着目し，経済分野での国家間協力が政治分野での国際協力を促進することを期待した。

　相互依存論は国家間の相互依存関係と協調の可能性に注目する。例えば，経済的相互依存の深化は国家の政策能力を制約するので，各国が利益を得るためには，国家間の協調が必要になる。コヘインとナイ (Keohane and Nye 1977) は**複合的相互依存**という概念を提起した。彼らは，安全保障が国家間の多様な相互依存関係の1つに過ぎず，非政治領域の問題の重要性が高まり，軍事力が果たす役割が相対的に低下してくること，そして非国家アクターの役割が大きくなっていることなどを理由に，リアリズムを批判した。

　国際レジーム論は，特定の問題領域における国家間のルールの集合としての国際レジームを国際協調において重視する。国際レジームは，アクター間の協調関係を促進する原則・規範・ルール・意思決定手続きの総体であり，次のような機能を果たす (Keohane 1984)。第1に，アクター間の情報共有の領域を広め，不確実性を低下させる。第2に，交渉の焦点を与え，他国の行動について予測可能性を高める。第3に，交渉の取引費用を削減する。国際レジームは，国際貿易 (WTO)，国際金融 (IMF)，国際開発・援助 (世界銀行)，核不拡散 (NPT・IAEA) などの分野に存在している。

　国際レジームは，国際構造の相違に応じてその性格が異なる。国際社会に覇権国が存在する場合には，覇権国によって国際レジームが形成される。覇権安定論では，国際レジームは国際公共財とみなされ，覇権国によって供給される。主権国家間の権力が均等化し，覇権国が存在しない場合には，条約や慣習が国際レジームを形成したり，特定領域の専門家を中心にした**知識共同体**（*epistemic community*）が国際レジーム形成に影響を及ぼす。

1.2.3　マルクシズム

　マルクシズムは，資本主義世界経済や政治文化的な影響力の役割を重視し，

第1章 分析領域

図1.4 マルクシズムの国際関係

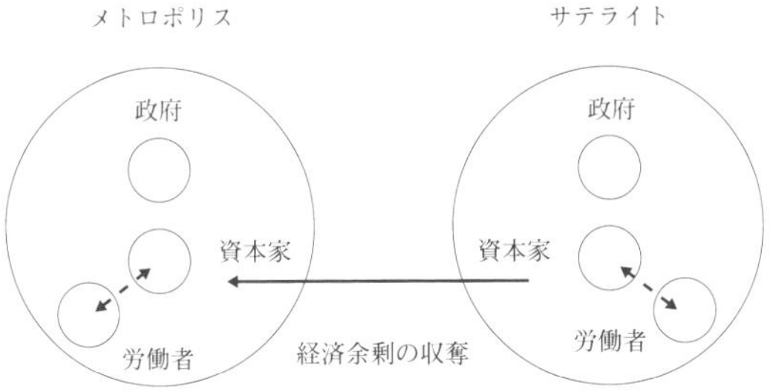

```
    メトロポリス              サテライト
   ┌─────────┐           ┌─────────┐
   │   政府    │           │   政府    │
   │          │           │          │
   │    資本家 │←──────────│ 資本家    │
   │     ↙    │           │    ↘     │
   │  労働者   │  経済余剰の収奪│   労働者  │
   └─────────┘           └─────────┘
```

資本のグローバリゼーションの進展を認めるが, その影響については批判的である。

1) **国際政治と国際経済**：国際政治と国際経済の関係について, マルクシズムは, 国際政治に対する資本主義世界経済の優位性を主張する。国際経済については, リベラリズムは, 競争的な市場経済と効率的な資源配分に注目する。これに対して, マルクシズムは, 市場経済の背後にある資本主義的生産関係や所得分配を問題にする。

マルクシズムには, レーニン (Lenin, V.) やカウツキー (Kautsky, K.) の**帝国主義論**のような古典的マルクシズムの他に, 従属論や世界システム論などがある。フランク (Frank 1978) の**従属論**は, 周辺部の低開発を問題にし, 「低開発の発展」の命題を提起した。周辺部の低開発は世界資本主義におけるメトロポリス (中枢) ＝サテライト (衛星) 構造によって形成されたものである (図1.4を参照)。メトロポリスはサテライトの経済余剰を収奪し, 先進国が発展すればするほど, 発展途上国の低開発が進展する。ウォーラーステイン (Wallerstein 1983) の**世界システム論**は, 従属理論を発展させ, 周辺地域の低開発と中核地域の発展を資本主義世界システムの同一の運動の中で統一的に説明する。

2) **アクター間の関係**：主要なアクターは階級と主権国家である。アクター間に非対称性があり, 資本主義世界経済の中心的な役割は支配階級＝資本家によって担われる。自律的アクターは資本家階級であり, 労働者階級はそれに従属する。階級間の関係は, 搾取＝被搾取あるいは支配＝従属のゼロサム関係で

ある。主権国家は支配階級が目的を達成する手段であり，支配階級間の世界市場における政治的対立が国家間の対立として現れる。

世界システム論は，主権国家を中核国家・半周辺国家・周辺国家に分ける。自律的に行動できるのは中核諸国であり，半周辺国・周辺国は中核諸国によって支配される。中核諸国の中心に覇権国が成立する条件は，生産・流通・金融のすべての分野で1つの中核国家が優位性を確立することである。覇権国は資本主義世界システムの成長局面で勃興する。停滞局面では覇権国は衰退し，中核諸国間の対立が現れ，新たな覇権国が登場する。

3）**国際統治システム**：マルクシズムは，非対称的な世界経済構造や資本主義的な生産関係が国際システムの性格を規定し，アクターの意思決定を拘束する国際統治システムと考える。マルクシズムは，資本主義世界経済という国際経済構造の非対称性を重視する。国際政治構造は，資本主義世界経済に規定される政治的上部構造である。

主権国家の意思決定は，世界システム論によれば，資本主義世界経済によって規定されるだけではなく，階層的な国際政治構造である**国家間システム**によっても拘束される。国家間システムとは，諸国家がそれに沿って動かざるをえない一連のルールであり，国際統治システムである。しかし，世界システムの運動の基軸は，資本主義的国際分業のもとで行われる中核地域の資本蓄積と周辺地域に対する搾取である。国家間システムは資本主義的衝動の政治的領域における表現である。

1.2.4 新たなアプローチの展開

リアリズムとリベラリズムの論争（Baldwin 1993）は，両者を折衷するネオ・リベラル制度論を生み，また両者を批判するコンストラクティヴィズムを輩出した。冷戦後には民主的平和論が展開されたり，グローバリゼーションの進展と共にグローバル・ガバナンス論が主張されたりするようになった。

ネオ・リベラル制度論は，主権国家間の協調の可能性に関するリアリズムとリベラリズムとの論争の中から生まれ，両者を折衷する議論としてコヘインによって展開された（Keohane 1989）。ネオ・リアリズムの基本的な仮定を受け入れながら，国際制度（国際レジームや国際組織）の役割を明らかにすることに

よって，国際協調の可能性を示した。しかし，その結果，国益の国内源泉に関する視点を失ったり，国内の安定した選好を仮定したりするなど，リベラリズムからの逸脱も見られる。

コンストラクティヴィズムは，リアリズムやリベラリズムがパワーや便益のような物質的要因しか考慮していない点を批判し，政策決定者の認識・アイデア・アイデンティティ・規範などが国際関係に及ぼす影響を指摘する（Wendt 1999）。また，従来の議論が分析対象を客観的に認識可能であるとする客観主義に陥っている点を批判し，国際関係を主観主義と客観主義の中間的な**間主観性**という概念によって分析する。さらに，リアリズムやリベラリズムのアクター中心主義を批判し，社会構造とアクターとの相互作用を重視する。

冷戦後，市場経済と民主主義が東西共通の主要な理念になると共に，**民主的平和論**（*democratic peace*）がラセット（Russett 1993）によって主張された。民主主義国家間では他の政治体制間とは異なり，戦争の可能性が低い。その理由は，民主主義国の政治決定は透明性が高く，各国間で信頼醸成が容易に行われ，平和的手段で問題の解決が可能であるからである。この議論は，民主主義以外に，経済的相互依存や国際組織への参加などの要因を国家間の戦争防止の要因とする，**自由主義的平和論**（*liberal peace*）へと拡張された。

グローバリゼーションの進展と共に，**グローバル・ガバナンス論**が現れた（Kahler and Lake 2003）。この議論は，グローバリゼーションのもたらす正負の影響を考慮し，それを適正に導くためのグローバルな包括的制度の必要性を主張する。国際レジームは，特定領域において国家間の協調を表す概念であるが，グローバル・ガバナンスは，領域横断的な問題に対して，国家だけではなく非国家アクターをも含めた概念である。

1.3 グローバル世界の研究課題

グローバリゼーションの進展のもとで国際政治経済学には主に3つの研究課題がある。第1に国際経済が国際政治に及ぼす影響，第2に国際経済が国内の政策決定や政治制度に及ぼす影響，第3に国際経済が人権や民主主義などの規範に及ぼす影響である。

1.3.1 国際経済と国際政治

第1の研究課題は，国際経済④（図1.1を参照，以下同じ）が国家間関係③に及ぼす影響を検討することである。国際経済が国家間関係に及ぼす影響には2つある。1つは，国際システムや国際秩序への影響である。もう1つは，国際ルールや国際制度および国際機関（GATT/WTO, IMF, 世銀）への影響である（Kahler and Lake 2003；Gilpin 2000）。

国際システムへの影響とは，国際経済が国家や非国家アクターの政治経済的なパワーの配分に及ぼす影響である。グローバリゼーションは，特定国にパワーを集中させるのであろうか，あるいは多国間にパワーを分散させるのであろうか。主権国家を主要なアクターとする従来の国際関係に代わるような新しい国際関係が形成されるのであろうか。

国際ルールや国際制度への影響とは，国際貿易レジーム（GATT/WTO），国際通貨金融レジーム（IMF），国際開発援助レジーム（世界銀行）などに及ぼす影響である。これらの国際レジームは今日では経済取引の自由化と資源配分の効率性を原則としている。このような国際レジームはグローバリゼーションを促進したり管理したりする。グローバリゼーションは国際ルールや国際制度にどのような影響を及ぼすのであろうか。

国際レジームへの影響に関して，最近の特徴の1つは，国際レジームの民営化であり，プライベート・レジームの創設である。**プライベート・レジーム**とは，従来の国際レジームとは異なり，民間企業のような非国家アクターが中心になって国際的なルールや基準を形成するものである。このようなレジームの例には，国際会計基準委員会（IASC）の会計基準や国際商事仲裁裁判（司法の民営化）などがある。

この研究領域での最近の論争の1つに**国際秩序論争**がある。グローバリゼーションは，国家間の政治経済的パワーの配分にどのような影響を及ぼし，その結果，国家間の協調関係を促進するのであろうか，あるいは国際秩序を不安定化させるのであろうか。

グローバリゼーションの国際秩序への影響に関して3つの見解がある。リベラリズムによれば，経済取引（貿易）は各国に利益をもたらすものであり，貿易による経済成長は各国間の政治関係を安定させる。リアリズムは，重商主義

国家や競争国家を想定する。そのような国家は国力の増大のために経済資源を巡って競争・対立し，国家間関係を不安定化させる。マルクシズムも，グローバリゼーションは各国の不均等発展をもたらし，中心周辺構造を拡大するとして，安定的な国際秩序には悲観的である。

1.3.2　国際経済と国内政治

　第2の研究課題は，国際経済④が，各国の国家主権や政策決定権②'（通商政策，為替政策，金融・財政政策，規制緩和，構造改革，移民政策など）に及ぼす影響について検討することである。この研究領域には，グローバリゼーションとの関係で相互に関連する2つの論争がある。1つは，グローバリゼーションと国家主権に関する論争であり，もう1つは，グローバリゼーションと国家の自律性に関する論争である（Garrett 1998；Gilpin 2000）。

　1）**国家主権論争**：国家主権論争とは，グローバリゼーションが主権国家の排他的領域性を侵害するかどうかに関する論争である。主権国家は領域内の実効支配権と対外決定権を持っている。しかし，グローバリゼーションは国境を越えたネットワークを形成し，財・サービス・金融市場の統合をもたらす。このような脱領域的な市場統合は国家主権を侵害するのであろうか。またグローバリゼーションは，主権国家に代わる新たな国際社会のアクターを形成するのであろうか。

　国家主権の侵害は例えばつぎのような場合に問題になる。トランスナショナルなアクターである**多国籍企業**は国境を越えて子会社を設立し，企業内の国際分業を展開する。このとき，企業内の集権的意思決定は各国の国家主権を侵害する可能性がある。例えば，多国籍企業の受け入れ国が関税や為替レートの調整によって貿易を管理しようとしても，多国籍企業は企業内の移転価格によってこの管理を回避するかもしれない。

　グローバリゼーションの国家主権への影響に関する見解は3つのアプローチで異なる。リベラリズムは，相互依存関係の深化によって国家主権が後退すると考える。このような議論はストレンジ（Strange 1996）のようなハイパー・グローバリストによっても行われている。リアリズムは，グローバリゼーションの進展自体を疑い，国家はグローバリゼーションを管理できると考えている。

国家の後退は神話に過ぎない。マルクシズムは，グローバリゼーションの進展を認めるが，資本のグローバリゼーションには反対している。資本による国家主権の侵害には批判的である。

　2）**国家の自律性論争**：国家の自律性論争とは，グローバリゼーションが国家の政策決定の自律性を侵害し，その結果，各国に同様の政策を採用させ，**政策の収斂**をもたらすのかどうかに関する論争である。そして，もし政策を収斂させなければ，各国は不利益を被るのだろうか。ここで，政策決定の自律性とは，対外制約から独立して国内の政策目標を達成する能力である。

　金融政策の自律性の低下については次のような議論がある。企業による貿易や海外生産の増大は政府に対する資本移動の自由化圧力を強める。もし金融自由化を実施すれば，各国は金融政策の自律性と為替レートの安定のどちらかを選択することになる。そのとき，欧州のように通貨統合による為替レートの安定を選択すれば，各国は独自に金融政策を実施することができなくなる。こうして，各国はマクロ経済政策の自由度を狭め，景気安定化政策を財政政策に収斂させることになる。

　グローバリゼーションの国家の自律性への影響に関しても見解の相違がある。リベラリズムは，経済的相互依存関係の深化は，対外的な制約条件を拡大し，国家の自律性を低下させ，各国の政策の収斂をもたらすとする。リアリズムは，国家間関係が各国の政策選択に及ぼす影響を重視する。したがって，国家間関係が国際経済から独立に決まるとすれば，国家は自律性を低下させることはない。マルクシズム，特に世界システム論によれば，中心周辺構造の中で自律的に行動できるのは中核諸国のみである。発展途上国のような周辺諸国は自律的に政策選択することはできない。

1.3.3　国際経済と規範

　第3の研究課題は，国際経済④が各国の人権や民主主義および環境保全④'などの規範に及ぼす影響について検討することである。グローバリゼーションは，労働者やマイノリティの人権，民主主義，児童労働，女性差別，環境保全にどのような影響を及ぼすのであろうか。経済取引の自由化や資源配分の効率化という規範は公平・公正・環境保全という規範と対立する場合がある。企業

間や国家間の競争の激化は，貧困問題や環境問題を深刻化させるのであろうか（Kahler and Lake 2003；Scholte 2005）。

国際経済と国内制度の関係には，かつては「**埋め込まれた自由主義**」があった。すなわち，国際的には資本移動を規制しつつ自由貿易主義に従うが，国内的にはケインズ的介入主義による福祉国家を容認するというものである。これによって国際経済と国内制度の2つの安定が追求された。グローバリゼーションは，各国の福祉国家や公正・公平の規範を効率性の規範によって取り替える可能性がある。

各国の人権や民主主義への影響については特に次のような問題がある。多国籍企業は受け入れ国における労働者の人権を抑圧し，民主主義を形骸化するのであろうか。グローバルに市場競争を行う多国籍企業は，労働条件に関する現地の労働法や慣習的な国際法（ILO条約や国連の市民権）に反するような行動をとるのであろうか。競争国家はそのような行動を容認するのであろうか。

グローバリゼーションの人権・民主主義・環境保全への影響に関しても見解の相違がある。リベラリズムによれば，貿易自由化は経済成長をもたらし，経済成長は貧困問題や労働問題を解決する。環境問題も，排出権市場の創設のように外部不経済を内部化することによって解決できる。リアリズムによれば，人権や民主主義の問題は国家主権に属する問題であり，国家間関係の問題ではなく国内問題である。マルクシズムは，資本のグローバルな利潤追求は労働者だけではなく国内の多様なアクターの政治的権利を抑圧し，階級対立や環境破壊を促進するとする。

練習問題　*Questions*

問題1.1　グローバリゼーションが国際秩序に及ぼす影響について，リベラリズム，リアリズム，マルクシズムの見解を述べなさい。

問題1.2　グローバリゼーションが国家主権に及ぼす影響について，リベラリズム，リアリズム，マルクシズムの見解を述べなさい。

問題1.3　グローバリゼーションが人権・民主主義・環境保全に及ぼす影響について，リベラリズム，リアリズム，マルクシズムの見解を述べなさい。

（解答は巻末にあります）

文献案内

Guide to Further Reading

ギルピン(2001)『グローバル資本主義』東洋経済新報社。
　▶グローバリゼーションが引き起こすさまざまな問題や論争について検討している。
コヘイン(1998)『覇権後の国際政治経済学』晃洋書房。
　▶国家間の対立と協調を合理的選択論によって分析するリベラリズムの代表的作品。
ストレンジ(1994)『国際政治経済学入門』東洋経済新報社。
　▶国際政治経済(国家と市場の関係)を構造的権力という視点から分析する。
Kahler, Miles and David Lake eds. (2003) *Governance in a Global Economy: Political Authority in Transition,* Princeton: Princeton University Press.
　▶グローバル経済のガバナンスに関する諸問題を多面的に検討した論文集。

第 2 章

分析手法

● ゲーム理論

本章で何を学ぶか

　本章では，国際政治経済の分析手法としてのゲーム理論について説明する。**ゲーム理論**とは，相互依存関係にあるプレイヤーの行動と，その行動によって生じる社会的結果について考察する研究分野である。相互依存関係にあるというのは，結果が自分の選択だけではなく，他のプレイヤーの選択にも依存するような状況を表す。本章で扱うゲーム理論は以下の各章の理解に必要な範囲に限定され，また説明も初歩的なものである。

　相互依存関係にあるプレイヤー間のゲーム的状況は非協力ゲームと協力ゲームに分けられる。**非協力ゲーム**はプレイヤーが独自に意思決定をするようなゲームであり，**協力ゲーム**はプレイヤー間に拘束的な約束があるようなゲームである。本書が扱う国際政治経済の分析は，プレイヤー間で非協力ゲームを行っているような状況を対象にしている。このような非協力ゲームを表現する方法には，戦略形ゲームと展開形ゲームの2つがある。

　非協力ゲームは，ゲームの情報構造という点から，完備情報ゲームと不完備情報ゲームに分けられる。**完備情報ゲーム**とは，ゲームのルールについてすべてのプレイヤーが共有知識をもっているゲームである。これに対し**不完備情報ゲーム**は，ゲームのルールの一部，例えばプレイヤーの選択肢や利得などがすべてのプレイヤーによって共有されていないゲームである。情報構造の相違は国際政治経済の分析では重要な役割を果たす。

　本章は次のように構成される。第1節で非協力ゲームの戦略形ゲームによる表現とナッシュ均衡について説明し，第2節で展開形ゲームと部分ゲーム完全均衡について説明する。第3節では，部分ゲーム完全均衡の応用として政治交渉ゲームの均衡について検討する。最後に，展開形ゲームを不完備情報下のゲームに拡張し，その均衡について説明する。

2.1 戦略形ゲームとナッシュ均衡

戦略形ゲームとは，意思決定が同時に行われる同時手番のゲームを表現するのに適した方法である。ここで同時とは，同じ時刻に意思決定を行うと言うことではなく，意思決定を行う時点で，他のプレイヤーの意思決定を知らないという意味である。

2.1.1 戦略形ゲームの構成要素

1）**核不拡散ゲーム**：核不拡散に関するつぎのような事例から始めよう。核不拡散条約（NPT）の下で，イラクやイランおよび北朝鮮のような潜在的拡散国が核開発について検討し，それを察知した国連安保理がそのような諸国に対する対応を検討しているとしよう。潜在的拡散国には，周辺諸国に対する政治的軍事的優位性の確保や国威宣揚のために核開発を促進するか，あるいはNPT条約を遵守し核開発を断念するかという選択肢があるとする。国連安保理には，潜在的拡散国に対して制裁を科すか，あるいは制裁を科さないか（核開発の容認）という選択肢があるとしよう。

潜在的拡散国と安保理は相手の行動を知らずに意思決定し，それによって以下のような結果が生じるとしよう。①潜在的拡散国が核開発し，安保理が核開発を容認したとき，潜在的拡散国の国内政治支持率が10％上昇し，国際社会の安保理への政治的支持率が10％低下する。②潜在的拡散国が核開発し，安保理が核開発を制裁したとき，潜在的拡散国の国内政治支持率が30％低下し，国際社会の安保理への政治的支持率が20％低下する。③潜在的拡散国が核開発を断念する場合，安保理が核開発を容認しても制裁しても，潜在的拡散国の国内政治支持率が10％低下し，国際社会の安保理への政治的支持率が10％上昇する。

ここで，国際社会の安保理への政治的支持率は，安保理の対応にかかわらず，潜在的拡散国が核開発を断念した場合に最も高いことを示している。潜在的拡散国も安保理も，自国や国際社会の政治的支持率をできるだけ大きくすることを目的とし，お互いに相手がどのような意思決定をしたかを知らずに行動する。このとき，潜在的拡散国と安保理は，どのように意思決定をすればよいだろう

か。

　2）**3つの構成要素**：戦略形ゲームは，プレイヤー，プレイヤーの戦略，プレイヤーの利得の3つの構成要素によって表される。

　プレイヤーは，ゲームを行う意思決定主体であり，他の各章では国際政治経済学の慣例に従いアクターと表現される。プレイヤーは合理的な行動，例えば自己の利得を最大化するような行動をとると仮定される。核不拡散ゲームの事例では，潜在的拡散国と安保理がこのゲームのプレイヤーである。

　戦略は，各プレイヤーが意思決定する時点において作成される行動計画である。核不拡散ゲームでは，潜在的拡散国は「核開発」と「核開発の断念」，安保理は「核開発の容認」と「核開発の制裁」という2つの選択肢をそれぞれ持つ。2人のプレイヤーは1回だけ選択を行うので，2つの選択肢のうちどちらを選択するかがそのまま戦略になる。すなわち，潜在的拡散国は「核開発」と「核開発の断念」という2つの戦略を持ち，安保理は「核開発の容認」と「核開発の制裁」という2つの戦略を持つ。

　利得は，各プレイヤーがその戦略に従って行動した結果に対して各プレイヤーが持つ評価値である。プレイヤーの利得は，プレイヤーや分析対象によって異なる。核不拡散ゲームでは，潜在的拡散国の利得は国内の政治的支持率であり，安保理の利得は国際社会の政治的支持率である。合理的なプレイヤーは，他のプレイヤーの戦略を予想しながら，自己の利得を最大化するように戦略を決定する。

　一般的に，利得は，各プレイヤーの戦略の組に対して，各プレイヤーの利得を対応させる**利得関数**によって表現される。核不拡散ゲームでは，潜在的拡散国は「核開発」と「核開発の断念」という2つの戦略を持ち，安保理は「核開発の容認」と「核開発の制裁」という2つの戦略を持つ。2人のプレイヤーが戦略をとったときに生じる戦略の組は，（核開発，核開発の容認），（核開発，核開発の制裁），（核開発の断念，核開発の容認），（核開発の断念，核開発の制裁）の4通りある。

　各プレイヤーの利得を利得関数によって表そう。潜在的拡散国の利得関数をgで表し，単位を10％とすれば，潜在的拡散国の利得は以下のようになる。g（核開発，核開発の容認）$=1$，g（核開発，核開発の制裁）$=-3$，g（核開発

表2.1　核不拡散ゲームの利得行列

A \ B	核開発の容認	核開発の制裁
核開発	（1，−1）	（−3，−2）
核開発の断念	（−1，1）	（−1，1）

の断念，核開発の容認）＝ −1，g(核開発の断念，核開発の制裁)＝ −1。安保理の利得関数を h で表せば，安保理の利得は以下のようになる。h(核開発，核開発の容認)＝−1，h(核開発，核開発の制裁)＝−2，h(核開発の断念，核開発の容認)＝1，h(核開発の断念，核開発の制裁)＝1。

3）**利得行列**：プレイヤーが2人の場合には，利得は行列を用いて表すことができる。

表2.1は核不拡散ゲームの利得を行列で表した**利得行列**である。縦に潜在的拡散国（A）の2つの戦略「核開発」と「核開発の断念」，横に安保理（B）の2つの戦略「核開発の容認」と「核開発の制裁」を並べ，行列の各要素には行と列に対応する戦略を2人のプレイヤーがとった場合の利得を並べる。例えば，1行1列は，潜在的拡散国が「核開発」，安保理が「核開発の容認」という戦略をとった場合の利得の組（1，−1）である。利得の組は，前が潜在的拡散国の利得，後が安保理の利得を表す。単位は10％である。

利得行列には，プレイヤー，プレイヤーの戦略，プレイヤーの利得が表示されている。したがって，2人ゲームで各プレイヤーの戦略が有限の場合には，利得行列は戦略形ゲームの表現に必要な3つの要素をすべて含んでいる。

2.1.2　最適反応戦略とナッシュ均衡

戦略形ゲームにおけるプレイヤーの戦略と，各プレイヤーの戦略の組によって定義される均衡について検討しよう。ここでは，プレイヤーの最適反応戦略と，非協力ゲームの重要な均衡概念であるナッシュ均衡について説明する。

1）**最適反応戦略**：最適反応戦略とは，相手のプレイヤーの戦略に対して自己の利得を最大にする戦略のことである。核不拡散ゲームにおいて，潜在的拡散国の最適反応戦略を検討しよう。安保理が「核開発の容認」という戦略をとれば，潜在的拡散国にとって最適な戦略は「核開発」である。というのは，

「核開発」の利得（1）は「核開発の断念」の利得（－1）よりも大きいからである。同様にして，安保理が「核開発の制裁」という戦略をとれば，潜在的拡散国にとって最適な戦略は「核開発の断念」である。

つぎに，安保理の最適反応戦略を検討しよう。潜在的拡散国が「核開発」の戦略をとれば，安保理の最適な戦略は「核開発の容認」である。というのは，「核開発の容認」の利得（－1）は「核開発の制裁」の利得（－2）よりも大きいからである。同様にして，潜在的拡散国が「核開発の断念」という戦略をとれば，安保理の最適な戦略は「核開発の容認」と「核開発の制裁」である。これら2つの戦略は，利得が同じなので，無差別である。

2）**ナッシュ均衡**：均衡とは，一般的には，ひとたびある状態が成立すれば，システムの内的要因によってはそこから変動が生じないような状態である。**ナッシュ均衡**は，各プレイヤーの戦略が相手のプレイヤーの戦略に対して最適反応になっている戦略の組である。ナッシュ均衡では，他のプレイヤーが戦略を変えない限り，どのプレイヤーも自分の戦略を変えるインセンティブをもたないので，そこから他の状態への変動は生じない。

核不拡散ゲームでは，2人のプレイヤーの戦略が互いに相手の戦略に対して最適反応になっている戦略の組は，（核開発，核開発の容認）と（核開発の断念，核開発の制裁）であり，純粋戦略の範囲ではこの2つがナッシュ均衡である。潜在的拡散国が「核開発」の戦略をとるとき，安保理の最適な戦略は「核開発の容認」であり，安保理が「核開発の容認」の戦略をとるとき，潜在的拡散国の最適な戦略は「核開発」である。

2.1.3　ナッシュ均衡の応用：戦略が連続の場合

1）**関税削減ゲーム**：核不拡散ゲームでは戦略は2つしかなかった。自国政府と外国政府の関税削減ゲームを用いて，プレイヤーの戦略が連続的で無数ある場合について検討しよう。このゲームのプレイヤーは，自国政府 N と外国政府 F である。自国政府 N の戦略は自国の関税率 t であり，外国政府 F の戦略は外国の関税率 t^* である。両国政府の利得は，国内の政治的支持率とする。

自国政府の政治的支持率 U_N は，自国の最適関税率 t_N と自国の現実の関税率

図2.1 関税削減ゲームのナッシュ均衡

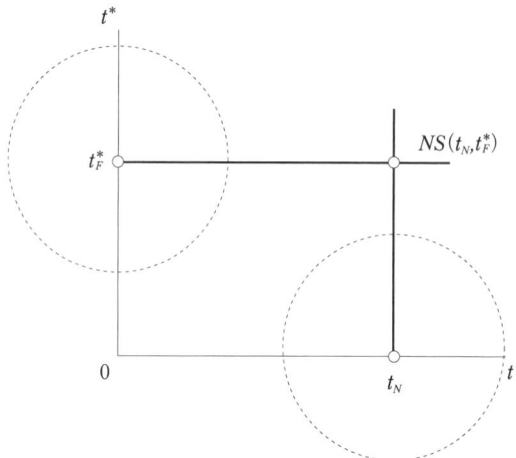

t との差と，自国が望ましいと思う外国の最適関税率 t_N^* と外国の現実の関税率 t^* との差によって決定されるとする。外国政府についても，外国の最適関税率 t_F^* と外国が望ましいと思う自国の最適関税率 t_F を用いると，両国政府の利得関数 $U_N(U_F)$ は，例えばつぎのように表される。

$$U_N(t, t^*) = -(t-t_N)^2 - (t^*-t_N^*)^2$$
$$U_F(t, t^*) = -(t-t_F)^2 - (t^*-t_F^*)^2$$

マイナス符号は，各国の最適関税率を基準にそこから現実の関税率が乖離するほど，各国政府に対する政治的支持率が低下することを表す。

利得関数を以上のように定式化すると，図2.1のように，各国政府の利得関数は理想点を中心に利得に応じて同心円として描ける。ここでは簡単化のために，相手国の関税率に関する最適水準について $t_N^* = t_F = 0$ と仮定し，自国政府の理想点を $(t_N, 0)$，外国政府の理想点を $(0, t_F^*)$ としている。両国政府の利得は理想点から乖離するほど低下する。

2）**ナッシュ均衡**：関税削減ゲームにおける最適反応戦略とナッシュ均衡を求めよう。まず外国政府の関税率 t^* が与えられたときの自国政府の最適反応戦略 t を検討しよう。自国政府の利得関数は，$t_N^* = 0$ を代入すると，以下のように表される。

$$U_N(t, t^*) = -(t-t_N)^2 - (t^*)^2$$

外国政府の関税率 t^* を所与として，自国政府の利得を最大にするような自国政府の関税率を求めるために，自国政府の関税率 t によって自国政府の利得関数を微分しゼロとおく（関数の極大化の一階の条件）。$\partial U_N(t, t^*)/\partial t = -2(t-t_N) = 0$。これを変形すると，$t = t_N$ を得る。これが自国政府の最適反応戦略である。外国政府の関税率 t^* がどのような場合でも，自国政府の最適関税率 t_N を設定するのが，自国政府の最適反応戦略になる。同様にして，自国政府の関税率 t に対する外国政府の最適反応戦略は，$t^* = t_F^*$ である。

図2.1では，両国政府の最適反応戦略は2つの直線で表される。自国政府の最適反応戦略は直線 $t = t_N$ であり，外国政府の最適反応戦略は直線 $t^* = t_F^*$ である。2つの直線が交差する点 $NS(t_N, t_F^*)$ が，ナッシュ均衡である。ナッシュ均衡における自国政府の利得は $U_N = -(t_F^*)^2$ であり，外国政府の利得は $U_F = -t_N^2$ である。

2.2 展開形ゲームと部分ゲーム完全均衡

展開形ゲームは，意思決定が時間の流れに沿って行われる逐次手番のゲームを表現するのに適した方法である。戦略形との違いは，時間と情報を明示的に扱うことができるという点にある。展開形ゲームの構成要素とその重要な均衡概念である部分ゲーム完全均衡について説明しよう。

2.2.1 展開形ゲームの構成要素

展開形ゲームは，プレイヤーが意思決定を行う場所を表す**節**，節から伸び選択肢を表す枝，プレイヤーの情報保有の状態を表す**情報集合**，ゲームの結果に対する各プレイヤーの**利得**によって表現される。

核不拡散ゲームを図2.2のような展開形ゲームとして表現しよう。この図では，時間の流れは左から右に進む。この核不拡散の展開形ゲームでは，最初に，潜在的拡散国（A）が核開発を実施するか，核開発を断念するかを決定する。したがって，左端の節に潜在的拡散国の意思決定の場所をとる。選択肢は「核

図2.2 核不拡散の展開形ゲーム

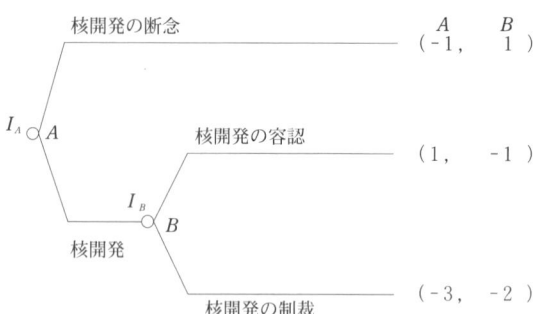

開発」と「核開発の断念」の2つであり，この節から2つの枝が出ている。このゲームでは，潜在的拡散国が核開発を断念した場合には，ゲームは終わるとする。

潜在的拡散国が選択した後，安保理（B）が「核開発の容認」か「核開発の制裁」かの選択をする。潜在的拡散国が核開発を選択した後の節が，安保理が意思決定する場所である。安保理の選択肢は「核開発の容認」と「核開発の制裁」の2つあるので，この節から2つの枝が出ている。安保理が意思決定すると，ゲームは終わる。

枝の終点に，それぞれの結果に対する各プレイヤーの利得を並べる。例えば，一番下は，潜在的拡散国が「核開発」，安保理が「核開発の制裁」を選択した場合であり，その結果に対する利得の組（－3，－2）を記す。前が潜在的拡散国（A）の利得，後が安保理（B）の利得である。

各プレイヤーの情報保有の状態は，プレイヤーの意思決定の場を表す節の集まりで示される。節の集まりからなる集合を情報集合と呼ぶ。情報集合に節が1つしかない場合には，各プレイヤーはすべての意思決定がどのように行われたかを知っていることになる。このようなゲームを**完全情報**のゲームという。核不拡散の展開形ゲームでは，潜在的拡散国の情報集合をI_A，安保理の情報集合をI_Bで表す。これらの情報集合には節が1つしかないので，安保理は潜在的拡散国の意思決定を知った上で，自分の意思決定をしている。

2.2.2 部分ゲーム完全均衡

1）部分ゲームと部分ゲーム完全均衡：展開形ゲームにおいて1つの節だけを含む情報集合からはじまり，その節以降のすべての節を含むゲームを**部分ゲーム**という。部分ゲームは，展開形ゲームの一部分であり，他と切り離して独立に分析できるものである。図2.2では，安保理の意思決定を表す情報集合 I_B 以降が1つの部分ゲームであり，潜在的拡散国の情報集合 I_A 以降の全体ゲームも部分ゲームを構成している。

展開形ゲームの重要な均衡概念は部分ゲーム完全均衡である。**部分ゲーム完全均衡**とは，すべての部分ゲームにおいてナッシュ均衡になっている均衡である。この均衡は，展開形ゲームのすべての情報集合（実現しない情報集合も含む）においてプレイヤーが合理的に意思決定をしているようなナッシュ均衡である。部分ゲーム完全均衡は，ゲームの後ろからナッシュ均衡を求める**後ろ向き帰納法**によって得ることができる。

核不拡散の展開形ゲームの部分ゲーム完全均衡を後ろ向き帰納法によって求めよう。情報集合 I_B から始まる最後の部分ゲームにおいて，潜在的拡散国の「核開発」の選択に対して，安保理は「核開発の容認」か「核開発の制裁」かの選択をしなければならない。安保理の利得は，「核開発の容認」は－1，「核開発の制裁」は－2である。したがって，この情報集合 I_B での安保理の最適反応戦略は「核開発の容認」である。

つぎに，情報集合 I_A での潜在的拡散国の最適反応戦略について検討しよう。潜在的拡散国は，「核開発の断念」を選択すれば－1の利得を得る。「核開発」を選択すれば，その後に安保理が「核開発の容認」を選択するので，1の利得を得る。よって，潜在的拡散国の最適反応戦略は「核開発」である。したがって，このゲームの部分ゲーム完全均衡は，（核開発，核開発の容認）という戦略の組である。

2）ナッシュ均衡の絞り込み：2.1.2で見たように，（核開発の断念，核開発の制裁）という戦略の組は核不拡散ゲームのナッシュ均衡である。しかし，この戦略の組は部分ゲーム完全均衡ではない。このナッシュ均衡の問題点は**威嚇の信頼性**（*credibility*）にある。このナッシュ均衡は，潜在的拡散国が核開発をすれば，安保理が制裁すると言って威嚇し，その威嚇を潜在的拡散国が信じ

図2.3 政治交渉ゲーム

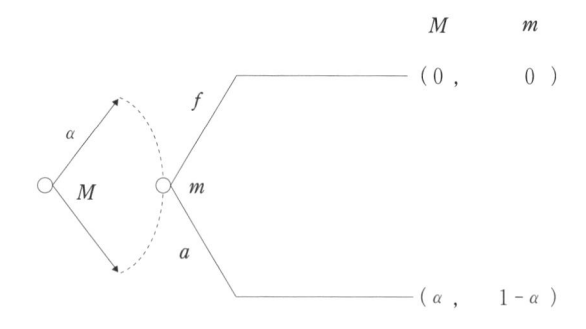

```
                           M      m
                  f  ──── (0 ,    0 )
           α  ╱
      ○────M  m
           ╲  
              a
                  ──── (α ,  1－α)
```

ることによって成立している。しかし，潜在的拡散国が実際に「核開発」を選択すれば，安保理にとって最適な戦略は「核開発の容認」である。したがって，安保理の威嚇は信頼性のない威嚇である。部分ゲーム完全均衡の概念は，信頼性のないナッシュ均衡を排除することによって，ナッシュ均衡を絞り込むものである。

2.3 部分ゲーム完全均衡の応用：政治交渉ゲーム

部分ゲーム完全均衡の応用として，国内の政治交渉ゲームについて検討しよう。ここで扱うゲームは**最後通牒ゲーム**と呼ばれているものである。

1）**政治交渉ゲーム**：このゲームのプレイヤーは，政治対立する多数派 M と少数派 m である。多数派と少数派は，大きさ1の政治権限の配分をめぐって対立している。多数派の戦略は，少数派に対してどのような配分案 $\alpha \in [0,1]$ を提示するかである。α を多数派の配分，$1-\alpha$ を少数派の配分とする。少数派の戦略は，多数派の配分案 $(\alpha, 1-\alpha)$ を受け入れる（a）か，あるいはそれを拒否する（f）かである。多数派と少数派の利得は，政治権限の配分の値である。

この政治交渉はつぎのように行われる（図2.3を参照）。まず，多数派が配分案 α を提示する。この提案に対して，少数派は，a か f かを決定する。少数派がこの提案を受け入れれば，多数派が提案した配分案（α，$1-\alpha$）に従って配分され，政治交渉は成立する。少数派が拒否した場合には，政治交渉は決

裂し,実現する配分は (0,0) とする。

2) **部分ゲーム完全均衡**：この政治交渉の部分ゲーム完全均衡を後ろ向き帰納法によって求めよう。まず少数派の戦略を検討しよう。多数派が配分案 α を提示した後,少数派はその提案を受け入れる (a) か,拒否する (f) かの選択をする。少数派が a を選択した場合の利得は $1-\alpha$ であり,f を選択した場合の利得は 0 である。したがって,$1-\alpha > 0$ であれば,少数派はその提案を受け入れる。$1-\alpha = 0$ であれば,a と f とは無差別である。

つぎに,少数派の戦略を前提に,多数派の戦略を検討しよう。多数派が $\alpha < 1$ を提案するとしよう。このとき,少数派はその提案を受け入れ,多数派は α の利得を得る。しかし,$\alpha < 1$ のとき,α の値が連続なら,$\alpha < \alpha^* < 1$ を満たすような α^* が必ず存在する。このとき,多数派がそのような α^* を提案すれば,少数派はその提案 α^* を受け入れ,多数派の利得は増大する。しかし,α の値が連続なので,多数派の利得を最大にするような α^* を決定することはできない。したがって,$0 \leqq \alpha < 1$ の範囲では,多数派がその戦略を変えるインセンティブを持つので,部分ゲーム完全均衡は存在しない。

多数派が $\alpha = 1$ を提案するとしよう。この提案に対して,少数派は a と f で無差別である。少数派が f を選択するとしよう。このとき,多数派は $0 < \alpha < 1$ を満たすような提案に変更するインセンティブを持つ。というのは,そのような提案を少数派は受け入れるので,多数派の利得は拒否されたときの利得 0 より大きくなるからである。したがって,少数派が f を選択する限り,多数派がその戦略を変えるので,部分ゲーム完全均衡は存在しない。

多数派が $\alpha = 1$ を提案するとき,少数派が a を選択するとしよう。このとき,多数派はこれ以上利得を増やすことができないので,その提案を変更するインセンティブを持たない。少数派も,a と f で無差別なので,その戦略を変えるインセンティブを持たない。

したがって,多数派が $(\alpha, 1-\alpha) = (1,0)$ を提案し,少数派がその提案を受け入れるというのが,部分ゲーム完全均衡である。少数派が $(\alpha, 1-\alpha) = (1,0)$ を拒否するような部分ゲーム完全均衡は存在しない。よって,以下では,被提案者にとって a と f が無差別ならば,a を選択するとして,均衡を求める。

図2.4　武力紛争と政治交渉

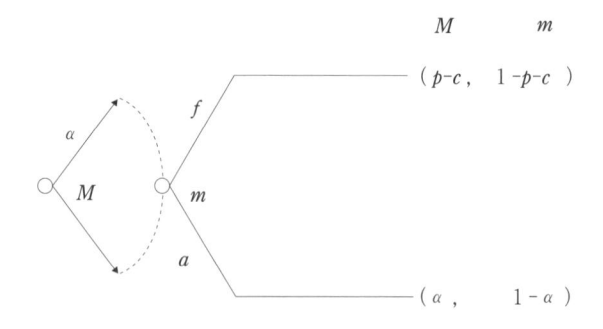

$$M \quad\quad m$$
$$(p-c,\ 1-p-c)$$

（図：始点から M が α 選択、次の分岐で f なら武力紛争 $(p-c, 1-p-c)$、m/a なら $(\alpha, 1-\alpha)$）

$(\alpha,\ \ \ 1-\alpha)$

3）武力紛争と政治交渉：少数派が多数派の提案を拒否した場合，多数派と少数派の間で武力紛争が起きるとしよう（図2.4を参照）。武力紛争によって得られる利得は交渉以外で得られる利得であり，このような利得を**外部機会**と呼ぶ。

武力紛争が発生するとき，多数派が勝つ確率を p（少数派が勝つ確率は $1-p$），多数派が勝った場合，多数派の利得を 1，少数派の利得を 0 とする。少数派が勝った場合，多数派の利得を 0，少数派の利得を 1 とする。武力紛争に伴う多数派と少数派のコストをそれぞれ c としよう。このとき，武力紛争が発生すれば，多数派の期待利得は $1\times p+0\times(1-p)-c=p-c$ であり，少数派の期待利得は，$0\times p+1\times(1-p)-c=1-p-c$ となる。

後ろ向き帰納法によって部分ゲーム完全均衡を求めよう。多数派が配分案 $(\alpha, 1-\alpha)$ を提示したとしよう。$1-\alpha<1-p-c$（すなわち $\alpha>p+c$）ならば，少数派は，その提案を拒否し武力紛争に訴えるだろう。多数派の提案が $1-\alpha\geq 1-p-c$（すなわち $\alpha\leq p+c$）ならば，その提案を受け入れる。多数派は，この条件を満たすような最大の $\alpha=p+c$ を提案する。したがって，部分ゲーム完全均衡は，多数派が $(\alpha, 1-\alpha)=(p+c, 1-p-c)$ を提案し，少数派が $\alpha\leq p+c$ なら多数派の提案を受け入れ，$\alpha>p+c$ ならその提案を拒否するというものである。

多数派も少数派も部分ゲーム完全均衡の戦略に従えば，**均衡プレイ**（始点から終点に至る経路）は，多数派が $(\alpha, 1-\alpha)=(p+c, 1-p-c)$ を提案し，少数派がその提案を受け入れるというものである。このとき，政治交渉が成立

し，武力紛争は発生しない。

2.4　不完備情報下のゲームの均衡

　不完備情報ゲームとは，プレイヤーが他のプレイヤーの目的，選択肢，利得などについて必ずしも完全な知識を持っていないゲームである。国際政治経済の多くのゲームでは，不完備情報ゲームが想定するように，ゲームのルールは必ずしもすべてのプレイヤーの共有知識になっていない。

　不完備情報ゲームは，**自然**という仮想的なプレイヤーを導入することによって，情報が不完備な状況を定式化する。例えば，プレイヤーの属性に違いがあるとき，その違いを**タイプ**の違いとして表現する。自然は，ゲームがどのタイプのプレイヤーと行われるかを確率的に決定する。不完備情報ゲームには，ゲームの構成要素として，プレイヤーのタイプと，プレイヤーのタイプについての確率的な**信念**が追加される。

　１）**不完備情報下の核不拡散ゲーム**：核不拡散の展開形ゲームを不完備情報下のゲームに拡張しよう。ここで，安保理に２つのタイプがあるとする。１つは，潜在的拡散国の核開発を制裁できない「脆弱なタイプの安保理」である。もう１つは，潜在的拡散国の核開発を制裁する「強硬なタイプの安保理」である。安保理は**私的情報**をもち自分のタイプを知っているが，潜在的拡散国は安保理のタイプが分からないとする。このような**情報の非対称性**は，脆弱なタイプの安保理のゲームと強硬なタイプの安保理のゲームを構成し，自然がどちらか１つのゲームを選ぶものとして表現される。

　図2.5は，核不拡散の展開形ゲームを不完備情報下のゲームに拡張したものである。情報集合 I_A は潜在的拡散国の意思決定を表し，情報集合 I_{B1} と I_{B2} は安保理の意思決定を表す。潜在的拡散国は安保理のタイプを知らないので，情報集合 I_A には２つの節が含まれる。これは，２つの節を点線で結ぶことによって示される。終点の利得は，前が潜在的拡散国，後が安保理である。

　情報集合 I_{B1} 以降の部分ゲームは，安保理が脆弱なタイプを表す部分ゲームである。この部分ゲームでは，脆弱な安保理は，潜在的拡散国の核開発を制裁する利得（－２）はそれを容認する利得（－１）より小さい。情報集合 I_{B2} 以

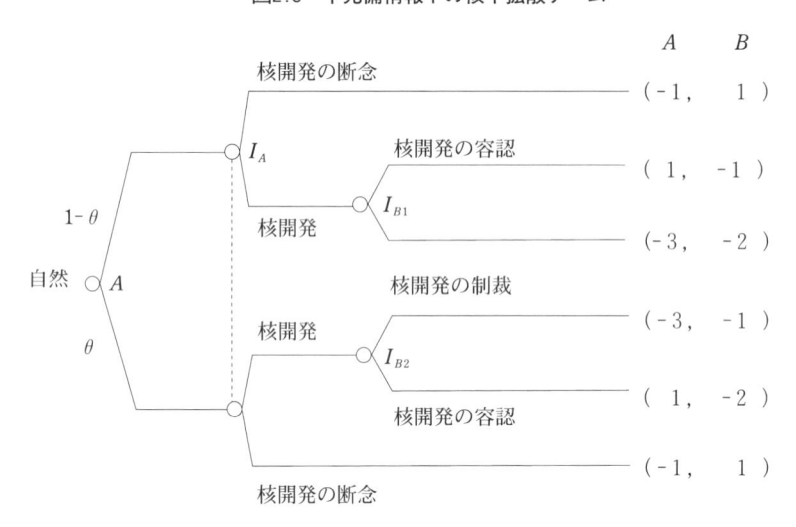

図2.5 不完備情報下の核不拡散ゲーム

```
                                                      A    B
                       核開発の断念
                  ○─────────────────────── (-1,  1)
                  $I_A$    核開発の容認
                     \    ○─────────── ( 1, -1)
         1-θ        核開発 $I_{B1}$
          /                  └─────────── (-3, -2)
   自然 ○ A
          \                  核開発の制裁
          θ         核開発 ○─────────── (-3, -1)
                  ○ $I_{B2}$ 核開発の容認
                     /       └─────────── ( 1, -2)
                       核開発の断念
                  └─────────────────────── (-1,  1)
```

降の部分ゲームは、安保理が強硬なタイプを表す部分ゲームである。この部分ゲームでは、強硬な安保理は、潜在的拡散国の核開発を制裁する利得（−1）はそれを容認する利得（−2）より大きい。

自然は、確率 θ で強硬なタイプの安保理、確率 $1-\theta$ で脆弱なタイプの安保理を選択する。自然が選択した結果について、安保理は知っているが、潜在的拡散国は知らない。潜在的拡散国が知っているのはその確率 θ だけである。この確率 θ は、潜在的拡散国が安保理のタイプについて信じる信念である。

2）完全ベイズ均衡：不完備情報下の均衡は戦略と信念からなる完全ベイズ均衡である。まず、情報集合 I_{B1} 以降の部分ゲーム、すなわち安保理が脆弱なタイプを表す部分ゲームでは、安保理の最適反応戦略は「核開発の容認」である。安保理が強硬なタイプを表す部分ゲームでは、安保理の最適反応戦略は「核開発の制裁」である。

潜在的拡散国の最適反応戦略は以下のようになる。潜在的拡散国は、情報集合 I_A で安保理が確率 θ で強いタイプであるという信念のもとに戦略を決定する。潜在的拡散国が確率 p で「核開発の断念」、確率 $1-p$ で「核開発」という局所戦略をとるとしよう。**局所戦略**とは、各情報集合において、どの選択肢をどのような確率でとるかを表すものである。すべての情報集合での局所戦略

を纏めたものを**行動戦略**という。

潜在的拡散国の期待利得を最大にするような最適反応戦略 p^* は以下のようになる。

$$p^* = \begin{cases} 0, & \theta < 1/2 \text{のとき} \\ [0,1] & \theta = 1/2 \text{のとき} \\ 1, & \theta > 1/2 \text{のとき} \end{cases}$$

潜在的拡散国の期待利得 Π は，信念 θ と局所戦略 $(p, 1-p)$ および安保理の最適反応戦略を考慮すると，$\Pi = \theta\{p(-1)+(1-p)(-3)\}+(1-\theta)\{p(-1)+(1-p)(1)\} = 2(2\theta-1)p+1-4\theta$ のように表される。この利得関数 Π を最大化する p の値は，信念 θ に依存して異なる。$\theta < 1/2$ のとき，Π の第1項は負となり，Π を最大にするのは $p^*=0$ である。$\theta > 1/2$ のとき，Π の第1項は正となり，Π を最大にするのは $p^*=1$ である。$\theta = 1/2$ のとき，Π の第1項は0となり，Π は p の値に依存しないので，p^* は0以上1以下のすべての値となる。

練習問題 *Questions*

問題2.1 表2.1を用いて，（核開発の断念，核開発の制裁）がナッシュ均衡になることを説明しなさい。

問題2.2 図2.2の核不拡散の展開形ゲームで，潜在的拡散国が核開発した場合，安保理が「核開発の容認」を選択したとき，安保理の利得を−2，安保理が「核開発の制裁」を選択したとき，安保理の利得を−1としよう。このとき，部分ゲーム完全均衡を求めなさい。

問題2.3 図2.4の武力紛争と政治交渉のゲームにおいて，政治交渉が成功する場合と武力紛争が起きる場合の多数派と少数派の利得を比較しなさい。

問題2.4 図2.5の不完備情報下の核不拡散ゲームにおいて，潜在的拡散国が「核開発」し，安保理が「核開発の制裁」を行った場合の潜在的拡散国の利得が−3ではなく−4のとき，潜在的拡散国の最適反応戦略を求めなさい。

（解答は巻末にあります）

文 献 案 内

Guide to Further Reading

佐々木宏夫(2003)『入門ゲーム理論』日本評論社。
  ▶簡単な数式を使い，論理の説明を丁寧に行ったゲーム理論の入門書である。
ギボンズ(1995)『経済学のためのゲーム理論入門』創文社。
  ▶経済学の事例を豊富に用い非協力ゲームの基本的な内容を解説している。
岡田章(1996)『ゲーム理論』有斐閣。
  ▶ゲーム理論の日本語での本格的な学習における必読文献である。
Morrow, James(1994) *Game Theory for Political Scientists,* Princeton: Princeton University Press.
  ▶米国で最も読まれている政治学者を対象にしたゲーム理論の解説書である。

第3章

分析視角

● 2レベルゲーム

―― 本章で何を学ぶか ――――――――――――――――――――

　本章では，国際政治経済と国内政治との関係について，2レベルゲームの分析視角から検討する。ここでは，国際政治経済は，国際経済政策に関する各国間の政治交渉を表す。国際政策交渉は国際政治と国内政治の交点に位置する。各国の交渉代表者は，相手国との合意を求めて国際交渉（国際政治）を行いながら，同時に国内構成員の批准を得るために国内交渉（国内政治）を行わなければならない。国際政策交渉を成功させるためには，国際合意を達成し，国内批准を得なければならない。

　本章は次のように構成される。第1節では，国際政治経済の分析枠組みを2レベルゲームの視点から概略する。2レベルゲームによる分析は，国際政治経済の多様な領域で適用することが出来る。第2節では，2レベルゲームの簡単な分析モデルについて説明する。第3節は，2レベルゲームにおけるアクターの多様な行動と戦略について検討する。第4節では，国際交渉と国内政治に関するいくつかの要点を指摘する。

3.1 国際政治経済の枠組み

　貿易・投資・金融のような国際経済問題に関して，自国と外国の2国間で政策交渉を行うとしよう（図3.1を参照）。国際政策交渉は，交渉代表者が国内構成員や交渉相手国の反応を考慮し，それらに影響を及ぼそうとする戦略的な相互作用の過程である。ここでは，この国際政策交渉を以下のような特徴を持った2レベルゲームによって分析する。

　1）**国際交渉と国内交渉**：第1に，この分析は，交渉を国際交渉と国内交渉の2つのレベルに分け，それらを同時に分析する。レベル1は，**国際交渉**の場面であり，交渉代表者が政策変数に関して相手国との国際合意を求めて交渉を行う。レベル2は，**国内交渉**における批准の場面であり，国内構成員がレベル1の国際交渉の合意を承認するか否かを決定する。国内の**批准**は，国際政治と国内政治を繋ぐ重要なリンクである。

　この分析は，国際政治と国内政治の双方を同時に分析する。国際政策交渉は単に国家間の利得分配に影響を及ぼすだけではない。それはまた，国内構成員の間の利得分配にも関係している。このような国際政策交渉の分析は，単に国内制約を国際分析に追加したり，国際制約を国内分析に加えたりするだけでは十分ではない。というのは，交渉代表者が戦略的に行動すれば，交渉は双方向の過程になり，相手国に対する国益の追求（国際交渉）と国内批准の過程（国内交渉）が同時に進行するからである。

　2）**交渉代表者**：第2に，主要な戦略アクターとして交渉代表者を重視する。交渉代表者は，政治資源の動員において国内制約に直面する政治家という古典的リアリストのイメージと重なる部分がある。しかし，この分析はリベラリズムといっそう整合的であり，交渉代表者は，国内構成員の純粋なエージェントの場合もあるが，むしろ積極的に国内政治支持を最大化し，個人の政治目標を実現しようとする。複雑な相互依存関係は，交渉代表者を単に制約するのではなく，その創造的な外交戦術の可能性をひらく。

　交渉代表者は，国際政治と国内政治の双方の反応を予想しながら戦略的に行動する。国際交渉の取り決めは国内政治の制約条件を変化させ，国内政治の動

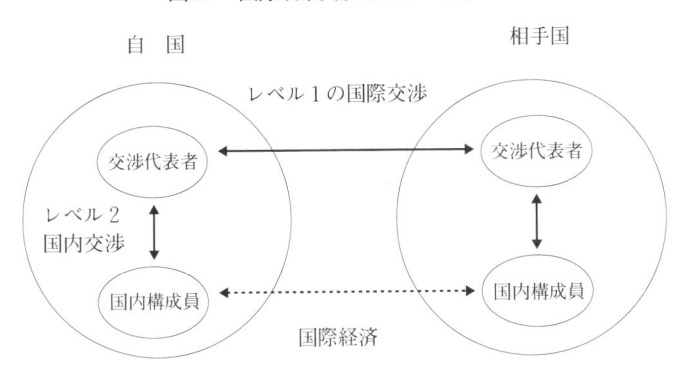

図3.1　国際政策交渉の2レベルゲーム

```
        自　国                                    相手国
              レベル1の国際交渉
        ┌─────────────┐              ┌─────────────┐
        │   交渉代表者  │ ←─────────→ │   交渉代表者  │
        │      ↕       │              │      ↕       │
  レベル2 │              │              │              │
  国内交渉│   国内構成員 │ ←----------→│   国内構成員 │
        └─────────────┘              └─────────────┘
                        国際経済
```

向は国際合意の新たな可能性や制約条件を形成する．交渉代表者は，国際交渉を利用することによって国内政治目標を追求したり，国際合意の実現のために国内政治を再構築したりする．国際政治と国内政治は共に交渉代表者によって戦略的に利用される．

　3）**戦略**：第3に，交渉代表者の戦略を分析する．交渉代表者の戦略は国際政策交渉の正否を握る重要な要因である．2レベルゲーム分析は，2つの交渉を同時に操作するような戦略を扱い，2つの交渉の相互作用を重視する．交渉代表者は，一方の政治状況の再編を行うような戦略をもう一方の交渉において利用する．国内政策が国際交渉を優位に進めるために利用されたり，対外政策が国内政治目標の達成のために利用されたりする．

3.2　2レベルゲーム分析

3.2.1　主要なアクターの目的関数

　1）**主要なアクター**：2レベルゲーム分析は，交渉代表者を中心に国際交渉と国内交渉の関係を分析する．国際経済政策に関する自国と外国の2国間の政策交渉において，主要なアクターは，各国の交渉代表者（$N: negotiator$）と国内構成員（$C: constituency$）である．

　交渉代表者は大統領や内閣総理大臣である．ただし，実際の交渉は担当大臣や官僚のような交渉代理人が行う．主要な**国内構成員**は，交渉課題によって異

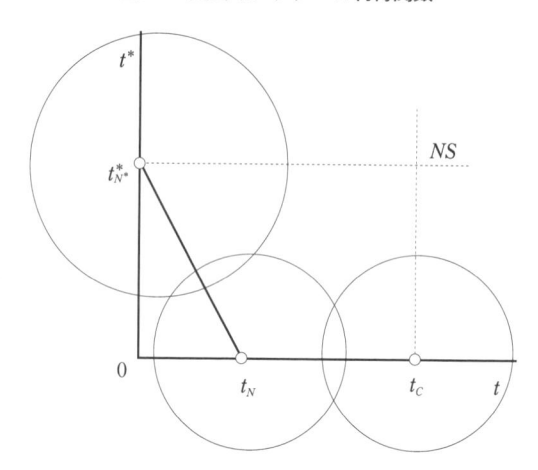

図3.2 主要なアクターの利得関数

なるが，利益集団や族議員および官僚などである。交渉代表者は，相手国の交渉代表者と国際交渉を行う一方で，自国の国内構成員とも合意内容に関して国内交渉を行う。国内構成員は，国際交渉に直接的には参加しないが，交渉代表者に政治的圧力をかけ，国際交渉の結果に影響を及ぼす。

2）**交渉代表者の利得関数**：アクターの利得は国内の政治的支持率であり，それぞれのアクターは政策変数の最適水準と現実の水準との差を最小化するように行動するとしよう。自国（外国）の交渉代表者の利得関数 $U_N(U_{N^*})$ はつぎのように表されるとする。

$$U_N(t, t^*) = -(t-t_N)^2 - (t^*-t_N^*)^2$$
$$U_{N^*}(t, t^*) = -(t-t_{N^*})^2 - (t^*-t_{N^*}^*)^2$$

$t(t^*)$ は自国（外国）の政策変数，$t_N(t_{N^*}^*)$ は自国（外国）の交渉代表者が理想とする政策変数の値である。このような利得関数では，各国の交渉代表者の政治的無差別曲線は同心円になる（図3.2を参照）。ここで簡単化のために，相手国の政策変数に関する最適水準については，$t_N^* = t_{N^*} = 0$ と仮定する。自国の交渉代表者の理想点は $(t_N, 0)$，外国の交渉代表者の理想点は $(0, t_{N^*}^*)$ である。交渉代表者の利得は理想点から乖離するほど低下する。

3）**国内構成員の利得関数**：自国（外国）の国内構成員の利得関数 $U_C(U_{C^*})$ はつぎのように想定する。国内構成員は多様な非国家アクターの合成，あるいはその交渉領域において拒否権を持つ利益集団である。

$$U_C(t, t^*) = -(t-t_C)^2 - (t^*-t_C^*)^2$$
$$U_{C^*}(t, t^*) = -(t-t_{C^*})^2 - (t^*-t_{C^*}^*)^2$$

$t_C(t_{C^*}^*)$ は自国（外国）の国内構成員が理想とする政策変数の値である。ここでも簡単化のために，交渉相手国の政策変数の最適水準については，$t_C^* = t_{C^*} = 0$ とする。自国の国内構成員の理想点は $(t_C, 0)$，外国の国内構成員の理想点は $(0, t_{C^*}^*)$ である。

3.2.2 交渉代表者

1）**アジェンダの設定**：交渉代表者は，アジェンダ（関税交渉，マクロ政策協調，投資規制など）を設定し，相手国や国内構成員と政策交渉を行う。アジェンダは国内構成員によって提起される場合もある。交渉代表者は，政治的理想，政治的報酬，国内政治の再構築などの理由で国際交渉のアジェンダを設定する。特に重要なのは，国内資源だけでは対応できない国内問題を外交問題と関係づけることによって解決しようとする場合である。

交渉代表者は，時に交渉過程で合意自体に関心をもつ場合がある。アジェンダが設定されると，交渉代表者は交渉の妥結に向けて政治的な先行投資を行う。この投資はサンクコストの場合があり，交渉が失敗すると他に転用することができない。交渉への参加は，合意失敗のコストを上昇させ，交渉代表者の合意へのインセンティブを高める。その結果，交渉代表者は，合意から得られる便益とは別に合意自体に関心を持つようになる。

2）**交渉代表者のタイプ**：交渉代表者は，エージェント，ハト派，タカ派の3つのタイプに分けられる。**エージェント**は国内構成員の忠実な代理人であり，その選好（理想点）は国内構成員と同じである（$t_N = t_C$）。エージェントは，合意内容の批准過程において受動的に行動するが，ハト派やタカ派は国内構成員に対して積極的な行動をとる。

ハト派の交渉代表者の選好は，国内構成員よりも相手国の選好に近い（$t_N < $

t_C)。ハト派の交渉代表者は，外国のハト派と利害関係を共有し，自国の国益よりも外国の利益を優先するように映り，国内では政治的に脆弱である。そのため，国内の利害構造を再構築しようとする誘因がある。ハト派は国際合意を国内で如何に批准させるかが重要になる。

タカ派の交渉代表者の選好は，国内構成員よりも相手国の選好から遠く（$t_C < t_N$），交渉相手国に対してより敵対的である。タカ派は，相手国と利害が対立し，ハト派よりも国際交渉は難しくなる。タカ派が現状維持を望む場合には交渉は成功する。しかし，現状改革を望む場合には，非合意のコストを高めるような戦略が必要になる。ただし，このような戦略は，国内構成員にコストを課すことになるので，その信頼性は低くなる。

3）アクセプタビリティーセット：交渉代表者が受入可能な合意の集合を**アクセプタビリティーセット**（*acceptability-set*）と呼ぶ。合理的な交渉代表者は，現状よりも利得を高めるような政策を受け入れるだろう。図3.3の点（$t_N, 0$）は交渉代表者の理想点，点 NS は現状を表す。この理想点を中心に点 NS を通る政治的無差別曲線 I_A の内側の集合がアクセプタビリティーセットである。

アクセプタビリティーセットは，交渉代表者の理想点と現状によって決定される。交渉代表者の理想点は，その政策選好（認識・思想・信条），相手国の交渉代表者や双方の国内構成員の行動などによって影響を受ける。両国の交渉代表者の交渉は，図3.3の両者の理想点（$t_N, 0$）と（$0, t_N^*$）とを結んだ**契約曲線**の上で行われる。

3.2.3 ウインセット

国内構成員が批准する可能性のある合意の集合を**ウインセット**（*win-set*）と呼ぶ。合理的な国内構成員は，現状よりも利得を高めるような政策を受け入れるだろう。交渉代表者は，交渉過程において国内構成員のこのウインセットによって制約を受ける。国際交渉は両国のウインセットが重なる交渉可能領域で行われる。

図3.3では，政治的無差別曲線 I_I の内側が自国のウインセット，政治的無差別曲線 I_F の内側が外国のウインセットを表す。ここで，外国の交渉代表者とその国内構成員の理想点は等しいとする。両国のウインセットで挟まれた領域

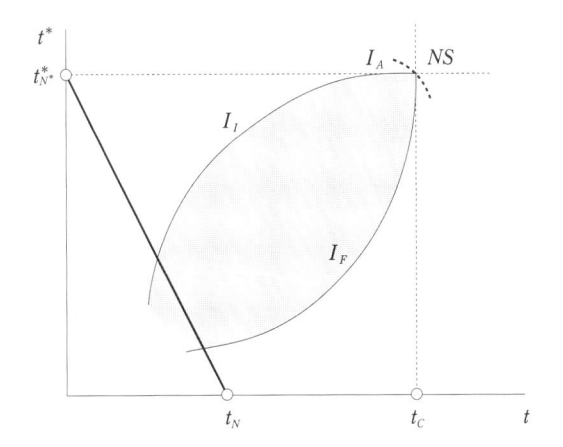

図3.3　ウインセットと交渉可能領域

が**交渉可能領域**である。ウインセットや交渉可能領域は，国内構成員の政策選好，国内の政治制度，交渉代表者の戦略などによって影響を受ける。

1）国内構成員の政策選好：第1に，ウインセットは国内構成員の政策選好によって影響を受ける。図3.3では，理想点$(t_C, 0)$の位置によって国内構成員の政策選好が表される。合意の便益や非合意のコストに関する評価は国内構成員によって異なる。例えば，自国の貿易保護に関して，消費者はより低い水準を選好し，輸入競合企業はより高い水準を選好するだろう。国内構成員の選好は，このような多様な政策選好の合成である。国内構成員の中で誰の選好が優位になるかは，国内の政治関係によって異なる。

2）政治制度：第2に，ウインセットは政治制度によって影響を受ける。国内の批准の様式はウインセットの大きさに影響を及ぼす。批准の方法には，承認（*approval*），委任（*authorization*），黙認（*acquiescence*）などがある。承認は事後的な批准，委任はアプリオリな批准（米国通商法案のファースト・トラックによる批准），黙認は公式の批准のいらない了承である。批准手続きが厳しければ，それだけウインセットは小さくなる。

批准手続きは，議会の投票のように公式な場合もあれば，コンセンサスのように非公式の場合もある。米国では議会での投票によって批准が行われる。この批准に必要な得票が2/3であれば，それが1/2の場合よりもウインセットは小

さくなる。日本では国内構成員や官庁間の事前のコンセンサスが重要になる。国内構成員の多数が合意していても，拒否権を持つ利益集団のコンセンサスが必要な場合には，ウインセットは狭まる。

　3）交渉代表者の行動や戦略：第3に，ウインセットは交渉代表者の行動や戦略によって影響を受ける。交渉代表者は，ウインセットの引き締め政策（*tying hands*）や緩和政策（*cutting slack*）によってウインセットを操作しようとする。ウインセットを操作する方法には，サイドペイメント，説得，制裁の威嚇などがあり，交渉代表者の戦略には相乗的リンケージやトランス・ガバメンタルな連携がある。

3.2.4　情報構造

　国際政策交渉では，交渉代表者や国内構成員の政策選好やウインセットに関して不確実性が存在する場合がある。複数の争点領域において複数の交渉代理人が関わる場合には，交渉代表者の政策選好に不確実性が生じる。また国内構成員の選好が多様で異質な場合には，その選好やウインセットが正確には分からない。さらに合意の批准が議会の投票ではなくコンセンサスで行われる場合には，批准過程は不透明であり，不確実性が高まる。

　不確実性下の国際政策交渉では，交渉代表者は，国内の政策選好や批准過程に関する情報を戦略的に操作する可能性がある。しかし，情報の非対称性が国際政策交渉に及ぼす影響はそれほど大きくないかもしれない。その理由は，第1に，グローバル化した世界では，情報の厳密な管理は容易ではないからである。第2に，交渉代表者が情報を正直に開示しようとする誘因をもつ場合もある。政策交渉は繰り返しゲームであり，情報操作による1回限りの利益が将来の信頼性を損なう場合には，情報操作は有効な方法ではない。

3.3　アクターの行動と戦略

3.3.1　交渉代表者の行動

　交渉代表者は，両国の国内構成員や相手国の交渉代表者の政策選好に影響を及ぼすために，サイドペイメント，説得，制裁の威嚇などの手段を用いる

第3章 分析視角　43

図3.4　交渉代表者と国内構成員の行動

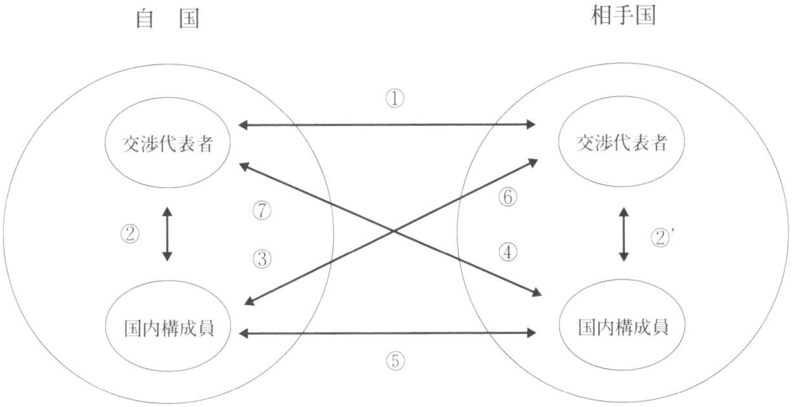

自　国　　　　　　　　　　　　　　相手国

（図：自国側に「交渉代表者」と「国内構成員」、相手国側に「交渉代表者」と「国内構成員」があり、①自国交渉代表者－相手国交渉代表者、②自国交渉代表者－自国国内構成員、②'相手国交渉代表者－相手国国内構成員、③自国交渉代表者－相手国国内構成員、④相手国交渉代表者－自国国内構成員、⑤自国国内構成員－相手国国内構成員、⑥自国交渉代表者－相手国国内構成員、⑦自国国内構成員－相手国交渉代表者の矢印が示されている）

(Evans et al. 1993)。

　1) **サイドペイメント**：サイドペイメントは，交渉代表者が自国や外国の有力な国内構成員や動揺する利益集団に特別な便益（補助金や経済援助および政治的便益）を提供するものである（図3.4の②②'③④）。サイドペイメントは，既存の支持者や強硬な反対者よりも，判断を決めかねている国内構成員に与えた方が，効果がある。

　NAFTAの交渉過程では国内構成員に対してサイドペイメントが支払われた。米国大統領は，NAFTAに反対する国内の労働組合や環境団体および農業団体などから支持を得るために，労働条件や環境基準に関する付属協定の締結や，雇用調整や環境計画および農産物の輸入調整などを約束した（Mayer 1998）。

　2) **説得**：説得は，交渉代表者が自国や相手国の国内構成員に対して，政策選好の変更や新たな代替政策への支持を同意によって求めるものである（図3.4の②②'③④）。国内構成員に対する説得の1つに，政治家の人気の利用がある。大統領や総理大臣の個人的人気が政府に対する支持を高め，その結果，特定の対外政策に対する支持を拡大するものである。メディアが政府の政策を支持する場合には，この効果は大きくなる。日本では，**行政指導**や**ガバメント・リーチ**の利用によって説得が行われる。

　共鳴（*reverberation*）は，交渉代表者が交渉相手の国内構成員に対して直接

訴えかけ，その認識や政策選好を変えることによって，相手国のウインセットを拡大するものである（図3.4の③④）。共鳴は，意図的な説得（説得的共鳴）の場合もあれば，交渉過程において大衆の意図されない反応として現れる場合もある。それまで興味を示さなかったエリートや大衆の支持を新たに獲得する**参加者拡大戦略**が利用される場合もある。

　一般的には，サイドペイメントは特定の利益集団を対象にした問題領域で用いられ，共鳴は広範な集団を対象とする問題領域で用いられる。ただし，共鳴は負の効果を持つ場合もある。日米構造協議（1989-90年）において米国の要求が満たされた分野では，日本の消費者に対する共鳴効果が有効に働いたと言われている（Schoppa 1997）。

　3）制裁の威嚇：制裁の威嚇は，交渉が失敗した場合の非合意のコストを高めることによって自国や相手国のウインセットを広げるものである（図3.4の①②②'③④）。例えば，米国政府は対日通商交渉において，通商法301条やスーパー301条による制裁関税（非合意のコスト）をたびたび利用した。日本国内では，官僚が業界団体に対して許認可権や補助金によって制裁の威嚇を行う場合がある。

　制裁の威嚇は，合意の場合と同様に威嚇を実施する国の国内構成員によって批准されなければ，その信頼性を失う。制裁の威嚇の信頼性は，交渉代表者のタイプ，制裁の便益とコストの集中・分散の程度，相手国の対抗戦略などによって影響を受ける。

3.3.2　国内構成員の行動

　国際政策交渉のアジェンダが設定されると，それに利害関係を持つ国内構成員が関心を示し，彼らが交渉過程に影響を及ぼすようになる。外交が内政とリンクするのは，外交の開始が非合意のコストが小さい潜在的な利益集団を覚醒させるからである。国内構成員は，両国の交渉代表者や国内構成員の政策選好に影響を及ぼすために，ロビー活動，クロスレベル戦略，トランスナショナルな連携などを行う。

　1）ロビー活動：各国の国内構成員は，自国の政府や議会に対して，有利な政策決定が行われるように政策立案や投票依頼などのロビー活動を行う（図

3.4の②②')。また政策志向が同じ議員や政党に対して政治資金を提供し，議会や政府の政策決定過程に影響力を行使しようとする。国内構成員はまた，相手国の政府や議会に対してロビー活動をする場合もある（図3.4の⑤）。相手国の政府がタカ派の場合には，その政策選好を変えることによって相手の要求内容を緩和しようとする。

2）**クロスレベル戦略**：各国の国内構成員は，相手国の交渉代表者に直接訴えかけ，その政策選好を変えようとする（図3.4の⑥⑦）。そのためには，サイドペイメントが必要な場合もある。また，相手国政府の中で政策選好に対立がある場合には，政策選好が近い有力な政治家の影響力を利用することも考えられる。

クロスレベル戦略が実施できるのは有力な国内構成員である。日米半導体交渉（1986年，1991年）では，米国半導体業界が日本政府に対して，日米自動車交渉（1993-95年）では，トヨタが米国政府に対して要請を行った。トヨタは，交渉が決裂した場合の制裁回避のために，USTRや商務省と直接交渉し，交渉代表者の選好に影響を及ぼそうとした。

3）**トランスナショナルな連携**：国内構成員の政策選好が異質な場合には，利害関係を共有する集団が両国に存在する場合がある。このとき，トランスナショナルな連携の可能性がある。トランスナショナルな連携は，交渉代表者の政策選好に影響を及ぼすために，各国の国内構成員が政治資産の交換や協力行動を行うことである（図3.4の⑤）。各国の国内構成員が多様な政治チャンネルをもち，政治力が大きいほど，この連携の効果は大きくなる。日豪FTAの事前交渉（2005年）では，日経連と豪牛肉輸出業者の連携が見られた。

トランスナショナルな連携は，人権問題や環境問題のような非経済問題でも重要な役割を果たす。このような問題領域では，国際的な人権擁護団体や環境保護団体（NGO）が，情報の収集や科学的知識の提供を行い，国家の情報管理を阻止しようとする。

3.3.3 交渉代表者の戦略

交渉代表者は，国際交渉や国内交渉を優位に展開するために，サイドペイメント，説得，制裁などを組み合わせ，ウインセットの操作，相乗的リンケージ，

トランス・ガバメンタルな連携などの戦略を用いる（Evans et al. 1993）。

　1）**ウインセットの操作**：交渉代表者は，国際交渉を優位に進めるために国内構成員のウインセットを狭めたり広げたりする。国内のウインセットが大きければ合意の可能性は高くなるが，交渉力は弱くなる。交渉力を強めるためには，ウインセットを小さくしなければならない。ただし，ウインセットが小さすぎると，交渉は失敗する。

　緩和戦略（*cutting slack*）は，交渉決裂を回避し，国際合意の可能性を高めるために，国内のウインセットを広げるものである。**引き締め戦略**（*tying hands*）は，交渉代表者の選好に近い合意を目指して意図的にウインセットを狭めようとするものである。交渉代表者は，国内構成員に手を縛られていると主張することによって，相手国に譲歩を迫ることができる。例えば，日米コメ市場開放交渉（1993年）では，日本政府は食管法によってコメの輸入自由化ができないことを理由に米国に譲歩を求めた。コメ自由化の国際合意は国内法によって制約され，国内法の改正には大きな政治的コストが予想された。

　2）**相乗的リンケージ**：交渉代表者は，複数の国際政策交渉のアジェンダを結びつけたり，国際問題と国内問題を結びつけたりすることによって相乗的リンケージ（*synergistic linkage*）を図る場合がある。相乗的リンケージは，一方の問題を他方の問題のサイドペイメント，説得，制裁の威嚇の手段にする。各国間の相互依存関係の進展は相乗的リンケージの領域を広げ，その可能性を高める。

　交渉代表者は，国際交渉のアジェンダを設定し，それを国内問題とリンクさせることによって，国内問題の批准を得ようとする場合がある。例えば，IMF融資を得ようとする国は，コンディショナリティを課せられる。交渉代表者は，ネオ・リベラリズムの経済改革を推進するために，貿易自由化や国営企業の民営化のようなIMFのコンディショナリティをあえて利用する場合がある。また，日本政府や業界団体の中には，FTAの締結によって日本の農業改革を期待する意見もある。

　3）**トランス・ガバメンタルな連携**：トランス・ガバメンタルな連携には，交渉代表者間の**結託**（*collusion*）や官僚組織間の結託がある。交渉代表者間の結託はハト派の交渉代表者の戦略として用いられる。交渉代表者は，国内構成

員に対する交渉上の優位を得るために相互に政治資産を交換し，結託をする。官僚組織間の結託は，両国の官僚組織内に政策選好の対立がある場合に，政策選好が近い両国の組織間で行われる。

　日本の通商交渉では，外務省や経産省は自由貿易志向であるが，農水省は保護貿易志向である。交渉相手国は外務省や経産省と結託することによって，農産物の自由化交渉を有利に進めようとするかもしれない。また，日本の構造改革を実施しようとする場合に，関連する部局が外圧を利用しながらそれを実施する場合がある。例えば，日本の建設産業を市場開放するために行われた日米官僚の暗黙の結託（1988年）がある（Krauss 1993）。

3.4　国際交渉と国内政治

3.4.1　ウインセットと国際合意

　パットナム（Putnam 1988）は，ウインセットの大きさが合意の可能性と交渉力に及ぼす影響について2つの命題を示した。

　1）**合意の可能性**：第1に，ウインセットが大きいほど，合意の可能性は高く，各国が合意を不履行する可能性は低い。各国のウインセットが重なるときに国際合意が行われるので，ウインセットが大きいほど合意の可能性は高くなる。反対に，ウインセットが小さいほど，交渉決裂の可能性は高い。

　合意の不履行には，自発的不履行と非自発的不履行がある。自発的不履行とは，交渉代表者が合意内容を実施しないことである。非自発的不履行とは，国内構成員が交渉代表者の行った合意を履行しないことである。自発的不履行はアクセプタビリティーセットにない内容をかつての交渉代表者が合意した場合に行われ，非自発的不履行はウインセットにない内容を合意した場合に行われる。ウインセットが小さければ，非自発的不履行の可能性は高くなる。

　2）**交渉力**：第2に，ウインセットの相対的大きさは，交渉力や利得分配に影響を及ぼす。双方が合意に関心を持っている場合には，ウインセットの制約が強い国ほど有利な利得分配を得る。**政府内対立**（*divided government*）は，対外交渉力を弱めるように見えるが，状況によってはその交渉力を強める場合がある。例えば，強硬な議会や利益集団の存在は，双方が合意に関心をもって

いる限り，その国の交渉力を高める。

3.4.2 国内構成員のタイプと選好

　民間企業は，トランスナショナルな企業活動の度合いに応じて，既存のトランスナショナルな企業，潜在的にトランスナショナルな企業，国内企業に分けられる。国際政策交渉に対する態度はそのタイプによって異なる。

　1）既存のトランスナショナルな企業：この企業は，既にトランスナショナルな連携をもち，政府間協定に代わる組織的媒体をもっている。新たな政府間合意は，民間の連携による既得権益を侵害し，その利害を脅かす可能性がある。このような場合には，トランスナショナルな連携の存在は，国際合意に反対する可能性がある。日米半導体交渉（1996年）では，日本電子機械工業会と米国半導体工業会の連携が米国政府の対日要求を緩めた。

　2）潜在的にトランスナショナルな企業：この企業は，国際合意を国際市場へのアクセスの手段と考え，国際交渉を支持する。日米自動車交渉（1993-95年）において，米国自動車メーカーは日本市場に関しては潜在的にトランスナショナルな企業であった。彼らは日米政府間交渉によって日本市場を開放しようとし，米国政府の対日交渉を積極的に支持した。

　3）国内企業：国内企業は国際合意に最も反対する。彼らは，国際競争力がなく，保護された国内市場から利益を得ている。たとえ国際合意が成立しても，それを利用するのに必要な経済資源をもっていない。さらに国際合意によって，国内市場での競争の激化が予想される。輸出企業の場合も，国際市場への参入にも関わらず，トランスナショナルな企業よりも国内生産者に政策選好は近い。

3.4.3 合意の便益・コストと拒否権

　1）利益集団の拒否権：国際合意の形成や実施に特別な権限をもつ利益集団が**拒否権**をもつ場合がある。彼らが拒否権を行使すれば，国際交渉は失敗する。国際交渉は，多くの場合，国内の分配構造に影響を及ぼし，すべての国内構成員が交渉結果から便益を得るわけではない。不利益を被る国内構成員が拒否権を持つ場合には，その協力が得られなければ，国際合意は実施できない。

　国際合意の可能性は，コスト負担者と受益者がどのような権限や拒否権を持

っているかに依存する。日米コメ交渉では，自民党の農政部会が拒否権を握っていた。自民党農水族が拒否権を行使できたのは，議院内閣制のもとで自民党が与党であったからである。細川連立政権下（1993-94年）で自民党が野党になったとき，自民党農水族の拒否権は有効に機能しなかった。

2）**便益・コスト負担の拡散・集中**：オルソン（Olson 1965）の**集合行為論**によれば，国際合意の潜在的便益が拡散し，そのコスト負担が特定の利益集団に集中している場合には，国際合意に対する反対が大きくなる。このとき，創造的な戦術の余地は狭く，サイドペイメントが必要になるかもしれない。反対に，国際合意のコスト負担が拡散する場合には，交渉代表者は，比較的小さなコストで国際合意への支持を得ることができる。

3.4.4　国内の利害構造の再構築

　国際政策交渉の障害になる国内の利害構造は長期的には再構築の対象になる。**既得権益**の存在は，国際合意の批准に影響を及ぼす。もしそのために国際合意の批准が得られなければ，それは国内の利害構造を再構築する誘因を交渉代表者に与える。

　国内の利害構造の再構築において，相乗的リンケージが重要な役割を果たす場合がある。例えば，アルゼンチンのメネム政権（1989-99年）は，労働組合の影響力を低下させるために，IMFのコンディショナリティの構造改革を利用した。国営企業の民営化は，労働組合の影響力の強い産業や企業を民営化するだけではなく，経営の合理化・労働者の解雇によって労働組合員を減少させ，労働組合の影響力自体を弱めた。

　交渉相手国の利害構造の再構築が，交渉代表者の政治目標になる場合もある。交渉代表者は，例えば日米構造協議（1989-90年）や日米包括経済協議のように，交渉相手国の国内政治や産業構造の再構築を交渉のアジェンダにするかもしれない。交渉相手国の再構築のために，アジェンダの設定，サイドペイメント，説得，制裁の威嚇などが行われる。

> **練習問題** *Questions*
>
> **問題3.1** 各国の国内構成員の間でトランスナショナルな連携が行われる可能性は，交渉代表者のタイプによって異なるだろうか。
> **問題3.2** 交渉代表者が行う制裁の威嚇の信頼性は，交渉代表者のタイプによってどのように異なるだろうか。
> **問題3.3** 交渉代表者が行う制裁の威嚇の信頼性は，利益集団の特性によってどのように異なるだろうか。
>
> （解答は巻末にあります）

文献案内

Guide to Further Reading

Putnam, Robert (1988) "Diplomacy and Domestic Politics: The Two-level Games," *International Organization,* Vol.42, No.3, pp.427-460.
▶ 2レベルゲームのアイデアを最初に明確に提示したパットナムの論文。

Evans, Peter et al. eds. (1993) *Double-Edged Diplomacy: International Bargaining and Domestic Politics,* Berkeley: University of California Press.
▶ 2レベルゲームを国際関係の多様な分野に適用した共同研究の報告書。

Mayer, Frederic (1998) *Interpreting NAFTA: The Science and Art of Political Analysis,* New York: Columbia University Press.
▶ NAFTAの交渉過程を2レベルゲームによって分析した研究書。

Schoppa, Leonard (1997) *Bargaining with Japan: What American Pressure Can and Cannot Do,* New York: Columbia University Press.
▶ 日米通商交渉を2レベルゲームによって分析した研究書。

第Ⅱ部◆
国際通商交渉

第4章　通商交渉と議会の批准
第5章　日米通商交渉と制裁の威嚇
第6章　APEC通商交渉と官僚制

第4章

通商交渉と議会の批准

---本章で何を学ぶか---

　通商交渉において各国の議会はどのような役割を果たすのであろうか。議会の役割で重要なのは，政府間の交渉内容に対する**批准**（*ratification*）である。議会の批准は，大統領制の場合でも議院内閣制の場合でも重要な役割を果たす。米国のような大統領制の場合には，政府間の合意の後，議会の批准が必要になる。日本のような議院内閣制の場合には，批准はしばしば通商交渉に先立って行われる。政府の交渉代表者は，合意可能な交渉内容について事前に議会多数派の了承を得ておかなければならない。

　本章では，議会の批准が通商交渉に及ぼす影響について検討する。2国間の貿易障壁の削減交渉を取り上げ，この通商交渉の結果に議会の批准がどのような影響を及ぼすかについて検討する。ここでは，このような問題について国際交渉（レベル1）と国内交渉（レベル2）の相互依存関係を扱う2レベルゲームによって分析する。

　本章は次のように構成される。第1節では，第2章の関税削減ゲームを拡張した通商交渉の2レベルゲームの分析枠組みについて説明する。第2節では，通商交渉と政治的圧力について検討し，第3節では，議会の内向き志向と政策効果について検討する。

4.1　通商交渉の分析枠組み

4.1.1　アクターと通商交渉ゲーム

1）**アクター**：自国と外国の2国間の通商交渉を想定しよう。この通商交渉の主要なアクターは，自国政府の交渉代表者（大統領や首相）（P），自国議会（C），外国政府（F）である。自国政府の交渉代表者は，外国政府と貿易障壁の削減について交渉を行う一方で，自国議会とも通商協定の内容に関して交渉を行わなければならない。国内の消費者や企業のような経済主体は通商交渉に直接参加はしないが，各アクターに政治的圧力をかけ，通商交渉の結果に影響を及ぼす。

通商交渉の各アクターは，国内の政治的支持率を最大にするように自国と外国の貿易障壁の削減について交渉する。各アクターは，消費者や企業など国内の多様な構成員からの政治的支持を得ようとする。政府や議会にとって問題は，消費者の関心と企業の関心がしばしばトレードオフの関係にあることである。消費者は消費者余剰の増大に関心を持ち，企業は利潤の増大に関心を持っている。自国の貿易障壁の低下は消費者余剰を増大させるが，企業利潤を減少させる。各アクターは，消費者や企業の要求を満たしながら，政治的支持を最大化するように通商交渉を行う。

2）**通商交渉ゲーム**：この通商交渉ゲームは，図4.1のように2段階で行われる（**2段階ゲーム**）。第1段階は自国と外国の政策交渉に関するゲームであり，第2段階は各国の経済主体の最適化行動に関するゲームである。第1段階のゲームで両国の貿易障壁が決定された後，第2段階のゲームが始まり，各国の消費者や企業が最適化行動を行う。第1段階の貿易障壁の削減に関する交渉は国際交渉（政府間）と国内交渉（政府と議会）の2レベルで行われる。

この通商交渉では，自国政府の交渉代表者が交渉内容の**提案権**を持ち，外国政府と自国議会が**拒否権**をもつとする。自国政府の交渉代表者が外国政府に対して貿易障壁の削減に関してある提案を行う。外国政府がそれを受け入れれば，その提案は自国議会の批准を得るために，議会に送られる。自国議会がその提案を批准すれば，政府間の合意は成立する。自国議会も外国政府も，現状より

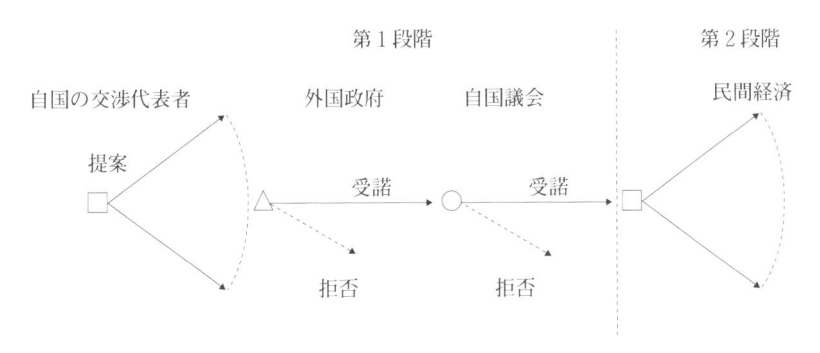

第4章 通商交渉と議会の批准　　55

図4.1　2段階ゲームの展開

```
         第1段階                          第2段階
自国の交渉代表者   外国政府   自国議会        民間経済

    提案
             受諾        受諾
     □────△─────○─────□

             拒否        拒否
```

も高い政治的支持を得られる提案を拒否しないとする。もし外国政府か自国議会がその提案を拒否すれば，通商交渉は決裂する。

3）**情報構造**：各アクターの選好や交渉ゲームのルールは共有知識である。各アクターは共に，相互に貿易障壁を削減すれば，国内の政治的支持率を高めることができることを知っている。また少なくとも交渉が決裂した場合と同じだけの政治的支持が通商交渉によって得られることも知っている。ただし，通商交渉が決裂すれば，各国は独自に貿易障壁を設定することになる。

4.1.2　通商交渉者の目的関数

国際通商交渉の簡単なモデルを構成しよう。はじめに経済モデルを検討し，その後，通商交渉の主要なアクターの目的関数を明らかにしよう（Milner and Rosendorff 1997）。

1）**経済モデル**：2国（自国と外国）2財（不完全競争財と価値尺度財）からなる経済を想定する（Brander and Spencer 1984）。主要な経済主体は，両国の消費者と企業である。自国の消費者余剰 CS は $CS = u(X) - pX$，外国の消費者余剰 CS^* は $CS^* = u(X^*) - p^* X^*$ のように表される。u は両国の効用関数，$X(X^*)$ は不完全競争財の自国（外国）の消費量，$p(p^*)$ は不完全競争財の自国（外国）の価格であり，$x(x^*)$ を外国企業の供給量，$y(y^*)$ を自国企業の供給量とすると，$X = x + y$，$X^* = x^* + y^*$ である。

不完全競争財部門の自国企業の利潤 π は，両国市場への販売額から生産コ

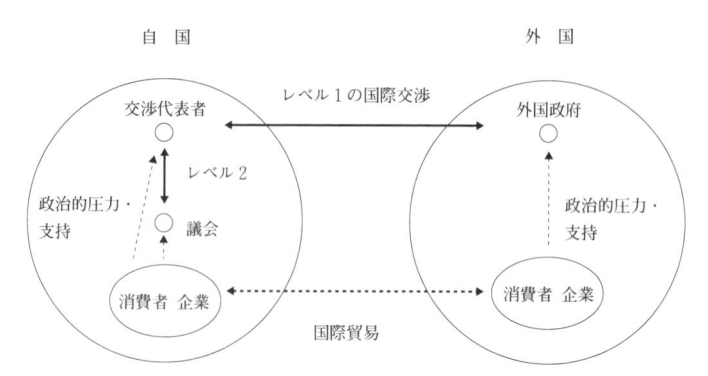

図4.2 国際貿易と通商交渉

[図: 自国と外国を表す二つの円。自国側に「交渉代表者」、「議会」、「消費者 企業」があり、「政治的圧力・支持」の矢印で結ばれる。レベル2の関係。外国側に「外国政府」、「消費者 企業」があり、「政治的圧力・支持」で結ばれる。自国の交渉代表者と外国政府の間に「レベル1の国際交渉」、自国と外国の消費者・企業の間に「国際貿易」の関係がある。]

ストと外国市場への供給コスト（関税）を控除したものであり，$\pi = yp(X) + y^*p^*(X^*) - c(y+y^*) - t^*y^*$ となる。c は限界費用，t^* は外国の貿易障壁を表す。外国企業の利潤 π^* も，$\pi^* = xp(X) + x^*p^*(X^*) - c^*(x+x^*) - tx$ のように表される。t は自国の貿易障壁，c^* は外国企業の限界費用である。

2）**政治的支持関数**：この通商交渉には自国政府（P），自国議会（C），外国政府（F）が直接的に関与する。それぞれの政治的支持関数 $U_i (i=P,C,F)$ をつぎのように想定しよう。

$$U_i(t, t^*) = CS + s_i \pi + tx, \quad i = P, C$$
$$U_F(t, t^*) = CS^* + s_F \pi^* + t^*y^*$$

自国の政府と議会および外国政府の政治的支持関数 $U_i (i=P,C,F)$ は，消費者余剰（CS, CS^*）と企業利潤（π, π^*）および関税収入（tx, t^*y^*）から構成される。ここで，関税収入は，政府によって徴収され，消費者に還元されるとする。$s_i \geq 0\,(i=P,C,F)$ は，消費者余剰や関税収入に対する企業利潤のウェイトを表す。これは企業の**政治的圧力**を表す指標である。企業は，輸入を規制するためにロビー活動などによって政府や議会に対して政治的圧力をかける。$s_i(i=P,C,F)$ の増大は政府や議会に対する政治的圧力の強化を示す。

図4.2は国際貿易と通商交渉の関係を表す。消費者余剰や企業利潤を増大させるような通商政策は政府や議会に対する政治的支持を高める。消費者は有権

者であり，消費者余剰の増大は消費者の経済厚生を高め，消費者の政府や議会に対する政治的支持を高める。企業利潤は消費者に分配されたり，政治家に政治資金として寄付されたりする。企業利潤の増大は，政府や議会に対する企業の政治的支持を高める。ここでは，政府や議会は，輸出に対して補助金のような直接的な政策手段をもたないが，通商交渉によって外国の貿易障壁を低下させ，企業利潤を増大させることができる。

3）**最適な貿易障壁**：各アクターにとって国内の政治的支持率を最大にするような貿易障壁について検討しよう。自国の政府（P）と議会（C）および外国政府（F）は，その政治的支持関数を最大化するような貿易障壁 t_i, t_i^*（$i=P,C,F$）を選択しようとする。

$$(t_i, t_i^*) = \arg\max\ U_i(t, t^*),\quad i=P,C,F$$

自国の貿易障壁に関する政府と議会の最適水準 $t_i(i=P,C)$ と，外国の貿易障壁に関する外国政府の最適水準 t_F^* は，政治的圧力 $s_i(i=P,C,F)$ の関数として求められる。自国企業の政治的圧力 $s_i(i=P,C)$ の増大は，自国の政府や議会の最適な貿易障壁 $t_i(i=P,C)$ を上昇させる。同様に，外国企業の政治的圧力 s_F の増大は外国政府の最適な貿易障壁 t_F^* を上昇させる。

$$t_i = t_i(s_i),\quad i=P,C$$
$$t_F^* = t_F^*(s_F)$$

企業の政治的圧力 $s_i(i=P,C)$ の増大は，自国の貿易障壁を上昇させ，その結果，自国企業の国内供給を増大させ，外国企業の自国市場への供給を減少させる。また自国の国内価格を上昇させ，国内消費を低下させる。さらに企業の政治的圧力 $s_i(i=P,C)$ の増大は，自国の消費者余剰を減少させ，自国企業の利潤を増大させる。

自国の政府と議会の最適な貿易障壁 $t_i(i=P,C)$ は，消費者余剰と企業利潤に対するウェイト $s_i(i=P,C)$ によって異なる。企業利潤を重視すれば（s_i が大きい），より高い貿易障壁を選好し，消費者余剰を重視すれば（s_i が小さい），より低い貿易障壁を選好する。以下では，議会は，消費者余剰よりも企業利潤に関心を持ち，政府よりも保護主義としよう。議会（議員）は政府よりも，業

界団体や地域社会のような特殊な利益集団の利害関係によって制約される。それ故，消費者余剰よりも企業利潤に関心をもつとする（$s_C > s_P$）。このとき，議会は政府よりも内向き志向になり，その最適な貿易障壁は政府よりも高くなる（$t_C > t_P$）。

政府や議会は，外国の貿易障壁についてもある選好 $t_i^*(i=P,C)$ をもっている。外国の貿易障壁は自国の消費者余剰には影響しないが，自国の企業利潤には影響を及ぼす。外国の貿易障壁の上昇は，自国の企業利潤を低下させ，政府や議会に対する政治的支持に影響を及ぼす。政府も議会も外国の貿易障壁の最適水準については同一（$t_P^* = t_C^*$）としよう。

4）**目的関数**：通商交渉の各アクターは，貿易障壁に関してその最適水準と現実の水準との差を最小化するように行動するとしよう。自国の政府と議会および外国政府の利得関数 $U_i(i=P,C,F)$ はつぎのように表される。

$$U_i(t,\ t^*) = -(t-t_i)^2 - (t^* - t_i^*)^2, \quad i=P,C,F$$

このような利得関数の想定によって，各アクターの政治的支持率の無差別曲線は同心円になる。以下では，政府も議会も外国の貿易障壁については完全自由化を望み，$t_P^* = t_C^* = 0$ とする。同様に，外国政府も自国の貿易障壁については完全自由化を望み，$t_F = 0$ とする。自国の政府と議会および外国政府は，それぞれ最適な貿易障壁の組み合わせ，$U_P(t_P, 0)$，$U_C(t_C, 0)$，$U_F(0, t_F^*)$ によって政治的支持率を最大化することができる。現実の貿易障壁がそれぞれの最適な貿易障壁から乖離すれば，それだけ各アクターの政治的支持率は低下する。

4.1.3 通商交渉の可能領域

1）**ナッシュ均衡**：両国間に通商協定が存在しなければ，各国は独自に貿易障壁を設定する。各国が相手の貿易障壁を所与として，自国の貿易障壁を設定した場合の均衡はナッシュ均衡である。このような均衡は，通商交渉が行われる前やそれが決裂する場合の各国の貿易障壁を表す。

ナッシュ均衡は囚人のジレンマの（裏切，裏切）の状況に相当する。両国が貿易障壁の削減に合意しなければ，それぞれ独自に最適な貿易障壁を設定する

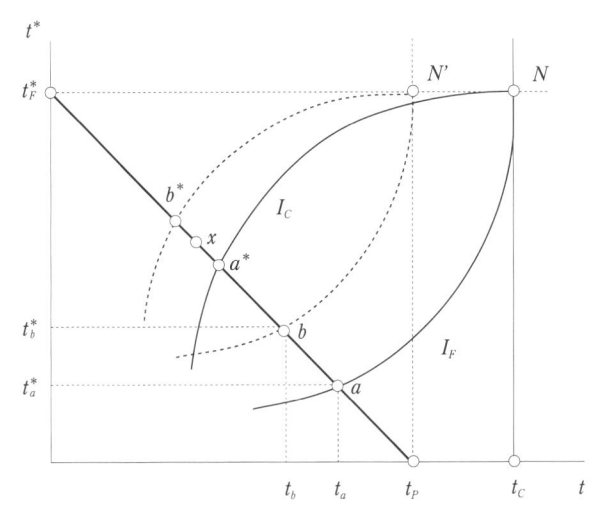

図4.3 通商交渉の可能領域

が，相手の貿易障壁は自国にとって最適な水準を上回るだろう。もし両国が貿易障壁を削減すれば，両国とも国内の政治的支持率を高めることができる。しかし，たとえ自国が貿易障壁を削減したとしても，相手国がそれを削減するかどうかは分からない。通商交渉の結果を(t_a, t_a^*)とすれば，例えば自国議会と外国政府の政治的支持率は，それぞれ$U_C(t_C, t_a^*) > U_C(t_a, t_a^*) > U_C(t_C, t_F^*) > U_C(t_a, t_F^*)$，$U_F(t_a, t_F^*) > U_F(t_a, t_a^*) > U_F(t_C, t_F^*) > U_F(t_C, t_a^*)$となるだろう。このとき自国議会にも外国政府にも，一方的に貿易障壁を削減するインセンティブはない。

自国と外国の政府がナッシュ均衡を現状として双方の貿易障壁の削減について交渉するとしよう。自国の議会は自国の貿易障壁に対して最終的な拒否権を持っているとする。すなわち，政府間交渉で合意した内容について議会の批准が必要になり，議会が拒否すれば，通商協定は成立しない。このとき，自国議会の最適反応戦略と外国政府の最適反応戦略の交点で，ナッシュ均衡における両国の貿易障壁(t_C, t_F^*)が決定される。

通商協定が存在しない場合の各アクターの政治的支持率は，$U_P(t_C, t_F^*)$，$U_C(t_C, t_F^*)$，$U_F(t_C, t_F^*)$である。これらは，各々の理想点での政治的支持率$U_P(t_P, 0)$，$U_C(t_C, 0)$，$U_F(0, t_F^*)$よりも低い。どのアクターにもパレート

改善の余地が残されている。通商交渉によって相互に貿易障壁の削減に合意できれば，どのアクターも政治的支持率を高めることができる。

2）**ウインセット**：図4.3はこの通商交渉の1つの状況を表している。横軸は自国の貿易障壁 t，縦軸は外国の貿易障壁 t^* を表す。$(t_P, 0)$，$(t_C, 0)$，$(0, t_F^*)$ はそれぞれ自国政府（P），自国議会（C），外国政府（F）の最適な貿易障壁を表す。ナッシュ均衡は $N(t_C, t_F^*)$ で表される。N を通る外国政府と自国議会の無差別曲線が I_F と I_C のように表される。

ここで，自国のウインセットは，議会が批准する潜在的な合意の集合である。議会は現状（ナッシュ均衡）よりも高い政治的支持率を得られる提案を批准するとしよう。このとき，無差別曲線 I_C より高い政治的支持率を表す集合が自国のウインセットになる。同様に，外国のウインセットは，無差別曲線 I_F より高い政治的支持率を表す集合である。通商交渉が行われるためには，この両国のウインセットが重ならなければならない。

図4.3には，外国政府と自国政府の最適点 $(0, t_F^*)$ と $(t_P, 0)$ を結ぶ契約曲線が描かれている。

$$t^* = -(t_F^*/t_P)t + t_F^*$$

契約曲線は，自国政府と外国政府の無差別曲線が接する点の集合であり，パレート効率的な交渉可能領域を表す。通商交渉は，両国のウインセットに挟まれた契約曲線上で行われる。この曲線上では，一方の政治的支持率を高めれば，他方の政治的支持率は必ず低下する。自国の政府と議会の契約曲線は，両者の最適点 $(t_P, 0)$ と $(t_C, 0)$ を結ぶ横軸の一部である。両国政府は，効率的な交渉可能集合内において，自己の最適点にできるだけ近い点を得ようとする。このとき，通商交渉の結果は，どちらの政府に提案権（交渉力）があるかによって異なる。以下では，自国政府に提案権があるとする。

議会の批准（拒否権）は自国に有利な交渉結果を与える。もし政府が議会の批准を必要とすることなく，通商交渉を進めることができれば，図4.3においてナッシュ均衡は $N'(t_P, t_F^*)$ となる。この結果，自国のウンセットが広がり，外国のウインセットは狭まる。両国の効率的な交渉可能領域は aa^* から bb^* に移動し，自国にとって不利になる。このとき，自国政府は，議会の拒否権を利

用することによって，自国のウインセットを狭め（*tying hands* 戦略），外国のウインセットを広げ，通商交渉を有利に導くことができる。例えば，外国政府が図4.3の x のような点を交渉対象にしようとすれば，自国政府は，議会がそれを批准しないと主張し，外国政府に譲歩を求めることができる。

4.2 通商交渉と政治的圧力

通商交渉の結果と政治的圧力との関係について検討しよう。

1）**通商交渉の結果**：この通商交渉において，自国政府は，議会が批准し，外国政府が受け入れるような提案をする。通商交渉の結果 (t_0, t_0^*) は，通商交渉のアクターの選好（t_P, t_C, t_C^*）と，政府と議会の選好の乖離（$t_C - t_P$）という2つの変数によって決定される。通商交渉の結果は3つの領域で異なる。

領域① (t_a, t_a^*)：自国政府が自由貿易志向で，政府と議会の**選好が十分に近い**場合には，自国政府と外国政府は契約曲線上の (t_a, t_a^*) を合意する。自国の貿易障壁 t_a は自国政府の最適水準 t_P より低く，外国の貿易障壁 t_a^* も外国政府の最適水準 t_P^* より低い。

領域② $(t_P, 0)$：自国議会の選好はより保護主義的であるが，政府と議会の**選好が適度に近似**している場合には，通商交渉の結果は自国政府の最適点 $(t_P, 0)$ になる。自国の貿易障壁は自国政府の最適水準 t_P に等しく，外国の貿易障壁は完全に撤廃される。

領域③ $(t_d, 0)$：議会の保護主義がさらに強まり，自国の政府と議会の**選好が十分に乖離**する場合には，通商交渉の結果は $(t_d, 0)$ となる。自国の貿易障壁 t_d は自国政府の最適水準 t_P より高く，外国の貿易障壁は完全に撤廃される。

議会の批准は，通商交渉の過程で政府間の合意内容に影響を及ぼす。自国政府と外国政府は，自国議会が批准する内容を正しく予想することができる。このような予想は，議会の選好が通商交渉の合意内容に影響を与えることを意味している。議会の批准は政府間合意の後に行われるが，実際には通商交渉の過程で議会の選好が影響を及ぼしている。政府と議会の選好の乖離が大きくなるにつれ，議会は，政府間の交渉に影響力をもつようになる。アクターが完備情

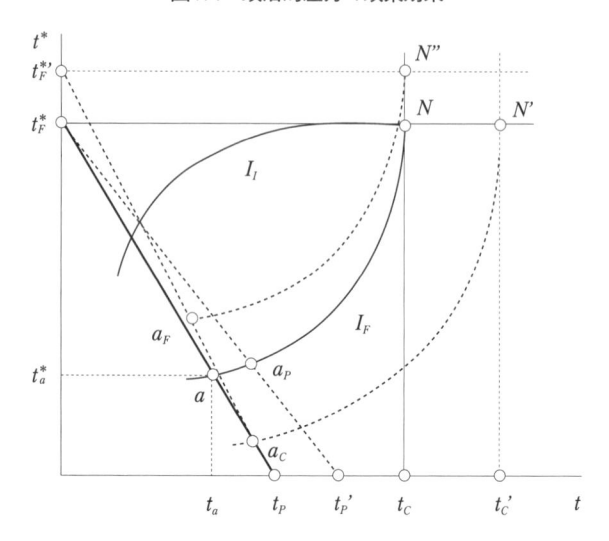

図4.4 政治的圧力の政策効果

報をもつ限り，政府間の合意は議会によって批准される。

2）**政治的圧力**：領域①において，各国企業のロビー活動によって政治的圧力 s_i（$i=P,C,F$）が強まった場合に，通商交渉の結果に及ぼす影響について検討しよう。企業の政治的圧力は貿易障壁の最適水準 t_i（$i=P,C$），t_F^* を上昇させ，その国のウインセットを狭め，相手国のウインセットを広げる。企業の政治的圧力がどのアクターに向けられるかによって通商交渉の結果は異なる。

第1に，政治的圧力が外国政府にかけられ，外国政府の最適水準 t_F^* が上昇する場合には，自国の貿易障壁 t_a が低下し，外国の貿易障壁 t_a^* は上昇する。第2に，政治的圧力が自国政府にかけられ，自国政府の最適水準 t_P が上昇する場合には，自国の貿易障壁 t_a が上昇し，外国の貿易障壁 t_a^* も上昇する。第3に，政治的圧力が自国議会にかけられ，自国議会の最適水準 t_C が上昇する場合には，自国の貿易障壁 t_a が上昇し，外国の貿易障壁 t_a^* は低下する。

図4.4は以上の結果を図示したものである。N は初期，N' は政治的圧力の結果自国議会が保護主義化した場合，N'' は外国政府が保護主義化した場合のそれぞれのナッシュ均衡を表す。点 a は初期の通商政策の組み合わせ（t_a, t_a^*）を表す。外国政府が国内企業の政治的圧力を受け保護主義化すれば（$t_F^* \to t_F^{*'}$），通商交渉の結果は点 a_F になる。点 a と比較して，外国の貿易障壁は高

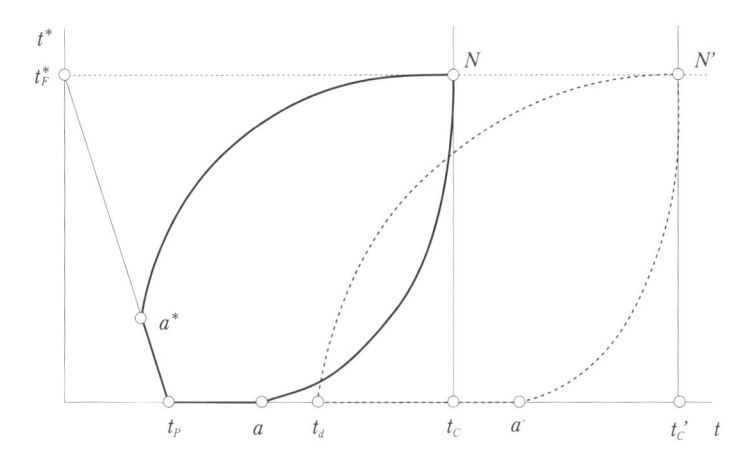

図4.5　議会の保護貿易志向と交渉領域

く，自国の貿易障壁は低い。

　自国の政府と議会が，国内企業の政治的圧力の結果，保護主義を強めれば，通商交渉の結果は点 a_P と点 a_C になる。政府の保護主義化（$t_P \to t_P'$）と議会の保護主義化（$t_C \to t_C'$）は，点 a と比較して，共に自国の貿易障壁を高めるが，外国の貿易障壁に及ぼす効果は異なる。自国政府が保護主義を強めれば外国の貿易障壁は高くなるが，自国議会の保護主義化は外国の貿易障壁を低下させる。自国政府が保護主義を強めてもナッシュ均衡 N は変わらない。しかし，自国議会が保護主義を強めれば，ナッシュ均衡が右に移動する（$N \to N'$）。これは外国のウインセットを広げる。議会の内向き志向は，自国の貿易障壁を高めるだけではなく，外国の貿易障壁を低下させる。

4.3　議会の内向き志向と政策効果

　議会の内向き志向は通商交渉の結果にどのような影響を及ぼすだろうか。議会の選好が保護主義化し，政府と議会の選好が乖離している状況（$t_C - t_P > 0$）を**政府内対立**（*divided government*）と呼ぶ。政府と議会の選好が乖離するのは，行政府がある政党によって支配され，議会多数派が別の政党によって支配されている場合である。このような状況は特に，議会と政府が別々の選挙

で選出される大統領制の場合に生じる。

4.3.1 交渉領域への影響

図4.5は，政府と議会の選好の乖離が大きくなる場合に，両国のウインセットや通商交渉の可能領域に及ぼす影響を表している。自国政府の選好 t_P を所与として議会の選好 t_C をより保護主義的に右に移動させると（例えば，自国企業の政治的圧力の結果，議会の内向き志向が強まる），両者の選好の乖離（$t_C - t_P$）が大きくなる。議会の選好 t_C の保護主義化は，交渉決裂の場合のナッシュ均衡 N を右に移動させ，自国のウインセットを狭め，外国のウインセットを広げる。

議会の選好 t_C の内向き志向と共に，両国のウインセットで囲まれた効率的な交渉可能領域が移動する。領域②のように，自国政府の最適点（$t_P, 0$）が効率的な交渉可能領域 $a^* t_P a$ の中にある場合には，自国政府はこの点（$t_P, 0$）を提案する。このとき，議会も外国政府も現状 N よりも政府の提案を選好し，自国政府の提案を受け入れる。議会の選好 t_C が政府の選好 t_P から十分に乖離し，交渉可能領域の外に自国政府の最適点（$t_P, 0$）が出るまでは，自国政府の最適点（$t_P, 0$）が通商交渉の結果になる。

領域③のように議会の内向き志向がさらに強まり，両者の選好が十分に乖離すると，効率的な交渉可能領域は $t_d a'$ になる。このとき，通商交渉の結果は（$t_d, 0$）である。自国の貿易障壁 t_d は政府の最適水準 t_P よりも高くなる。自国議会の保護主義が強まり，政府と議会の選好の乖離が十分に大きい場合には，t_d のように通商交渉の結果はより保護主義的になる。

4.3.2 交渉結果への影響

図4.6は，政府の選好 t_P を所与として，議会の内向き志向が強まり，政府と議会の選好の乖離（$t_C - t_P$）がしだいに大きくなる場合に，通商交渉の結果や通商交渉におけるアクターの影響力にどのような相違をもたらすかを表している。横軸は，議会の内向きの程度（$t_C - t_P$）を表す。縦軸は通商交渉の結果決まる自国と外国の貿易障壁（t_0, t_0^*）を表す。議会の内向き志向と通商交渉の結果にはつぎのような関係がある。

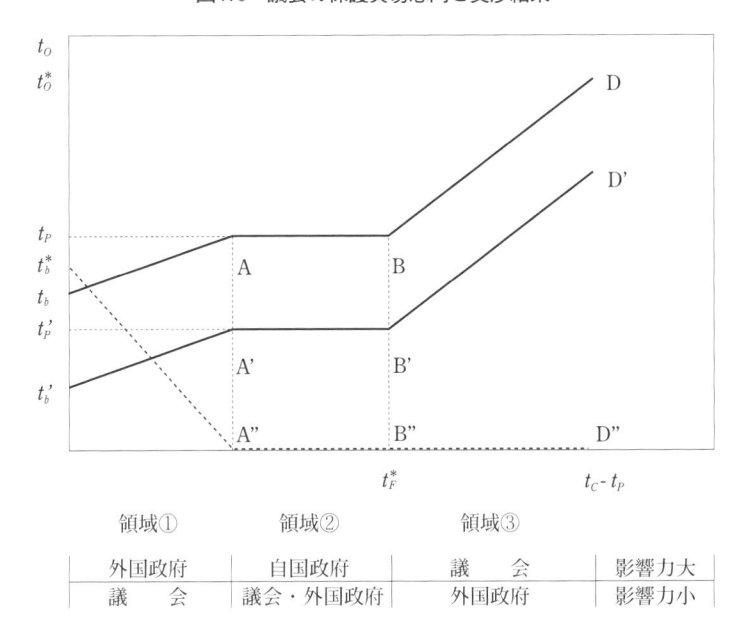

図4.6 議会の保護貿易志向と交渉結果

領域①	領域②	領域③	影響力大
外国政府	自国政府	議会	影響力大
議会	議会・外国政府	外国政府	影響力小

　1）**議会の内向き志向**：通商交渉の結果決まる自国の貿易障壁 t_0 は，議会の内向き志向（$t_C - t_P$）が強くなるにつれ上昇する。$t_a < t_P < t_C - t_F^*$ に注意すれば，通商交渉の均衡についての議論から自国の貿易障壁は，厳密ではないが，t_C に関して単調増加になる（曲線 $t_b ABD$）。

　領域②では，議会の内向き志向が強まっても，政府の保護主義が強まるわけではなく，通商交渉の結果自国の貿易障壁が上昇するわけでもない。議会の内向き志向と通商交渉の結果を表す曲線 $t_b ABD$ から分かるように，領域②では，自国政府は，議会の内向き志向とは独立にその最適水準 t_P を提案する。議会の内向き志向がさらに強まり領域③に至ると，議会の選好を反映し，自国の貿易障壁は上昇する。

　2）**政府の選好**：通商交渉の結果決まる自国の貿易障壁 t_0 は，政府の選好 t_P によって異なる。図4.6の曲線 $t_b'A'B'D'$ は，自国政府がより自由貿易志向の場合（$t_P' < t_P$）を表す。

　自国政府が自由貿易志向を強める場合には，自国の貿易障壁は，議会の内向

き志向に関わらず,保護主義的な政府の場合よりも低くなる。これは,曲線 $t_b'A'B'D'$ が曲線 t_bABD のつねに下にあることから確認される。自国政府が自由貿易志向であり,かつ政府と議会の選好の乖離が小さいほど,通商交渉の結果決まる自国の貿易障壁は低くなる(図4.6の $t_b'A'$ 上を t_b' に近づく)。議会の内向き志向が強まり(領域③),政府が保護主義的であるほど(t_P が大きい),自国の貿易障壁は高くなる(図4.6の BD 上を D に近づく)。

NAFTAについて見てみよう(Mayer 1998)。1991年に米墨交渉が開始されたとき,自由貿易志向の共和党のブッシュ大統領は民主党主導の議会と交渉しなければならなかった。このとき,曲線 $B'D'$ で示されるように,米国の貿易障壁は適度な水準が予想された。他方,1993年に就任したクリントン大統領は,より保護主義的な民主党の出身であり,議会と政府の選好は近似し,曲線 AB で示される。したがって,より保護主義的な協定が予想される。このような変化は,クリントン大統領がNAFTAを再交渉し,いくつかの保護主義的な条項(労働問題・環境問題)をそれに含めなければならなかった理由を説明している。

3)**アクターの影響力**:通商交渉におけるアクターの影響力は議会の内向き志向の程度によって異なる。議会の内向き志向が増大するにつれ,通商交渉の影響力は外国政府から自国政府へ,そして自国議会へと交替する。

自国議会の内向き志向が弱い領域①では,通商交渉の結果は (t_a, t_a^*) となり,外国政府の影響力がもっとも強くなる。このとき,外国のウインセットが通商交渉の結果を制約し,自国議会の影響力はもっとも弱くなる。議会の内向き志向が強い領域③では,通商交渉の結果は $(t_a, 0)$ となり,自国議会の影響力がもっとも強くなる。領域②では,交渉結果は $(t_P, 0)$ となり,自国政府の影響力がもっとも強くなる。通商交渉の結果は,各アクターの相対的な影響力を反映し,政府の選好 t_P と,政府と議会の選好の乖離 $(t_C - t_P)$ に依存して異なる。

NAFTAの場合をもう一度見てみよう。ブッシュ大統領が通商交渉を開始したとき,民主党主導の議会の選好が交渉を主導した。1993年初頭にクリントンが大統領になり,議会と政府の選好が近似すると,大統領の選好がより影響力をもつようになると予想された。すなわち,領域③から②への移動である。

もし1990年にブッシュ大統領が共和党主導の議会のもとで交渉を開始したとすれば（領域①），彼の影響力はもっと弱かったかもしれない。このとき，メキシコ政府の影響力がもっと強かった可能性がある。

練習問題 *Questions*

問題4.1 図4.3で外国政府が提案権を持つとき，交渉結果について述べなさい。
問題4.2 図4.3のナッシュ均衡が囚人のジレンマになることを示しなさい。
問題4.3 図4.6において両国が通商交渉に合意する場合，自国の貿易障壁は，交渉決裂の場合の貿易障壁よりつねに低くなることを示しなさい。
問題4.4 図4.6の領域①②③において，外国の貿易障壁はどのような水準になるか示しなさい。また，両国の貿易自由化が最も促進される領域を述べなさい。
問題4.5 通商交渉の各アクターの最適な貿易障壁を計算によって求めなさい。

（解答は巻末にあります）

文献案内

Guide to Further Reading

Baldwin, Robert（1987）"Politically Realistic Objective Functions and Trade Policy," *Economics Letters,* Vol.24, pp.287-290.
▶通商政策を考慮した政治的支持関数について検討している。

Brander, James and Barbara Spencer（1984）"Tariff Protection and Imperfect Competition," in Kierzkowski, Henryk ed., *Monopolistic Competition and International Trade,* Oxford: Clarendon Press.
▶不完全競争財の国際貿易と戦略的通商政策について分析している。

Milner, Helen and Peter Rosendorff（1997）"Democratic Politics and International Trade Negotiations: Elections and Divided Government as Constraints on Trade Liberalization," *Journal of Conflict Resolution,* Vol.41, pp.117-146.
▶2段階ゲーム・2レベルゲームを明示的に扱った国際通商交渉の文献。

Mansfield, Edward et al.（2000）"Free to Trade: Democracies, Autocracies, and International Trade," *American Political Science Review,* Vol.94, No.2, pp.305-321.
▶異なる政治体制間の通商交渉に2レベルゲームを適用し分析している。

第5章

日米通商交渉と制裁の威嚇

本章で何を学ぶか

　日米包括経済協議の自動車・同部品交渉が1993年9月から1995年6月にかけて行われた。この通商交渉で，米国政府は，通商法301条によって威嚇しながら日本の市場開放を数値目標の設定という形で要求した。日本政府は数値目標の設定に最後まで反対した。しかし，通商法301条の制裁の威嚇によって，日本の自動車メーカー各社が米国製部品購入の自主計画を作成し，交渉は米国に有利に妥結した。

　本章では，米国の制裁の威嚇が日米通商交渉に及ぼす影響について検討する。米国の制裁の威嚇が通商交渉の結果に及ぼす影響は，貿易自由化に関する日本政府と日本自動車工業会の政策選好の乖離度に応じて異なる。米国の制裁の威嚇は，日本政府と日本自動車工業会の選好が十分に近似している場合には，日本の通商障壁を低下させる。しかし，両者の選好が適度に乖離している場合には，交渉結果に影響を及ぼさない。

　本章は次のように構成される。第1節では，日米自動車交渉の経緯について要約する。第2節では，日米通商交渉の分析枠組みを2レベルゲームによって構成する。第3節では，この分析枠組みによって，日米自動車・同部品交渉について分析する。

5.1 日米自動車交渉の経緯

5.1.1 輸出自主規制から輸入自主拡大へ

　日米自動車交渉は3段階に分けられる（図5.1を参照）。第1段階は1970年代の日本の自動車輸出の増大と輸出自主規制の時期である。第2段階は1980年代における貿易摩擦回避のための現地生産の時期である。第3段階は1990年代半ばの輸入自主拡大の時期である。

　1）**輸出自主規制**：日本車の対米輸出自主規制は1981年から1994年まで実施された。

　1973年の第4次中東戦争を契機に起きた第1次石油ショック，1979年のイラン革命の混乱の中で発生した第2次石油ショック，これら2度にわたる石油ショックによって原油価格は10倍以上に上昇した。その結果，燃費の悪い米国の大型車から燃費の優れた日本の小型車に米国市場の消費需要は大きく変化した。こうして，1970年代後半に，日本の対米自動車輸出が急激に増大した。

　日本の対米自動車輸出の増大と共に，米国自動車業界は販売・雇用減少を懸念し，輸入規制へと動いた。1974年に全米自動車労組（UAW）が輸入数量割り当ての導入を提案した。米国政府は輸入規制に反対していたが，議会での輸入規制の動きが高まる中，1981年3月，USTRと通産省の間で**輸出自主規制**（*Voluntary Export Restriction*）に関する合意が行われた。この後，米国への年間輸入台数は，1981-83年168万台，1984年185万台，1985-91年230万台，1992-94年165万台に規制された。この輸出自主規制によって，米国市場の自動車価格は上昇し，日米自動車メーカーの利益は増大したが，消費者は大きな損失を被ることになった。

　2）**現地生産**：UAWは，第1次石油ショック直後の1975年頃から日本自動車メーカーに対して対米進出を要請していた。しかし，日本自動車メーカーは効率的な生産体制の構築に自信がなく，現地生産が本格化するのは1980年代の半ば以降である。特に，1985年のプラザ合意以降の円高が現地生産を促進した。米国での現地生産は，貿易摩擦の回避と円高対策として重視された。

　日本自動車メーカーで最も早くから現地生産を開始したのはホンダである。

第5章 日米通商交渉と制裁の威嚇　　71

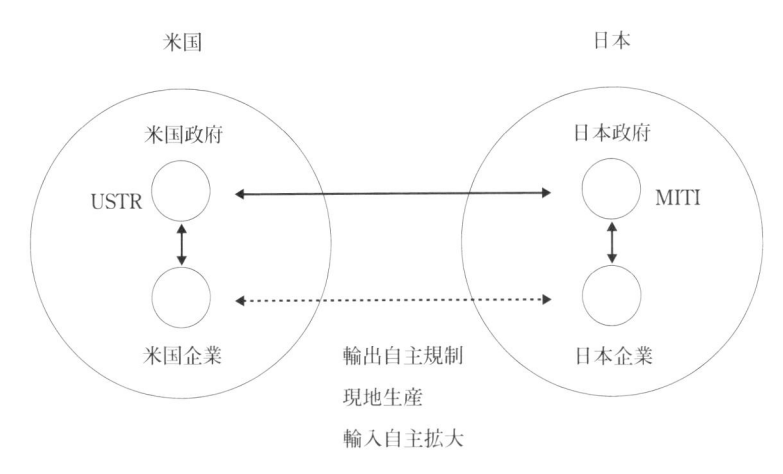

図5.1　日米自動車交渉

米国　　　　　　　　　　　　　　日本

米国政府　　　　　　　　　日本政府

USTR　←――――――――→　MITI

↕　　　　　　　　　　　↕

米国企業　←―――――――→　日本企業
　　　　　　輸出自主規制
　　　　　　現地生産
　　　　　　輸入自主拡大

　1978年に *Honda of America* を設立し，1979年には二輪車，1982年に四輪車の現地生産を開始した。日産は，1980年に米国日産 NMMC を設立し，1983年に小型トラック，1985年に乗用車の生産を開始した。トヨタの対応は慎重で，1984年に GM との合弁会社 NUMMI を設立し，現地生産を開始した。日本自動車メーカーの現地生産は順調に増大し，現地生産台数は，1993年に輸出台数を超え，1985年の36万台から1995年には211万台に達した。
　3）**輸入自主拡大**：現地生産が拡大する中，米国の通商政策が輸出自主規制から**輸入自主拡大**（*Voluntary Import Expansion*）へと変化した。1985年の MOSS 協議（市場分野別個別協議），1989年の日米構造協議，1993年の日米包括経済協議において，米国は通商法301条による制裁の威嚇を行いながら日本市場の開放を要求した（Tyson 1993）。
　自動車分野の輸入自主拡大については，1992年1月の宮沢首相とブッシュ大統領との首脳会談の際に，日本自動車メーカーが，通産省の要請で1994年度に190億ドルの米国製部品購入の自主計画を公表した。このときの経験から，米国政府は，1993年の日米包括経済協議の自動車・同部品交渉においても同様の数値目標を要求した。

表5.1 日米自動車・同部品交渉の経緯

1993, 9	日米自動車・同部品交渉の開始
1993,10	数値目標を米国が要求，日本は拒否
1994, 2	日米首脳会談，交渉決裂
1994, 6	交渉再開，米国が数値目標を要求
1994, 8	米国国会議員団が政府に通商法301条の発動を要請
1994, 9	米国が米国製部品購入計画の上積みを要求し，交渉決裂
1994,10	米国政府が通商法301条の調査を開始
1994,12	交渉再開
1995, 5	交渉決裂，通商法301条に基づき対日制裁リストを公表
1995, 6	日本自動車メーカーが自主計画を公表，政府間で交渉合意

5.1.2 日米自動車・同部品交渉

日米自動車・同部品交渉の議題と経緯について簡単に整理しよう（表5.1を参照）。

1）交渉の議題：米国政府は日本政府に対してつぎの3つの要求をした。第1に，日本自動車メーカーが米国製自動車部品の購入計画を作成し，通産省がそれを行政指導すること。第2に，米国車取り扱いディーラー数を拡大すること。第3に，米国製部品の日本市場への参入機会を阻害している日本の補修部品市場の規制を緩和すること。米国製自動車部品の購入と米国車取り扱いディーラー数については数値目標の設定を求めた。

米国政府によれば，米国の自動車部品メーカーは，米国でも日本でも不利な取り扱いを受けている（通商産業省 1997）。1994年当時，米国製自動車部品は，米国市場では32.5%を占めているが，日本市場では2.6%しか占めていない。また日本では，自動車メーカーと系列のディーラーが緊密な関係にあり，米国車は不利な取り扱いを受けている。米国のディーラーの80%は，米国車と共に輸入車を販売している。日本では，日本車と輸入車を販売しているのは20%，日本車と米国車を販売しているのは7%にすぎない。

日本政府は，米国政府の要求に以下のように対応した。第1に，日本自動車メーカーによる米国製自動車部品の購入計画の作成と通産省の行政指導については，米国の要求を基本的に拒否した。ただし，民間企業が行う自主計画には，政府として関与しないという姿勢をとった。

第2に，米国車取り扱いディーラー数の拡大については，独占禁止法の強化，

ディーラーによる米国車取り扱いの改善，通産省による苦情受付窓口の設置などを提案した。しかし，数値目標の設定については拒否した。

第3に，補修部品市場の規制緩和については，「重要保安部品」の数の削減，「構造等変更」検査の規制緩和，専門整備工場の認定などを提示した。しかし，「整備と車検」制度の分離については，安全確保や環境保全を理由に拒否した。

数値目標の設定については，日本政府は日米半導体協定を教訓としそれを拒否した。日米半導体協定（1986年）では，米国製半導体の日本市場でのシェア20％という数字が明記されていた。日本はこれを努力目標としたが，米国はこれを保証と受け取り，20％に達しないと1987年3月に制裁を実施した，という経緯がある。

2）交渉の経緯：日米自動車・同部品交渉は，通商法301条を日本の自動車補修部品市場に適用する以前の交渉（1993年9月－1994年9月）と，それを適用し制裁を前提とした交渉（1994年10月－1995年6月）の2つに分けられる。

通商法301条の適用以前：1993年9月に日米自動車・同部品交渉が開始された。交渉の主要な議題は，客観基準に数値目標の設定を認めるか否かであった。

1993年10月の次官級協議で，米国政府は，1995年以降の米国製部品の購入計画の作成を求めると共に，客観基準に将来の数値目標を設定することを要求した。日本政府は，客観基準は過去の実績を点検するものであり，将来の目標を約束するものではないとして，米国の要求を拒否した。米国政府が要求する数値目標の設定には，日本自動車工業会も反対した。こうして，1994年2月の細川首相とクリントン大統領の日米首脳会談でも，日本政府は数値目標の受け入れを拒否し，交渉は決裂した。

しかし，日本自動車工業会は，1994年2月下旬，通産省の要請を受け入れ，各社が米国製部品購入の自主計画を公表する可能性があることを明らかにした。そして同年3月に，「国際協調のための自工会アクションプラン」を公表し，メーカー各社が米国製部品購入の自主計画を公表した。こうした行動の背景には，米国政府による制裁の可能性があった。米国政府は，この民間企業の自主計画にさらに日本政府の関与，すなわち政府による保証を要求したが，日本政府はそれを拒否した。

日米政府間交渉が膠着状態にある中，1994年8月，米国の超党派国会議員

（88人）が，クリントン大統領に9月末までに交渉が合意しない場合には，通商法301条を発動すると日本に警告するように要請した。

　こうした議会の圧力を受けながら米国政府は，1994年9月末の閣僚会談で，日本自動車メーカーが同年3月に公表した米国製部品購入計画の上積み，米国車取り扱いディーラー数の拡大，車検制度の廃止などを要求した。日本政府は，部品購入計画の上積みやディーラー数の拡大については，数値目標を設定しないという原則に反することや，民間企業の自主計画は政府の責任の及ぶ範囲外の問題であることを理由に，それらを拒否した。車検制度の廃止も安全確保や公害防止の観点からその要求を拒否した。こうして，交渉は再度決裂した。

　通商法301条による制裁の威嚇：米国政府は，2度にわたる交渉決裂を受け，通商法301条による制裁を前提とした交渉に入った。1994年10月1日，米国政府は，**通商法301条**（外国の不公正貿易に対して米国政府が実施する対抗措置についての権限と手続きを規定した法律）を日本の補修部品市場に適用し，調査を開始した。

　日本政府は，こうした米国の行動に反発しつつも，1994年12月の次官級協議で，数値目標や政府の権限の及ぶ範囲外の事項は交渉の対象にしないことなどを条件に交渉再開に同意した。しかし，米国政府は，1995年1月の次官級協議において，民間企業の部品購入の自主計画の上積みを政府間交渉の対象としないことを認めたが，これが政府間交渉合意の条件になるという姿勢を堅持した。このため，交渉は再び暗礁に乗り上げた。米国政府は，部品購入計画が政府間交渉の対象外となったために，日本自動車メーカーと直接交渉する道を探ると共に，制裁の威嚇の対象を通産省から日本自動車メーカーに切り替えた。

　こうした状況下で，1995年3月，米国議会上下院議員（95人）は，政府に対して同月末までに包括的な合意を達成するよう要請すると共に，この期限までに合意できない場合には，通商法301条の下で制裁を含む強い行動を執ることを要請した。

　米国政府は，1995年4月以降，通商法301条に基づく対日制裁の準備を本格化した。同年5月の閣僚会談では，米国車取り扱いディーラーシップと補修部品市場の規制緩和については交渉が進展した。しかし，部品購入の自主計画の上積みでは交渉は決裂した。交渉決裂後，米国政府は，日本の補修部品市場に

通商法301条を適用することを確認し，米国議会上院は，政府の方針を支持する決議を88対8の票決で採択した。

1995年5月16日，米国政府は，日本の補修部品市場が不公正であり米国の利益を制限しているという理由で，通商法301条に基づきトヨタのレクサスや日産のインフィニティなど日本製高級車13車種に100％（現行2.5％）の従価税を課すと発表した。最終決定は6月28日とするが，課税賦課は5月20日にさかのぼって適用するとした。日本政府は即座に，米国の一方的措置がWTOのルール違反であるとして，GATT第22条に基づく協議申し入れを行い，WTOにおける紛争解決手続きを開始した。

日米両国政府は，1995年6月22日からジュネーブでGATTの協議を行うと共に，閣僚会談を行い，6月28日に交渉が妥結した。交渉の焦点は米国製部品購入の自主計画の上積みであった。日本政府は，民間企業が作成した自主計画への関与を拒否したが，米国政府は，日本自動車メーカー各社から米国製部品購入の上積みを実質的に得ることができた。1998年までに日本自動車メーカーが米国製部品の購入を67.5億ドル増大し，北米での完成車生産を210万台から265万台に増大すると，米国政府は見積もった。

5.2　日米通商交渉の分析枠組み

米国の制裁の威嚇が日米通商交渉の結果に及ぼす影響を検討するために以下のような簡単なモデル（基本的には第2章の関税削減ゲームと同じ）を構成しよう。はじめに日米通商交渉の枠組みについて説明し，その後通商交渉者の目的関数について検討する。

5.2.1　日米通商交渉の枠組み

1）**アクター**：この通商交渉の主要なアクターは，日本政府の交渉代表者（内閣総理大臣），日本自動車工業会（業界団体），米国政府（大統領）である。実際の交渉は，代理人である通産省（MITI）と米国通商代表部（USTR）によって行われた。日本政府の交渉代表者は，米国政府と交渉を行う一方で，国内の自動車業界とも協定内容に関して交渉を行う。各アクターは，国内の政治的

支持率を最大にするように両国の通商障壁の削減について交渉する。日本の消費者や民間企業は通商交渉に直接参加はしないが，各アクターに政治的圧力をかけ，通商交渉の結果に影響を及ぼす。

　2）**通商交渉の展開**：この通商交渉ゲームは2段階で行われる。第1段階は日本政府と米国政府の政策決定に関するゲームであり，第2段階は各国の経済主体の最適化行動に関するゲームである。第1段階のゲームで通商協定の内容が決定された後，第2段階のゲームが始まり，各国の消費者や企業が最適化行動を行う。

　第1段階の通商交渉は国際交渉（政府間）と国内交渉（日本政府と日本自動車工業会）の2つのレベルで行われる。この交渉では，日本政府の交渉代表者が交渉内容の提案権を持ち，米国政府と日本自動車工業会が拒否権をもつとする。日本政府の交渉代表者が米国政府に対して通商協定に関してある提案を行う。米国政府がそれを受け入れれば，その提案は日本自動車工業会の批准を得るために，業界団体に提示される。日本自動車工業会がその提案を批准すれば，政府間の通商協定は成立する。もし米国政府か日本自動車工業会がその提案を拒否すれば，通商交渉は決裂する。

　3）**情報構造**：各アクターの選好や交渉ゲームのルールは共有知識である。各アクターは，相互に通商障壁を削減し通商協定に合意すれば，国内の政治的支持率を高めることができることを知っている。また少なくとも交渉が決裂した場合と同じだけの政治的支持率が通商交渉によって得られることも知っている。ただし，通商交渉が決裂すれば，各国は独自に通商障壁（例えば，通商法301条による制裁関税）を設定することになる。

5.2.2　通商交渉者の目的関数

　各アクターの目的関数を簡単な損失関数によって表そう。各アクターは，通商障壁（t, t^*）の最適水準と現実の水準との差を最小化するように行動する。日本政府と日本自動車工業会および米国政府の利得関数 U_k（$k=P,C,F$）はそれぞれつぎのように表される。

$$U_k(t, t^*) = -(t-t_k)^2 - (t^*-t_k^*)^2, k=P,C,F$$

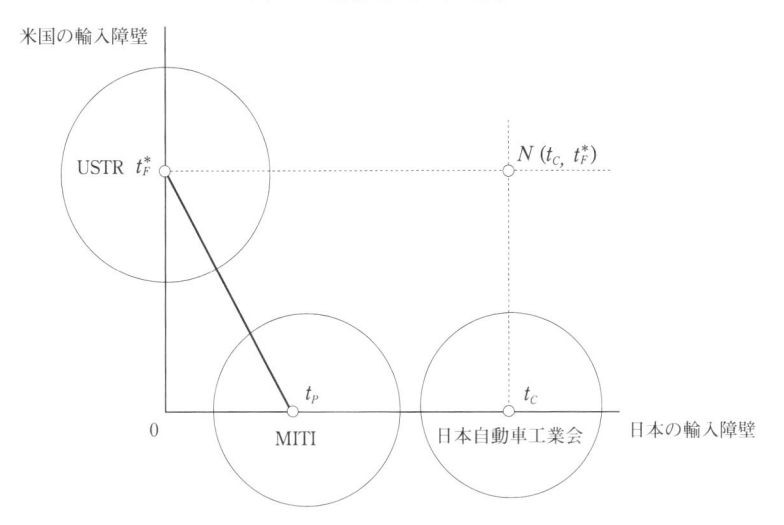

図5.2 通商交渉者の目的関数

以下では，日本政府も日本自動車工業会も米国の通商障壁については完全自由化を望み，$t_P^* = t_C^* = 0$ とする。同様に，米国政府も日本の通商障壁については完全自由化を望み，$t_F = 0$ とする。このような利得関数の想定によって，日本政府と日本自動車工業会および米国政府は，それぞれ最適な通商障壁の組み合わせ，$(t_P, 0)$，$(t_C, 0)$，$(0, t_F^*)$ によって国内の政治的支持率を最大にすることができる。現実の通商障壁が最適な通商障壁から乖離すれば，それだけ各アクターの政治的支持率は低下する。

図5.2は各アクターの目的関数を図示したものである。横軸は日本の通商障壁 t，縦軸は米国の通商障壁 t^* を表す。$(t_P, 0)$，$(t_C, 0)$，$(0, t_F^*)$ はそれぞれ日本政府（P），日本自動車工業会（C），米国政府（F）の最適な通商障壁を表す。$N(t_C, t_F^*)$ は現状＝ナッシュ均衡を表す。

5.2.3 日米通商交渉と301条の制裁

米国政府の制裁が日米通商交渉の結果に及ぼす影響について検討しよう。最初に日米通商交渉の結果について明らかにし，その後，米国政府の制裁が通商交渉の結果に及ぼす影響について検討する。

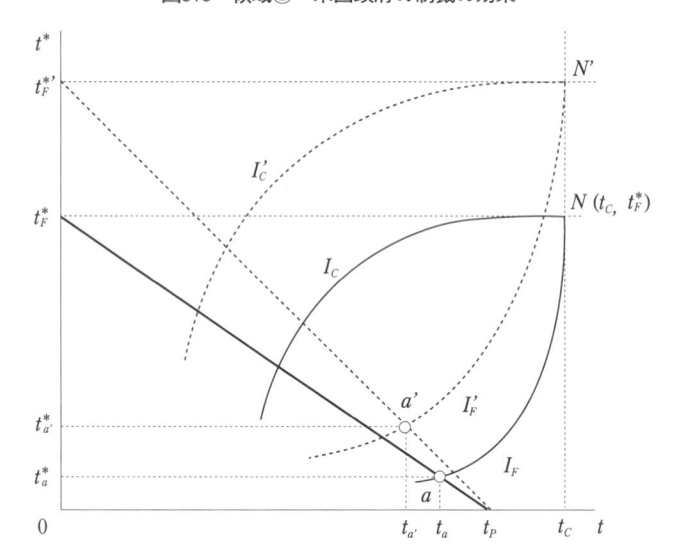

図5.3 領域① 米国政府の制裁の効果

1）日米通商交渉の結果：通商交渉の結果は，日本政府と日本自動車工業会の政策選好の乖離（$t_C - t_P$）に応じて3つの領域に分けられる。

領域①：(t_a, t_a^*)。日本政府と日本自動車工業会の政策選好が十分に近い場合には，日本政府と米国政府は契約曲線上の(t_a, t_a^*)を合意する。日本の通商障壁t_aは日本政府の最適水準t_Pより低く，米国の通商障壁t_a^*も米国政府の最適水準t_F^*より低い。

領域②：$(t_P, 0)$。日本政府と日本自動車工業会の政策選好が適度に乖離している場合には，通商交渉の結果は日本政府の最適点$(t_P, 0)$になる。日本の通商障壁は日本政府の最適水準t_Pに等しく，米国の通商障壁は完全に撤廃される。

領域③：$(t_d, 0)$。日本政府と日本自動車工業会の政策選好が十分に乖離する場合には，通商交渉の結果は$(t_d, 0)$となる。日本の通商障壁t_dは日本政府の最適水準t_Pより高く，米国の通商障壁は完全に撤廃される。

2）米国政府の制裁の効果：米国政府による制裁の威嚇は，通商交渉の結果にどのような影響を及ぼすだろうか。米国政府は，米国の自動車業界や労組からの政治的圧力の結果，その最適な通商障壁t_F^*を上昇させる。このような米

国政府の最適な通商障壁 t_F^* の上昇は，通商法301条による制裁の威嚇に信憑性を与える。米国政府の制裁が交渉結果に及ぼす効果は，日本政府と日本自動車工業会の政策選好によって異なる。

図5.3は，領域①の日本政府と日本自動車工業会の政策選好が十分に近い場合において，米国政府の制裁が交渉結果に及ぼす影響を表したものである。横軸は日本の通商障壁 t，縦軸は米国の通商障壁 t^* を表す。無差別曲線 I_C より高い政治的支持率を表す集合は初期の日本のウインセットであり，無差別曲線 I_F より高い政治的支持を表す集合は初期の米国のウインセットである。日米通商交渉は，両国のウインセットに挟まれた契約曲線（初期には $t^* = -(t_F^*/t_P) t + t_F^*$）上で行われる。点 a は初期の国際通商交渉の均衡である。

米国政府が制裁関税を実施すれば，通商交渉の均衡は点 a' になる。米国政府の制裁（$t_F^* \to t_F^{*'}$）は，点 a と比較して，日本の通商障壁を低下させるが，米国の通商障壁を上昇させる。米国政府が制裁を強めれば，ナッシュ均衡が上方に移動する（$N \to N'$）。これは日本のウインセットを広げ，米国のウインセットを狭める。米国の制裁は，日本の通商障壁を低下させるだけではなく，米国の通商障壁を上昇させる。

5.3 日米自動車交渉の分析

米国政府の制裁の威嚇は日米自動車交渉の結果にどのような影響を及ぼすのであろうか。日本の政策選好を所与として，米国政府の制裁の威嚇が及ぼす影響について検討しよう。

5.3.1 米国政府の制裁の威嚇

図5.4は，日本政府と日本自動車工業会の政策選好を所与として，米国政府の制裁が強まる場合に，交渉結果に及ぼす影響を表している。この図では，交渉過程での各アクターの選好が，$(t_C, 0)$：日本自動車工業会，$(t_P, 0)$：日本政府，$(0, t_F^*)$：米国政府のように表されている。

米国政府の初期の通商障壁を t_F^* としよう。日本政府と日本自動車工業会の政策選好を所与として，米国政府の制裁を $t_F^* \to t_F^{*'} \to t_F^{*''}$ のように強化させ

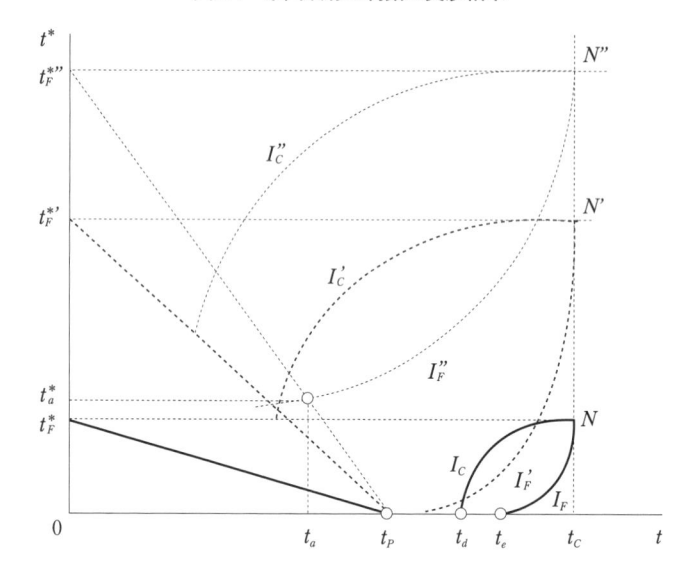

図5.4 米国政府の制裁と交渉結果

ると（例えば，米国企業の政治的圧力の結果，米国政府が通商障壁を上昇させる），契約曲線 $t_F^* t_P$ に影響を及ぼす。その結果，両国のウインセットが影響を受ける。米国政府が制裁を強化すると，米国のウインセットが狭まり（$I_F \to I_F' \to I_F''$），日本のウインセットは広がる（$I_C \to I_C' \to I_C''$）。

米国政府の制裁の強化と共に，契約曲線が点（t_P, 0）を中心に右回転する。領域③のように，日本政府と日本自動車工業会の政策選好が米国政府の通商障壁に比べ十分に乖離している場合には，交渉可能領域は両国のウインセットで挟まれた $t_d t_e$ になる。このとき，交渉結果は（t_d, 0）である。日本の通商障壁 t_d は日本政府の最適水準 t_P よりも高くなる。日本政府が自由貿易志向でも，日本政府と日本自動車工業会の選好の乖離が十分に大きい場合には，交渉結果はより保護主義的な国内構成員のウインセットに制約される。

米国政府の制裁が強まり，領域②のように，日本政府の最適点（t_P, 0）が両国のウインセットの中にある場合には，交渉結果は日本政府の最適点（t_P, 0）になる。米国政府がさらに制裁を強め，領域①のように，米国政府の通商障壁に比べ日本政府と日本自動車工業会の選好が十分に接近し，両国のウインセットの外に日本政府の最適点（t_P, 0）が出ると，交渉結果は米国のウイン

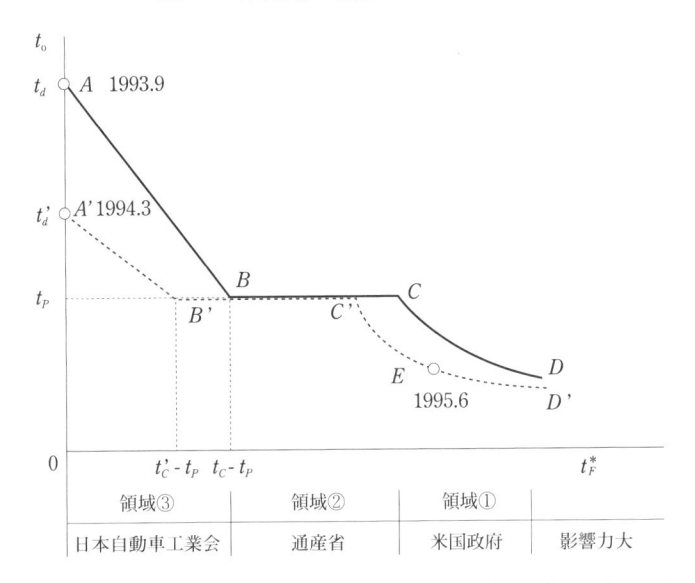

図5.5 米国政府の制裁と日本の通商障壁

t_o
t_d ○ A 1993.9

t_d' ○ A' 1994.3

t_P ....B
　　　　　B'　　　C'　C
　　　　　　　　　　　　　　E　　　　　D
　　　　　　　　　　　　　1995.6　　D'

0　　　$t_C'-t_P$　t_C-t_P　　　　　　　　　　t_F^*

領域③	領域②	領域①	
日本自動車工業会	通産省	米国政府	影響力大

セットに制約されるようになる。このとき，交渉結果は (t_a, t_a^*) である。

5.3.2 米国政府の制裁の威嚇と日本の通商障壁

　米国政府が制裁を強めたとき，交渉の結果決まる通商障壁はどのような影響を受けるだろうか。図5.5は，日本政府と日本自動車工業会の政策選好を所与として，米国政府の制裁が強まる場合に，交渉過程におけるアクターの影響力や交渉結果にどのような相違をもたらすかを表している。横軸は，米国の通商障壁 t_F^* を表し，右に行くほど米国政府の制裁が強まる。縦軸は，交渉の結果決まる日本の通商障壁 t_0 を表す。

　米国政府の制裁と日本の通商障壁 t_0 との間にはつぎのような関係がある。

　1）**制裁の効果**：第1に，日本の通商障壁 t_0 は，米国政府の制裁が強くなるとともに低下する。日本の通商障壁 t_0 は米国政府の制裁 t_F^* に関して，厳密ではないが単調減少になる。

　米国の制裁 t_F^* と日本の通商障壁 t_0 との関係を表す曲線 $ABCD$ から分かるように，米国政府の制裁が相対的に弱い領域③では，日本政府の選好 t_P とは独立に，交渉結果は日本自動車工業会のウインセットによって制約される。領域

②では、日本の通商障壁 t_0 は政府の選好 t_P に規定され、米国政府の制裁が強まっても影響を受けない。領域①に至ると、米国政府の制約を受けながら、日本の通商障壁 t_0 は低下する。

日米自動車交渉を妥結に導いた決定的要因は、制裁の威嚇の下で行われた日本自動車メーカーの部品購入計画の上積みである（日本経済新聞社 1995）。日本自動車工業会は、1993年12月には米国政府の要求する数値目標の設定に反対し、1994年3月の自主計画の公表後もその上積みを拒否していた。しかし、1995年5月16日に米国政府が制裁リストを公表すると、日本自動車メーカーの対応が変化した。特にトヨタは、制裁総額59億ドルのうち43％の負担を強いられるため、制裁回避を強く望んだ。

2）業界団体の選好：第2に、通商交渉の結果決まる日本の通商障壁 t_0 は、日本自動車工業会の政策選好 t_C によって異なる。特に、その政策選好は領域①や領域③での通商障壁 t_0 の水準に影響を及ぼす。

日本自動車工業会が保護貿易志向を弱めるとき（$t'_C < t_C$）、米国政府の制裁と日本の通商障壁の関係は図5.5の曲線 $A'B'C'D'$ のように表される。日本自動車工業会のウインセットが広がる結果、領域①や領域③の範囲が影響を受け、そこでの日本の通商障壁 t_0 が低下する。

日本自動車工業会は、1994年3月、「国際協調のための自工会アクションプラン」を公表し、日本自動車メーカー各社が米国製部品購入の自主計画を公表した。この背景には、米国政府による日本自動車業界を対象にした制裁の可能性と通産省の要請があった。通産省が米国の制裁を回避するために行政指導に乗り出し、日本自動車工業会の選好は保護主義志向を緩めた（図5.5の点 A →点 A' の移動）。

3）アクターの影響力：第3に、日本政府と日本自動車工業会の選好を所与とした場合、通商交渉におけるアクターの影響力は米国政府の制裁の程度によって異なる。米国政府の制裁が強まるにつれ、通商交渉の影響力は、日本自動車工業会から日本政府へ、そして米国政府へと移動する。

通商交渉の結果は、各アクターの相対的な影響力を反映して異なる。米国政府の制裁が弱い領域③では、日本自動車工業会の影響力がもっとも強く、交渉結果は $(t_d, 0)$ となる。米国政府の制裁が強い領域①では、米国政府の影響

力がもっとも強く，交渉結果は (t_a, t_a^*) となる。その中間の領域②では，日本政府の影響力がもっとも強く，交渉結果は $(t_P, 0)$ となる。

1993年9月に交渉が開始されたとき，米国政府の制裁の可能性は低かった。1994年8月に米国議員が政府に通商法301条の発動を要請すると共に，制裁の可能性が高まった。そして米国政府は，同年10月に通商法301条の調査を開始し，1995年5月16日に制裁リストを公表した。こうして，制裁の圧力は交渉過程でしだいに高まり，それと共に交渉の影響力は，初期の日本自動車工業会から最後には米国政府に移った。

練習問題 *Questions*

問題5.1 クリントン政権の結果重視の対日通商政策について述べなさい。

問題5.2 図5.4において，領域②の日本政府と日本自動車工業会の政策選好が適度に乖離する場合について検討しなさい。

問題5.3 図5.4において，領域③の日本政府と日本自動車工業会の政策選好が十分に乖離する場合について検討しなさい。

問題5.4 図5.5において，米国の制裁と日本の通商障壁との関係について述べなさい。

問題5.5 図5.5において，日本政府と日本自動車工業会の選好を所与とした場合，各アクターの交渉への影響力について検討しなさい。

（解答は巻末にあります）

文献案内

Guide to Further Reading

タイソン（1993）『誰が誰を叩いているのか』ダイヤモンド社。
　▶クリントン政権の経済諮問委員長タイソンの戦略的通商政策論に関する文献。
通商産業省編（1997）『日米自動車交渉の軌跡』通商産業省調査会出版部。
　▶日米包括経済協議の自動車・同部品交渉に関する通産省の報告書。
日本経済新聞社編（1995）『ドキュメント　日米自動車協議』日本経済新聞社。
　▶日米自動車協議に関するジャーナリストの取材をまとめた興味深いドキュメント。
バグワティ＆パトリック（1991）『スーパー301条』サイマル出版会。
　▶米国通商法スーパー301条に関する経済学者や政治学者の見解を収めている。

第6章

APEC通商交渉と官僚制

―― 本章で何を学ぶか ――

　アジア太平洋経済協力会議APEC (*Asia-Pacific Economic Cooperation*) の貿易自由化交渉において，日本の官僚制はどのような役割を果たしたのであろうか。本章では，日本の政策決定において重要な役割を果たす官僚制（官僚制多元主義）を明示的に取り扱う。官僚制多元主義のもとでは，多様な国内構成員の要求やその対立は官僚制の中で処理される。貿易自由化に対する国内構成員の選好の相違は官僚部局間の選好の相違として現れ，官僚部局間の交渉が貿易自由化交渉の過程に影響を及ぼす。

　本章では特に，国内構成員の官僚部局に対する政治的圧力や官僚部局間の交渉力の相違が貿易自由化交渉の結果に及ぼす影響について検討する。国内構成員の政治的圧力が交渉結果に及ぼす影響は，政治的圧力の対象（自由貿易志向の外務省・経産省か保護貿易志向の農水省か）や，貿易自由化に対する官僚部局間の選好の乖離度に応じて異なる。また，農水省の交渉力が交渉結果に及ぼす影響も，官僚部局間の選好の乖離度に依存して異なる。

　本章は次のように構成される。第1節では，APECの貿易自由化交渉と日本の官僚制について要約する。第2節では，貿易自由化交渉と官僚制に関する分析枠組みを2レベルゲームによって構成する。第3節では，この分析枠組みを用いて，APEC貿易自由化交渉について分析する。

6.1 APECと日本の官僚制

官僚制多元主義のもとで，農水省の選好の変化や官僚部局間の交渉力の変化は貿易自由化交渉にどのような影響を及ぼすのであろうか。APECの貿易自由化交渉をみながら検討しよう。

6.1.1 APECの歩み

APECは，アジア太平洋地域の持続的発展に向けた政府間の地域協力の枠組みである。1989年に12カ国（日本，韓国，オーストラリア，ニュージーランド，米国，カナダ，フィリピン，インドネシア，マレーシア，タイ，シンガポール，ブルネイ）で発足し，その後，ベトナム，メキシコ，チリ，ペルー，パプアニューギニア，中国，香港，台湾，ロシアが加わり，現在21カ国・地域が参加している（図6.1を参照）。

1）APECの目的：APECの目的は，貿易・投資の自由化，貿易・投資の円滑化，経済・技術協力である。第1に，貿易・投資の自由化：関税や投資規制などの貿易・投資に関する障壁を取り除き，自由で開放的な貿易・投資体制を確立する。1995年のボゴール宣言が期限を区切った域内の自由化を明確に提起し，それに向けて域内国・地域の個別行動計画や共同行動計画が作成されている。

第2に，貿易・投資の円滑化：域内経済交流の円滑化のために，通関手続きや基準・認証制度などの統一を図る。電気・通信・運輸の基準，原産地規則，衛生措置，知的財産権，補助金，セーフガード，アンチダンピング税，相殺関税，政府調達，競争政策のなどの透明性を確保し，弁護士など専門職員の移動，エネルギー部門への投資などの円滑化を図る。

第3に，経済・技術協力：人材育成，中小企業の育成，技術開発，経済インフラの整備などを目的とする経済・技術協力を促進する。これらは，地域の持続的な経済成長，衡平な開発および経済的・社会的福祉の向上のために重視される。1998年のクアラルンプール会議では，アジア通貨危機後の経済再建に向け，社会的セーフティネット，金融システム，貿易と投資，科学技術基盤，人

第6章　APEC通商交渉と官僚制

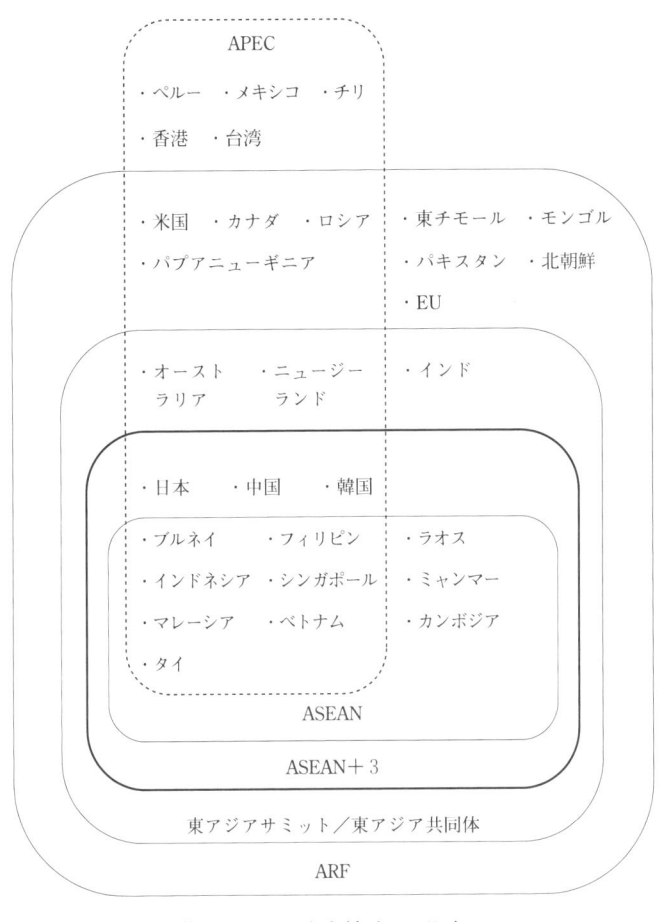

図6.1　アジア太平洋の多様な枠組み

```
┌─────────────────────────────────────────────┐
│                   APEC                      │
│   ・ペルー　・メキシコ　・チリ                │
│   ・香港　・台湾                             │
│  ┌──────────────────────────────────────┐   │
│  │ ・米国　・カナダ　・ロシア │ ・東チモール ・モンゴル │
│  │ ・パプアニューギニア      │ ・パキスタン ・北朝鮮  │
│  │                           │ ・EU                  │
│  │ ┌──────────────────────┐  │                       │
│  │ │ ・オースト ・ニュージー │ ・インド               │
│  │ │  ラリア　  ランド       │                       │
│  │ │ ┌────────────────────┐ │                       │
│  │ │ │ ・日本 ・中国 ・韓国 │ │                       │
│  │ │ │┌──────────────────┐│ │                       │
│  │ │ ││・ブルネイ ・フィリピン│・ラオス              │
│  │ │ ││・インドネシア ・シンガポール│・ミャンマー      │
│  │ │ ││・マレーシア ・ベトナム│・カンボジア          │
│  │ │ ││・タイ              ││ │                       │
│  │ │ │└──────ASEAN────────┘│ │                       │
│  │ │ └──────ASEAN＋3─────────┘                       │
│  │ └────東アジアサミット／東アジア共同体──────┘       │
│  └──────────────────ARF──────────────────────┘       │
└─────────────────────────────────────────────┘
```

材育成，経済インフラ改革などでの域内協力を明確にした。

　2) **APECの基本原則**：APECの基本原則は1995年のボゴール宣言において，以下の点が確認された。第1に，**開かれた地域主義**：*open regionalism*。域外に対して差別的な対応をとらない。域内における貿易障壁の撤廃は域外国にも適用される。ただし，このような措置は域外国によるただ乗り問題を引き起こす可能性がある。

　第2に，**自主性**：*voluntaryism*。合意された措置を実施するかどうかは参加国の裁量に委ねる。APEC諸国は，社会・政治的に多様であり，経済発展段

表6.1　APEC の経緯

1989.11	第1回閣僚会議（オーストラリア）
1993.11	第1回首脳会議（シアトル）
1994.11	ボゴール宣言（インドネシア），
1995.11	大阪行動指針，EVSL の対象分野に関する交渉開始
1997. 7	タイの通貨危機（アジア通貨危機へ）
1997.11	バンクーバー会議，EVSL の実施方法に関する交渉開始
1998.11	クアラルンプール会議，EVSL の交渉決裂
2006.11	ハノイ会議，米国がアジア太平洋自由貿易地域 FTAAP を提案

階に相違がある。したがって，法的拘束力を伴う方法ではなく，自主的な行動によって経済協力を進める。意思決定の手段はコンセンサスであり，合意を得られた内容だけがコンセンサスを形成し，その実行には拘束力はない。合意の実行を担保するのは，仲間内のピア・プレッシャーである。

　3）**APEC の経緯**：1989年1月に，ホーク豪州首相がアジア太平洋における経済協力のための政府間協議を提唱し，同年11月に，第1回閣僚会議がキャンベラで開催された。1993年のシアトルでの第5回閣僚会議の後，アメリカのイニシアティブによって第1回首脳会議が開催された。以後，首脳会議が慣例的に開催されている。1994年のインドネシアの第2回首脳会議で，先進経済は遅くとも2010年までに，発展途上経済は遅くとも2020年までに貿易・投資の自由化を達成するという，「APEC 経済首脳の共通の決意の宣言」（**ボゴール宣言**）が採択された。

　1995年の大阪会議では，ボゴール宣言の具体的な戦略枠組みである「大阪行動指針」が採択され，**早期自主的分野別自由化** EVSL（*Early Voluntary Sectoral Liberalization*）交渉が開始された。EVSL の交渉は，1995年11月－1997年11月に貿易自由化の対象分野に関する交渉が行われ，1997年11月－1998年11月に貿易自由化の実施方法に関する交渉が行われた。1998年11月のクアラルンプール会議で，EVSL 交渉は決裂した。

6.1.2　EVSL：国際交渉と国内交渉

　APEC は，1994年11月のボゴール宣言で「自由で開かれた域内の貿易と投資」を2020年（先進国については2010年）までに実現することを目標にした。この目標の実現に向けて，1995年から1998年にかけて特定の工業製品や農林水産

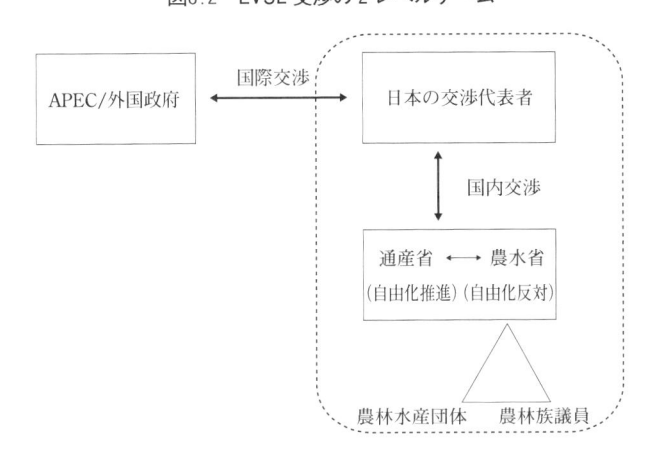

図6.2 EVSL 交渉の2レベルゲーム

```
APEC/外国政府 ←国際交渉→ 日本の交渉代表者
                              ↕ 国内交渉
                         通産省 ←→ 農水省
                        (自由化推進)(自由化反対)
                              △
                        農林水産団体  農林族議員
```

物からなる15分野でより早く貿易自由化を達成しようという EVSL 交渉が行われた（岡本 2001）。しかし，この貿易自由化交渉は日本の農水省の拒否権によって成功しなかった。

　EVSL の交渉は，国際交渉（政府間）と国内交渉（官僚部局間のコンセンサスの形成）という2つのレベルで行われた。EVSL の国際交渉と官僚部局間の選好の相違について簡単に整理しよう（図6.2を参照）。

　1）EVSL の国際交渉：EVSL の交渉は，貿易自由化の対象分野に関する交渉（1995年11月－1997年11月）と，貿易自由化の実施方法に関する交渉（1997年11月－1998年11月）の2つに分けられる。

　第1は，貿易自由化の対象分野をめぐる各国間の交渉である。この交渉は，1995年11月に APEC 首脳会議が「大阪行動計画」を採択した時から始まり，1997年11月にバンクーバーで同首脳会議が EVSL に関する声明を発表し，対象分野を特定するまで続けられた。この交渉で，貿易自由化の対象になる15分野（優先9分野，後続6分野）が特定され，APEC 活動の3つの柱（貿易・投資の自由化，貿易円滑化，経済・技術協力）に沿って取り組むことになった。日本は，水産物・同加工品，林産物，食料，油糧種子を交渉対象に含めることに同意した。貿易自由化の実施方法については，閣僚会議では「自主性原則」が確

認されたが，直後の首脳会議ではさらに踏み込んだ指摘がみられる。
* 優先9分野：玩具，水産物・同加工品，環境関連製品・サービス，化学製品，林産物，宝石・貴金属，エネルギー関連機器・サービス，医療機器・用具，通信機器認証手続き相互承認取り決め
* 後続6分野：食料，油量種子・同製品，肥料，自動車，天然・合成ゴム，民間航空機

　第2は，貿易自由化の実施方法をめぐる各国間の交渉である。この交渉は1997年11月の首脳会議の直後に開始され，1998年11月のクアラルンプールでの閣僚会議・首脳会議まで行われた。この閣僚会議・首脳会議で，貿易自由化交渉の優先9分野の自由化のWTOへの送致と事実上の交渉中止が決定された。
　この交渉では，貿易自由化の実施方法を巡り，パッケージ方式とカフェテリア方式が対立した。**パッケージ方式**とは，すべての分野において，貿易自由化・貿易円滑化・経済技術協力のすべての取組を各参加国に対して要求するものである。**カフェテリア方式**は，どの分野のどのような取組に参加するかは，APECの自主性原則に基づき，各国が自由に決定する方式である。米国・オーストラリア・カナダ・ニュージーランド・シンガポール・香港など貿易自由化を推進する諸国はパッケージ方式を支持し，日本はカフェテリア方式を支持した。両者の対立は埋まらず，結局，交渉は決裂した。
　日本がパッケージ方式を拒否したのは，水産物・林産物・食料・油糧種子については関税削減を容認できなかったからである。特に水産物については自由化を完全に拒否した。優先分野に自動車が入っておれば，日本国内の政治状況は変わっていたかもしれない。また，貿易自由化のコストを緩和する政策（補助金など）が具体的に提案されていれば，同様に状況は変わっていた可能性がある。
　2) **官僚部局の選好**：APECの貿易自由化交渉に関与した日本の官僚部局は，通商産業省・外務省・農林水産省・大蔵省である。日本の交渉代表者の選好は，各官僚部局の選好によって規定される。官僚部局間には相互に拒否権があり，通商政策のコンセンサス（貿易自由化の分野と水準）は官僚部局間の交渉力の均衡で決まる。
　APEC案件は通産省（現在は経済産業省）と外務省の共同管轄である。**通産**

省は，包括的な貿易自由化を志向し，EVSL 交渉において主要な役割を果たした。外務省も基本的には貿易自由化を志向しているが，関連する管轄業界はなく，EVSL 交渉では形式的な調整役にとどまった。通産省と外務省は，APEC 設立当初からその政策を巡って対立してきた。

　農林水産省は，保護貿易志向であり，EVSL に消極的であった。農林水産省の基本的立場は，「ウルグアイ・ラウンドを超える自由化の譲歩はしない」というものであった。というのは，もし EVSL で譲歩すれば，つぎの WTO ラウンドでさらなる自由化を要求されるからである。大蔵省の関与は税関と関税を管轄しているためであり，貿易自由化について積極的な賛成・反対の態度は示していない。

　官僚部局間の選好の相違は，管轄領域の相違を反映している。通産省は貿易自由化によって利益を得る業界を管轄し，農林水産省は貿易自由化によって損失を被る（現状維持によって利益を得る）業界を管轄している。自由貿易派は EVSL 交渉を支持し，現状維持派はそれに反対した。特に，EVSL の反対派は，管轄する官僚部局に対して積極的なロビー活動や説得活動によって政治的圧力をかけた。

　3）**業界団体と政治家**：EVSL の主要な反対派は，市場開放によって損失を被る農林水産業者やその利益団体および農林族議員である。全国農業協同組合中央会（全中）は食料や油糧種子の自由化に反対し，全国漁業協同組合連合会（全漁連）は水産物・同加工品の自由化に反対した。また日本林業協会や日本合板工業組合連合会は林産物の自由化に反対した。政党政治家では，自民党政務調査会の農林部会・水産部会・農業対策特別委員会が貿易自由化に反対した。農林族は最も影響力のある族の 1 つであった。

6.1.3　日本の官僚制

　官僚部局は，日本では通商政策の立案・実施過程において重要な役割を果たす（Johnson 1982）。**官僚部局**は，多くの通商政策の法案を起草し，その実施段階では補助金・財政投融資・税制，許認可権，行政指導などによって経済主体に影響力を行使する。**行政指導**は，行政機関がその行政目的の遂行のために相手の自発的な協力の下で実施する指導・勧告・助言などの行為であり，法律

上の強制力は持たないが，補助金・財政投融資・税制，許認可権などを併用することによって実際上の強制力を持っている。

官僚部局にはそれぞれ管轄領域があり，他の部局の干渉を排除する拒否権を持っている。複数の管轄領域に跨る政策課題については，部局間で互いに利害対立が生じる可能性がある。ここでは，多様な国内構成員の要求やその対立を官僚制の中で処理・対応しようとする政治経済体制を**官僚制多元主義**（図6.3を参照）と呼ぶ（青木 1992）。

特定の官僚部局が管轄する領域では，官僚部局・利益団体・政党政治家（族議員）の間に既得権益を擁護する協調関係（**鉄の三角形**）が形成される。国内の農民や企業は通商交渉に直接参加はしないが，利益団体を形成したり，政党政治家と協力したりして，政府の交渉代表者や官僚部局に政治的圧力をかけ，通商交渉の結果に影響を及ぼす。政党政治家（**族議員**）は，利益団体と官僚を媒介する役割を果たす。彼らは，選挙での再選を目指し支持母体である利益団体の利益を代表し，所属する政党の政策を決定し，関連する官僚部局に対して影響力を行使する。官僚部局は，省益を擁護するために政治的支持者を必要とする。政治家も，支持基盤を拡大するために官僚の政策形成・実施能力を必要とする。

貿易自由化のように工業製品・農林水産物・サービスなど複数の官僚部局が関わる政策課題では，官僚部局間に利害対立が生じる可能性があり，相互に拒否権を行使すれば，コンセンサスを得るのが困難になる。官僚部局間の対立は**縦割り行政**の結果であり，部局間の対立を調整する能力は官僚組織には限られている。官僚部局間の対立は，政党政治家に介入の余地を与え，政策決定過程における政党政治家の役割を高めることになる。

6.2　貿易自由化交渉と官僚制の分析枠組み

6.2.1　貿易自由化交渉

1）**アクター**：日本とAPEC域内の外国との2国間の貿易自由化交渉を想定しよう。この貿易自由化交渉の主要なアクターは，日本政府の交渉代表者（G），通産省（O），農水省（I），外国政府（F）である。日本政府の交渉代

第6章　APEC通商交渉と官僚制　　　　　　　　　　　　　　　93

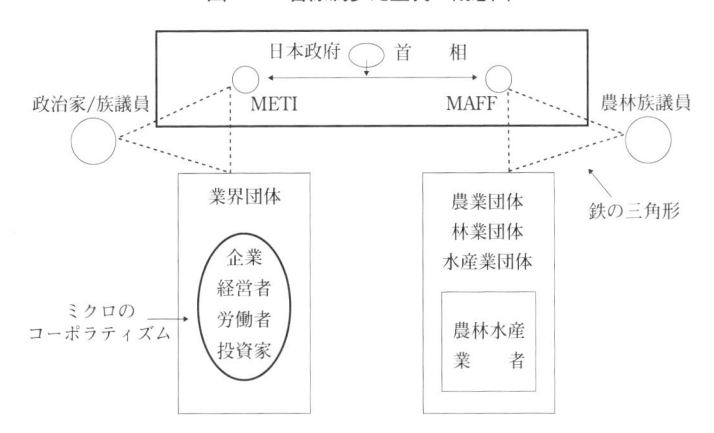

図6.3　官僚制多元主義の概念図

表者（G）は，外国政府と貿易自由化について国際交渉を行う一方で，自国の官僚部局（O や I）とも合意内容に関して交渉を行う。

政府の交渉代表者や官僚部局は，国益や官僚部局の利益を最大にするように自国と外国の貿易障壁の削減について交渉する。各アクターは，消費者や企業（農民）など国内の多様な構成員からの政治的支持を得ようとする。各アクターは，国内構成員の要求を満たしながら，国益と官僚部局の利益を最大にするように貿易自由化交渉を行う。

2）ゲームの展開：この貿易自由化交渉のゲームは2段階で行われる。第1段階は自国と外国の貿易自由化交渉に関するゲームであり，第2段階は各国の経済主体の最適化行動に関するゲームである。第1段階のゲームで貿易自由化の内容が決定された後，第2段階のゲームが始まり，各国の消費者や企業が最適化行動を行う。

第1段階の貿易自由化交渉は，国際交渉（政府間）と国内交渉（交渉代表者・官僚部局間）の2つのレベルで行われる。この貿易自由化交渉では，日本政府の交渉代表者（G）が交渉内容の提案権を持ち，外国政府（F）と農水省（I）が拒否権をもつとする。日本政府の交渉代表者が外国政府に対してある提案を行う。外国政府がそれを受け入れれば，その提案は農水省の批准を得る

ために，国内交渉が行われる。農水省がその提案を批准すれば，政府間の貿易自由化が実現する。農水省も外国政府も，現状よりも高い利益を得られる提案を拒否しないとする。外国政府か農水省がその提案を拒否すれば，貿易自由化交渉は決裂する。

3）情報構造：各アクターの選好やゲームのルールは共有知識である。各アクターは共に，少なくとも交渉が決裂した場合と同じだけの政治的支持が通商交渉によって得られることを知っている。

6.2.2 通商交渉者の目的関数

自国政府の交渉代表者（G），通産省（O），農水省（I），外国政府（F）の目的関数を簡単な損失関数によって近似しよう。各アクターは，その最適水準と現実の水準との差を最小化するように行動する。日本政府の交渉代表者と官僚部局および外国政府の利得関数 U_k（$k = G, O, I, F$）はそれぞれつぎのように表される。γ は農水省の交渉力を表す。

$$U_k(t, t^*) = -(t-t_k)^2-(t^*-t_k^*)^2, k=O,I,F$$
$$U_G(t, t^*) = \gamma U_I(t, t^*)+(1-\gamma)U_O(t, t^*)$$
$$t_G = \gamma t_I+(1-\gamma)t_O$$

以下では，日本政府の交渉代表者も官僚部局も，外国の貿易障壁については完全自由化を望み，$t_G^* = t_O^* = t_I^* = 0$ とする。同様に，外国政府も日本の貿易障壁については完全自由化を望み，$t_F = 0$ とする。日本の交渉代表者と官僚部局および外国政府は，それぞれ最適な貿易障壁の組み合わせ，$(t_G, 0)$，$(t_O, 0)$，$(t_I, 0)$，$(0, t_F^*)$ によって政治的支持率を最大にすることができる。現実の貿易障壁がそれぞれの最適な貿易障壁から乖離すれば，それだけ各アクターの政治的支持率は低下する。

6.2.3 官僚部局間の選好と交渉結果

官僚制が貿易自由化交渉に及ぼす影響について検討しよう。日本と外国の政府がナッシュ均衡を現状として貿易自由化交渉をするとしよう。ここで，農水省は自国の貿易障壁に対して最終的な決定権を持っている。すなわち，政府間

交渉で合意した内容について農水省の批准が必要になり，この部局が拒否すれば，貿易自由化交渉は成立しない。このとき，ナッシュ均衡は，農水省の最適反応戦略と外国政府の最適反応戦略の交点 $N(t_l, t_F^*)$ となる。

貿易自由化交渉の結果は，官僚部局間の政策選好の乖離に応じて3つの領域に分けられる。

領域①（t_a, t_a^*）：官僚部局間の政策選好が十分に近い場合には，日本政府と外国政府は契約曲線上の（t_a, t_a^*）を合意する。日本の貿易障壁 t_a は日本政府の交渉代表者の最適水準 t_G より低く，外国の貿易障壁 t_a^* も外国政府の最適水準 t_F^* より低い。

領域②（t_G, 0）：官僚部局間の政策選好が適度に乖離している場合には，通商交渉の結果は日本の交渉代表者の最適点（t_G, 0）になる。日本の貿易障壁は交渉代表者の最適水準 t_G に等しく，外国の貿易障壁は完全に撤廃される。

領域③（t_d, 0）：官僚部局間の政策選好が十分に乖離する場合には，通商交渉の結果は（t_d, 0）となる。日本の貿易障壁 t_d は日本の交渉代表者の最適水準 t_G より高く，外国の貿易障壁は完全に撤廃される。

6.3　APEC自由化交渉の分析

6.3.1　農水省の選好と交渉結果

EVSLの交渉で日本の交渉代表者の選好は保護貿易志向に傾き，官僚部局間の選好の相違と交渉力の変化が明らかになった。1997年11月のAPEC閣僚会議で日本が貿易自由化の対象分野の特定化に合意した時，貿易自由化の実施方法については「自主性原則」が明記されていた。日本はこの自主性原則に則り，カフェテリア方式の実施方法を想定していた。その後，1998年6月のマレーシアでの会議で，貿易自由化の実施方法がパッケージ方式になることが明確になった。これに対して利益団体や農林族議員の政治的圧力が強まり，農水省の選好はいっそう保護主義化し，日本の交渉代表者の選好も保護主義化した。

農水省の選好が保護主義化したとき，国際交渉の結果はどのような影響を受けるだろうか。図6.4は，農水省の選好の保護主義化によって官僚部局間の選

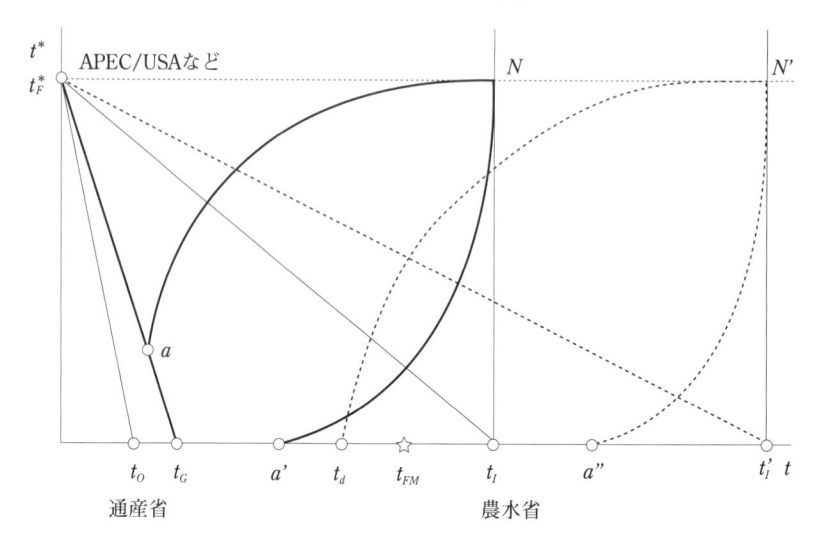

図6.4 農水省の選好と交渉領域

好の乖離がしだいに大きくなる場合に，国際交渉の結果に及ぼす影響を表している。横軸は日本の貿易障壁 t，縦軸は外国の貿易障壁 t^* を表す。この図6.4にはEVSL交渉過程での各アクターの選好が，$(t_I, 0)$：農水省，$(t_O, 0)$：通産省，$(t_G, 0)$：日本政府の交渉代表者，$(t_F^*, 0)$：外国政府（米国・オーストラリアなど）のように表されている。

通産省の選好 t_O を所与として，利益団体や族議員の政治的圧力が強まった結果，農水省の選好 t_I がより保護主義的になると，両者の選好の乖離が大きくなる。農水省の選好 t_I の保護主義化は，ナッシュ均衡を点 N から点 N' に右に移動させ日本のウインセットを狭める（外国のウインセットを広げる）と共に，契約曲線 $t_F^* t_G$ を点 $(0, t_F^*)$ を中心に左回転させる。

国際交渉は，領域①では，官僚部局間の選好が十分に接近し，契約曲線上で行われる。国際交渉の結果は外国のウインセットに制約される。農水省の選好が保護主義化すると，両国のウインセットで挟まれた交渉可能領域が右に移動する。領域②では，政府の交渉代表者の最適点 $(t_G, 0)$ が効率的な交渉可能領域 $at_G a'$ の中にあり，国際交渉の結果は日本政府の交渉代表者の最適点 $(t_G, 0)$ になる。

農水省の選好がさらに保護主義化し，領域③のように，官僚部局間の選好が

十分に乖離する場合には，効率的な交渉可能領域は両国のウインセットで挟まれた直線 $t_d a''$ 上になる。このとき，交渉結果は $(t_d, 0)$ となる。日本の貿易障壁 t_d は政府の交渉代表者の最適水準 t_G よりも高くなる。通産省が自由貿易志向でも，官僚部局間の選好の乖離が十分に大きい場合には，国際交渉の結果は拒否権を持つ農水省の選好に制約される。

6.3.2 農水省の交渉力と交渉結果

農水省が部局間交渉力を強めたとき，国際交渉の結果決まる貿易障壁はどのような影響を受けるだろうか。1997年11月の APEC 閣僚会議で日本が特定分野の貿易自由化に合意した時には，通産省の影響力が強かった。その後，貿易自由化の実施方法がパッケージ方式になることが明らかになると，農水省の影響力が強まった。

図6.5は，通産省の選好 t_O と官僚部局間の選好の十分に大きな乖離を所与として，農水省の交渉力が強まるとき，国際交渉の結果にどのような相違をもたらすかを表している。横軸は農水省の交渉力 γ を表し，縦軸は国際交渉の結果決まる日本の貿易障壁 t_q を表す。APEC$_{97}$ は EVSL の特定分野の合意時点，APEC$_{98}$ は EVSL 交渉の決裂時点の状況をそれぞれ表す。$(t_{FM}, 0)$ は，外国政府の受け入れ可能な交渉の臨界点を表す。この外国政府の臨界点は，パッケージ方式では低く，カフェテリア方式では高くなる。γ_{td}, γ_{tFM}, $\gamma_{a''}$ は，図6.4の自国の貿易障壁 t_d, t_{FM}, a'' に対応する農水省の交渉力を表す。$\gamma = 1$ は，農水省が部局間交渉を拒否し，拒否権を行使する状況を表す。

1）農水省の交渉力：官僚部局間の選好の乖離が十分に大きいとき，農水省の交渉力 γ と貿易障壁 t_q との間にはつぎのような関係がある。第1に，日本の貿易障壁 t_q は，農水省の交渉力 γ が強くなるとともに上昇する。日本の貿易障壁 t_q は交渉力 γ に関して厳密ではないが単調増加になる。ただし，農水省の交渉力 γ と自国の貿易障壁 t_q との関係は，外国政府の**交渉の臨界点** t_{FM} の大きさによって異なる。

外国政府の交渉の臨界点が十分に高い（$t_{FM} \geq t_I$）場合には，農水省の交渉力 γ と自国の貿易障壁 t_q との関係は曲線 $ABCD$ のようになる。農水省の交渉力 γ が弱い領域③では，国際交渉の結果は農水省のウインセットによって制

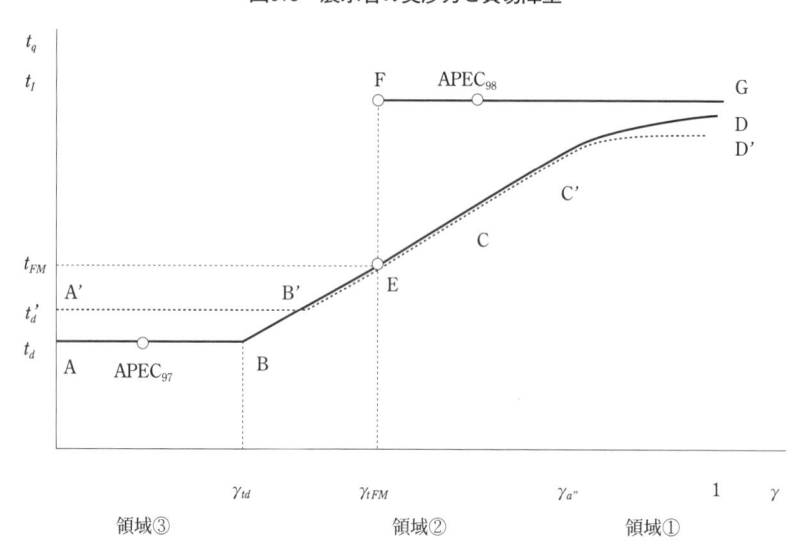

図6.5 農水省の交渉力と貿易障壁

約される。この領域③では，その交渉力が強まっても，国際交渉の結果 $t_q = t_d$ は影響を受けない。農水省の交渉力が強まり，領域②に至ると政府の交渉代表者の選好 t_G を反映し，さらに領域①では外国政府の制約を受けながら，自国の貿易障壁 t_q は上昇する。外国政府の交渉の臨界点が十分に低い（$t_{FM} < t_I$）場合には，曲線 $ABEFG$ のようになり，農水省の交渉力が強まると，外国政府の臨界点 t_{FM} で交渉が決裂し，日本の貿易障壁 t_q は現状 t_I から変わらない。

1995年11月に EVSL 交渉が開始されたとき，自由貿易志向の通産省の影響力が強かった。1997年11月の首脳会談までは，農水省の交渉力 γ と貿易障壁 t_q との関係は図6.5の領域③の APEC$_{97}$ にあり，自国の貿易障壁 t_q は適度な水準が予想された。その後，「パッケージ方式」が明確になるにつれ，農水省の影響力が増大し，農水省の交渉力 γ と貿易障壁 t_q との関係は領域②や①に移った。APEC$_{98}$ は交渉決裂時点の状況を表す。

2) **農水省の選好**：第2に，国際交渉の結果決まる日本の貿易障壁 t_q は，農水省の選好 t_I によって異なる。農水省の選好 t_I は，特に農水省のウインセットによって制約される領域③の範囲とそこでの貿易障壁 t_q の水準に影響を及ぼす。

農水省が保護貿易志向を強める場合（$t_I < t_I'$）には，農水省の交渉力 γ と自

国の貿易障壁 t_q の関係は曲線 $A'B'C'D'$ のように表される。農水省のウインセットが狭まる結果，領域③が広がり，この領域で決まる自国の貿易障壁 t_q が t'_q に上昇する。他方，外国のウインセットが広まるので，日本の貿易障壁 t_q が外国のウインセットによって制約される領域③や，政府の交渉代表者の選好 t_G によって決まる領域②が右に移動する。1997年12月以降，利益団体や族議員の圧力によって，農水省や交渉代表者の選好がより保護主義的になったと考えられる。

3）**外国政府の臨界点**：第3に，農水省の交渉力 γ が国際交渉の結果に及ぼす影響は，外国政府の受け入れ可能な交渉の臨界点 t_{FM} よって異なる。外国政府の臨界点 t_{FM} が高いほど，国際交渉が合意する可能性は大きくなる。反対に，その臨界点が低いほど，国際交渉が決裂する可能性が大きくなる（Krauss 2003）。パッケージ方式は外国政府の臨界点を低め，交渉決裂の可能性を高める。

国際交渉で合意される日本の貿易障壁 t_q は，外国政府の交渉の臨界点 t_{FM} によって異なる。外国政府の交渉の臨界点 t_{FM} が高い場合には，農水省の交渉力 γ が強まるにつれ，日本はより高い貿易障壁 t_q を合意することができる。その交渉の臨界点 t_{FM} が低い場合には，国際交渉で合意される日本の貿易障壁 t_q は低くなる。領域③では，農水省の交渉力が強まっても，国際交渉で合意される日本の貿易障壁 t_q は変わらない。EVSLでは，農水省の影響力の増大が外国政府の臨界点（t_{FM} に対応する γ_{lFM}）を超えたために，国際交渉は決裂した。

練習問題 *Questions*

問題6.1 官僚部局間の選好が十分に近似している場合に，貿易自由化の反対派が通産省と農水省に政治的圧力をかける場合の政策効果の相違について述べなさい。

問題6.2 官僚部局間の選好が適度に乖離している場合に，その選好の乖離が貿易自由化交渉の結果に及ぼす影響ついて述べなさい。

問題6.3 図6.3を参考に，官僚制多元主義の今後の変容について検討しなさい。

（解答は巻末にあります）

文献案内

Guide to Further Reading

青木昌彦（1992）『日本経済の制度分析』筑摩書房。
  ▶官僚制多元主義における政策交渉を協力ゲームによって分析する。
岡本次郎編（2001）『APEC 早期自由化協議の政治過程』アジア経済研究所。
  ▶APEC の早期貿易自由化交渉について多様な視点から分析した論文集。
ジョンソン(1982)『通産省と日本の奇跡』TBS ブリタニカ。
  ▶日本の通商政策の決定において官僚制の役割を指摘した古典的作品。
Krauss, Ellis (2003) "The United States and Japan in APEC's EVSL Negotiations," in Krauss, Ellis and T. J. Pempel eds., *Beyond Bilateralism: US-Japan Relations in the New Asia-Pacific,* Stanford: Stanford University Press.
  ▶APEC 早期貿易自由化交渉における日米関係について分析している。

第Ⅲ部◆
国際通貨協力

第7章　ドル本位制と通貨協力
第8章　通貨統合とユーロ
第9章　通貨危機とグローバル・ガバナンス

第 7 章

ドル本位制と通貨協力

―本章で何を学ぶか―
　第2次世界大戦後の国際通貨体制はどのような通貨協力によって維持されてきたのであろうか。国際通貨体制が安定的に維持されるためには，各国の国際収支や為替レートの調整が順調に行われるような国際的枠組みが形成されなければならない。特に，基軸通貨国は，国際経済取引において必要とされる国際通貨を適切に供給すると共に，国際通貨の価値を安定的に維持し，非基軸通貨国や民間経済主体から信認を得なければならない。
　本章は次のように構成される。第1節では，第2次世界大戦後の国際通貨体制と通貨協力について検討する。第2節では，国際通貨協力の分析枠組みをゲーム理論によって構成する。第3節では，この分析枠組みを用いて，ブレトンウッズ体制からドル本位制への移行について検討する。

7.1　ドル本位制と通貨協力の経緯

　第2次世界大戦後の国際通貨体制は，ブレトンウッズ体制（1945-1971年）後，ドル本位制（1971-1985年）に移行し，1985年以降は一時的に多極通貨体制に移行した。

7.1.1 ブレトンウッズ体制の形成

第2次世界大戦後の国際経済秩序構想は，最大の政治経済大国として現れた米国の国益を強く反映したものになった。戦後の国際経済秩序構想の前提は，第1に，国際貿易の拡大を可能にする安定的な為替レートと多角的決済制度の形成であり，第2に，国内の完全雇用を可能にする自律的なマクロ経済政策の運用であった。

1）**ブレトンウッズ協定**：国際通貨体制は，1944年7月のブレトンウッズ協定によってその枠組みが形成された。ブレトンウッズ体制の特徴は，1）調整可能な釘付け平価制度，2）通貨の交換性による多角的決済制度，3）IMF引出権による国際流動性の供給にある。

第1に，ブレトンウッズ体制は**調整可能な釘付け平価制度**である。IMF加盟国は金またはドル（純金1オンス＝35ドル）によって自国通貨の平価（円は1ドル＝360円）を表示し，平価の上下1％以内に自国通貨を維持することを義務づけられた。ただし，国際収支が基礎的不均衡に陥った場合には平価の変更が認められた。

第2に，通貨の交換性による**多角的決済制度**の形成である。双務主義や通貨差別を取り除き，多角的決済制度の構築を目指した。ただし，経済復興までの一定期間，通貨の交換性の猶予を認めた。そして復興支援のために国際復興開発銀行（IBRD）が設立された。国際資本移動については，マクロ経済政策の自由度を確保するために規制を認めた。

第3に，加盟国にはIMF引出権によって**国際流動性**が供給された。IMFは，一時的な国際収支不均衡に陥った場合には，平価の維持に必要な短期資金を融資することになった。加盟国は，外貨準備とIMF融資をもとに為替市場に介入し，平価を維持した。

2）**体制の機能不全**：ブレトンウッズ体制は必ずしも有効に機能しなかった。その原因には以下の点がある。

第1に，調整可能な釘付け平価制度は，ドルを平価とする事実上の**固定為替レート制**になった。その結果，国際通貨制度は各国間の非対称性を強め，米国はN-1論のN番目の地位を占めるようになった。米国は，N番目の国としてマクロ経済政策によって物価の安定を達成することが期待された。しかし，

表7.1　ドル防衛と通貨協力

1944. 7	ブレトンウッズ協定
1958.12	欧州12ヵ国，ドルとの通貨交換性回復
1960. 9	ゴールド・ラッシュ　金価格上昇
1961. 2	欧州9ヵ国，IMF8条国へ移行（日本は1964.4）
1961.10	金プール協定の締結
1962. 3	米仏スワップ協定
1963. 8	米国の金利平衡税
1968. 3	金プール協定崩壊，金の二重価格制
1971. 8	金ドル交換停止，同年12月にスミソニアン協定
1973. 3	変動為替レート制へ移行
1974. 1	米国が資本取引の規制撤廃（英国は1979.10，日本は1980.12）
1985. 9	プラザ合意（ドル高是正，協調的な市場介入）
1987. 2	ルーブル合意，同年10月にブラック・マンデー
1999. 1	ユーロ導入

米国はその役割を十分に果たさなかった。

　第2に，通貨の交換性による多角的決済制度は，1958年12月に欧州12ヵ国がドルとの通貨の交換性を回復するまでは実現しなかった。欧州各国にはドル不足を補うための地域決済制度である**スターリング・ブロック**や**欧州決済同盟**が存在した。欧州9ヵ国が経常取引における為替管理を撤廃し，IMFの8条国に移行したのは1961年2月である。

　第3に，IMFによる国際流動性の供給は十分に機能しなかった。各国が必要としたのはIMFによる短期資金の供給ではなかった。長期資金は米国の国際収支赤字によるドルによって供給された。ドルの供給は，冷戦体制下における**マーシャル・プラン**（1947年6月発表，1948-51年実施）や**ガリオア・エロア**（占領地域の経済復興のための米国の援助）によって実施された軍事援助，経済援助，贈与，政府借款のような公的資本輸出によって行われた。

7.1.2　金・ドル本位制とドル危機

　ブレトンウッズ体制は，欧州各国の経済復興の進展と共に，IMF中心の国際通貨制度から米国中心の金・ドル本位制に移行した。**金・ドル本位制**とは，金・ドル交換による固定為替レート制（**金為替本位制**）と，米国の国際収支赤字による国際流動性ドルの供給（ドル本位制）という2つの要素からなる。

　1）**ドル危機**：ドル本位制の性格は，1960年代になって，ユーロダラー市場

を中心に米国の国際信用制度が確立され，ドルが主要な基軸通貨の地位を占めるようになると共に強まった。しかし，米国の国際収支赤字によるドルの供給は，ドル本位制を形成する一方でドル危機を招いた。西欧諸国は，戦後の復興を終え経済的自立を回復すると，過剰なドルに対する不信を強め，金に対する選好を高めた。

ドルの過剰供給は，西欧各国の国収支調整問題を引き起こした。各国はこの国際収支調整問題に平価切り上げによってではなく，金交換請求によって対応した。その結果，過剰ドルが米国の金準備を上回ると，ドルの信認問題が生じた。これは，ロンドン金市場の金価格の高騰（ドル価値の低下）を引き起こした。1960年9月，欧州各国が金ドル交換を増大させ，**ゴールド・ラッシュ**が起きた。同年10月，ロンドン金市場では金価格が1オンス＝40ドルまで跳ね上がった。

　2）**ドル防衛と通貨協力**：1961年に成立したケネディ政権は本格的なドル防衛策を実施した。ドル防衛策は，米国の国際収支赤字削減策と欧米各国の国際通貨協力によって行われた。国際収支赤字削減策には，米国からの資本輸出抑制のための金利平衡税や外国資本流入政策および貿易拡大政策がある。1963年7月に，米国は**金利平衡税**を提案し，1964年8月から実施した。

　国際通貨協力には金プール制やスワップ協定がある。1961年10月に，欧米8カ国は**金プール協定**を締結した。しかし，1968年3月にはこの協定は崩壊し，金は公定価格と市場価格の二重価格をもつことになった。金の二重価格制は事実上のドル本位制を意味し，自由市場の金価格の上昇はドルの減価を明示することになった。**スワップ協定**は，中央銀行が相互に短期信用を供与し合うものである。1962年3月に米仏スワップ協定が締結された。

　ブレトンウッズ体制（金・ドル本位制）が崩壊した基本的原因は3つある。第1に，金為替本位制と調整可能な釘付け平価制度が有効に機能しなかったことである。金為替本位制は過剰ドルの信認問題を引き起こし，調整可能な釘付け平価制度は通貨投機のために平価変更のコストを高めた。第2に，米国が国内均衡重視のマクロ経済政策運営を行ったことである。米国はN番目の国としての役割，すなわち対外均衡のためのインフレ抑制を放棄した。第3に，国際収支黒字国が責任を回避したことである。黒字国は国際収支の基礎的不均衡

が明確になっても平価の変更を行わなかった。

7.1.3 ドル本位制

金・ドル交換停止によって，金・ドル本位制はドル本位制に移行した。**ドル本位制**の特徴は，マクロ経済政策を対外均衡（国際収支や為替レート）ではなく国内均衡（インフレ抑制や完全雇用）のために運用し，国際収支の調整（外国為替市場）と国際流動性の供給（国際金融資本市場）を市場に任せる（システムの民営化）という点にある。

1）**システムの民営化**：1971年8月15日，ニクソン大統領は，金・ドル交換停止を発表した。その後，1971年12月18日に先進10カ国は**スミソニアン協定**を締結し，金1オンス＝38ドル，各国通貨のドル相場切り上げ（1ドル＝308円），変動幅2.25％に合意した。しかし，安定的な国際通貨体制の維持は困難であった。1972年6月にポンド危機が発生し，1973年3月には主要通貨は**変動為替レート制**へ移行した。

1970年代に，発展途上国の経常収支の不均衡が拡大したが，その調整は市場に委ねられた。1973年10月の第4次中東戦争を機に，第1次石油危機が起きた。その結果，発展途上国は，原油輸出の経常収支黒字国と原油輸入の経常収支赤字国に明確に分かれた。このような経常収支の不均衡は，外国為替市場における為替レートの変動と国際金融資本市場における資本移動によって調整された。発展途上国の経常収支赤字のファイナンスは，主に多国籍銀行からの銀行借り入れ（ユーロ・シンジケート・ローン）によって行われた。

2）**金融のグローバリゼーション**：1980年代には，米国の経常収支赤字が拡大し，金融（債券市場）のグローバリゼーションが進展した。

1981年1月にレーガン政権が発足し，財政拡大と金融抑制を行い，高金利・ドル高・双子の赤字（財政赤字・経常収支赤字）をもたらした。その結果，発展途上国の債務返済も行き詰まり，**累積債務問題**が発生した。米国の経常収支赤字は民間資本によってファイナンスされた。対米資本輸出の主要な形態は日欧などの証券投資（**ジャパン・マネー**）であり，これが金融のグローバリゼーションを推進した。

1980年代の金融のグローバリゼーションを促進した要因には，日欧の米国財

務省証券に対する投資拡大の他に，情報通信技術革新による金融取引コストの削減や，各国の**金融・為替の自由化**などがある。1974年1月に米国が資本取引の規制を撤廃し，1979年10月に英国が資本移動の規制を撤廃した。1980年12月には日本も資本取引を原則自由化した。

7.1.4 多極通貨体制へ

米国の経常収支は，1982年以降，大幅な赤字が継続している。経常収支赤字の拡大は米国の対外債務を増大させ，1987年以降，米国は純債務国に転落している。米国の債務大国化の下で，1980年代後半以降，システムの民営化は国際通貨協力によって補完された。

1) **サステナビリティ問題**：サステナビリティ問題とは，ドル高と米国経常収支赤字の拡大は，米国の対外債務残高の拡大を維持不可能な状態にまでもたらし，それを回避するために何れドル暴落から世界不況（ハード・ランディング）が生じると言うものである。

1980年代前半，米国の経常収支赤字が拡大する中でドル高が進行した（図7.1を参照）。このドル高は，米国のファンダメンタルズを反映したものではなく，投機的バブルであった。したがって，ドル高と経常収支赤字は持続不可能であり，ドル暴落の危険性がクルーグマン（Krugman 1985）によって指摘された。ドル高は米国の国内経済の空洞化をもたらし，1985年1月に第2期レーガン政権が発足すると，議会の保護主義が活発化し，ドル安の圧力が形成されていった。

2) **プラザ合意**：1985年9月のプラザ合意は，ドルのソフト・ランディングのための国際通貨協力であり，協調的な市場介入を促進した。しかし，これを契機に投機的バブルがはじけ，ドル下落が急速に進んだ。プラザ合意前日の1ドル＝238円から1986年1月末には1ドル＝190円台に突入し，1987年1月には150円を割るところまでドルは下落した。

プラザ合意は，米国がN番目の地位を放棄することを正式に表明したものである。**N-1論**のN番目の国の役割は，第1に，安定的なマクロ経済政策運営を行い，N-1国に名目アンカーを提供することである。しかし，米国は拡張的な経済政策によって財政赤字を拡大した。第2に，N-1国の国際収支政

図7.1 ドルの下落

出所）日本銀行時系列データより作成

策と為替レート政策を受動的に受け入れ，自ら政策目標を持たないことである。しかし，米国はプラザ合意で積極的な国際収支目標を設定し，為替レート政策を実施した。

　3）**ルーブル合意**：1987年2月のルーブル合意は，ドル下落の中で為替レートを当面の水準で安定させようとする国際通貨協力（為替レートの安定・米国の財政赤字削減・日独の景気拡大策）であった。しかし，この通貨協力は有効に機能しなかった。1987年秋以降，ドルの暴落が始まり，対米投資の為替差損が拡大し，米国の株・債券の投げ売りが行われた。1987年10月19日，ニューヨーク株式市場の大暴落が起き，これが世界同時株安（**ブラック・マンデー**）を引き起こした。同年12月には1ドル＝120円台に突入した。

　1987年秋のドル暴落が世界不況へ発展するハード・ランディングのシナリオを回避することができたのは，海外民間資本の対米流入が激減したのに対して，国際通貨協力（**体制支持金融**）によって公的資本の対米流入が増大したからである。ドル本位制の「システムの民営化」は国際通貨協力によって補完された。これによって国際通貨体制は1極通貨体制から多極通貨体制（ドル・マルク・円）へ進展するかに見えた。

4）**ドル本位制の復活**：冷戦後，米国の政治力や経済力は再強化され，ドルも，国際流動性の供給や為替媒介機能という点から見ると，その地位を復活させている。

1990年代に入り，米国の経常収支赤字は再び拡大し，民間資本の新興市場への積極的な投資によって民間長期資本収支も赤字を記録した。このような国際流動性の供給は，世界経済，特にアジアの経済成長の鍵を握ることになった。また，1999年1月のユーロの導入は，EMS諸国通貨の消滅によりマルクが果たしていた為替媒介機能の必要性を低下させ，ドルの為替媒介機能を相対的に増大させた。こうして，ドルは国際金融市場を支配し，ドル本位制を復活させている。

7.2　通貨協力の分析枠組み

7.2.1　国際通貨交渉

1）**アクター**：国際通貨交渉の主要なアクターは，基軸通貨国と非基軸通貨国の交渉代表者（通貨当局）である（図7.2を参照）。民間経済主体は戦略的行動をとらないとする。国際通貨の変動要因は通貨当局と民間経済主体の双方にあるが，どのような経済的帰結が最終的に生じるかは基軸通貨国の経済力と政治的意思に依存する。基軸通貨国と非基軸通貨国の通貨当局は，国内の政治的支持率を最大にするように，その戦略を決定する。

2）**アクターの行動**：基軸通貨国の通貨当局の戦略は，自国が供給する国際通貨の対外価値（為替レート）であり，非基軸通貨国の通貨当局の戦略は，その対外価値（為替レート）の予想である。ドルの対外価値は，米国の経済力や国際金融市場の動向によって影響されるが，米国の財務省や連邦準備理事会（FRB）などが制御しようとする政策変数である。ここでのモデルは，国際通貨の対外価値が市場で決定される経済モデルとは異なり，基軸通貨国によってそれが制御される国際政治経済モデルである。

基軸通貨国と非基軸通貨国には通貨権力の非対称性がある。各国の**通貨権力**は，一般的には他の諸国が行う通貨政策の決定に影響を及ぼす能力によって表される。ここでは，**通貨権力の非対称性**は，通貨当局の目的関数と選択変数の

第7章　ドル本位制と通貨協力　　　111

図7.2　国際通貨交渉

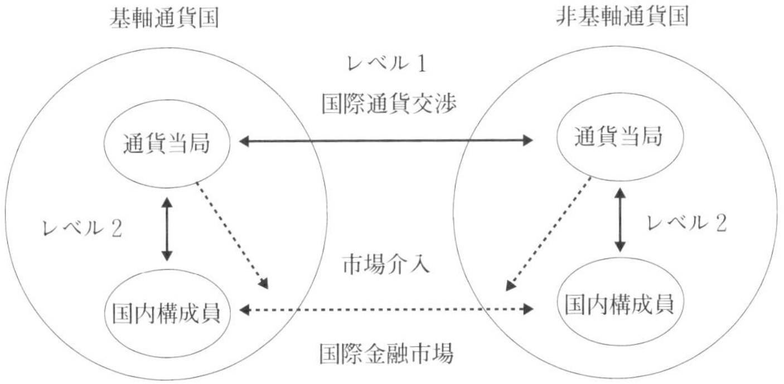

（基軸通貨国）　　　　　　　　　　　　（非基軸通貨国）
　　　　　　　　　　レベル1
　　　　　　　　国際通貨交渉
　通貨当局　←――――――――――→　通貨当局
　　↕　レベル2　　　　　　　　　レベル2　↕
　　　　　　　　　市場介入
　国内構成員　←・・・・・・・・・・→　国内構成員
　　　　　　　　国際金融市場

相違によって表される。ドル本位制下では，米国はドル価値を戦略的に決定できるが，米国以外の諸国は，在米資産の保全や米国の保護主義の回避などのために，対米通貨協力を余儀なくされる。

　3）**通貨当局のタイプ**：基軸通貨国の通貨当局には2つのタイプがあるとする。1つは，国際通貨の対外価値の安定（国際目標）をより重視する**外向きの通貨当局**である。もう1つは，国際通貨の安定よりも国内経済の安定（国内目標）をより重視する**内向きの通貨当局**である。内向きの通貨当局は国内政治に制約された通貨当局である。通貨当局が内向きになると，国際通貨の対外価値が変動し，国際通貨体制が不安定化する。

7.2.2　通貨当局の目的関数

　1）**基軸通貨国**：基軸通貨国の通貨当局は，国際通貨の対外価値を安定させると共に，国内経済を安定させなければならない。国際通貨の対外価値と国内経済に関する政策目標をもち，その利得関数 U_H をつぎのように想定しよう。

$$U_H = -(1/2)(e-e^*)^2 - (a/2)(y-y^*)^2$$

　e は，国際通貨の対外価値（自国通貨建て為替レートの変化率），e^* は国際通貨の対外価値の政策目標（以下，$e^*=0$ とする），y は生産水準，y^* は目標生産水準（所与），$a \geq 0$ は通貨当局の政策選好（所与）を表す。政策選好 a の値が小さいほど，通貨当局は国際通貨の安定を重視する外向きの通貨当局である。

利得関数の第1項（国際目標）は，為替レート e の政策目標 e^* からの乖離が通貨当局に負の利得を与えることを表す。国際通貨の減価は，その購買力を低下させ，非基軸通貨国が国際通貨を保有するインセンティブを弱め，国際通貨の機能を低下させる。他方，国際通貨の増価は，経常収支を悪化させる要因となる。第2項（国内目標）は，生産水準 y が政策目標 y^* から乖離すれば，通貨当局に負の利得を与えることを表す。

基軸通貨国は生産水準を $y=(p-p^e)+y^{**}$ のように決定するとしよう。p はインフレ率，p^e は予想インフレ率，y^{**} は自然率生産水準である。インフレ・ショックは生産水準 y を自然率生産水準 y^{**} よりも増大させる。インフレ率 p は購買力平価によって $p=p^*+e$ のように決定される。ただし輸入インフレを $p^*=0$ とし，予想インフレ率 p^e が為替レートの予想変化率 x^e に等しい（$p^e=x^e$）とする。このとき，通貨当局の利得関数 U_H は以下のように書き換えられる。

(7-1)　$U_H=-(1/2)(e)^2-(a/2)(e-x^e-\gamma)^2$

$\gamma(=y^*-y^{**})$ は生産目標あるいは国際通貨の減価偏向であり，$\gamma\geq 0$ とする。失業保険や社会保障制度などによる労働市場の歪みのために，自然率生産水準 y^{**} が低く，また政府が経済成長志向に傾き，高い目標生産水準 y^* を設定するほど，国際通貨の減価偏向 γ は大きくなる。

2）非基軸通貨国：通貨権力の非対称性のもとで，非基軸通貨国の通貨当局は，対外通貨政策を戦略的に利用することはできないとする。その通貨当局の利得関数 U_N は，為替レートの予想誤差に依存し，つぎのように想定する。

(7-2)　$U_N=-(e-x^e)^2$

為替レートの変動は，交易条件あるいは実質為替レートを変化させ，非基軸通貨国の実物経済に影響を及ぼす。非基軸通貨国は，自国のインフレ率を制御し，交易条件あるいは実質為替レートの目標水準を維持しようとする。そのためには，インフレ率は為替レートの変動と比例しなければならない。したがって，為替レートの予想誤差を最小にするように非基軸通貨国の通貨当局は行動するとしよう。

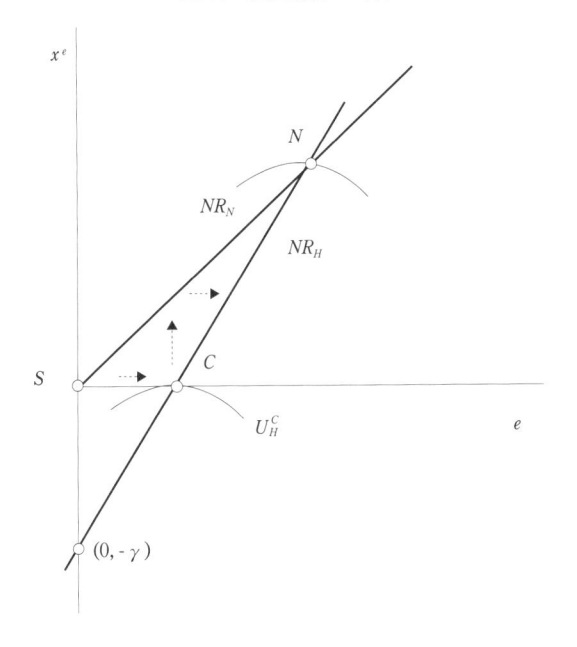

図7.3 通貨協力の均衡

　国際通貨の安定と国内経済の安定は，どのような国際通貨体制にあっても主権国家が解決しなければならない基本的な問題である。このモデルの特徴は，国際目標と国内目標という2つの政策目標の追求において，その政策変数が1つに限られている点にある。このような状況は，ドル本位制における米国の政策的ジレンマを表している。

7.2.3　通貨政策の信頼性と国際均衡

　国際通貨交渉の結果は，基軸通貨国の通貨政策の信頼性に応じて，ナッシュ均衡，シュタッケルベルグ均衡，チーティング解の3つに分かれる。基軸通貨国の対外通貨政策に信頼性がない場合には，ナッシュ均衡となる。基軸通貨国の対外通貨政策に信頼性がある場合には，基軸通貨国が公表した対外通貨政策にコミットすれば，シュタッケルベルグ均衡となる。しかし，基軸通貨国がコミットしなければ，チーティング解となる。ここで，**コミットメント**とは，通貨当局が公表した通りに通貨政策を実施することを表す。

1）**ナッシュ均衡**：国際通貨交渉の最適反応戦略とナッシュ均衡について検討しよう。

基軸通貨国は，非基軸通貨国の為替レート予想 x^e を所与として利得関数を最大化するように為替レート e を決定する。これが基軸通貨国の最適反応戦略（NR_H）であり，$e=\beta x^e+\beta\gamma$ となる。$\beta=a/(1+a)$ は，通貨当局の政策選好を表し，内向きの通貨当局ほど大きい。非基軸通貨国は，基軸通貨国の設定する為替レート e を所与として，予想誤差を最小にするように為替レートを予想する。非基軸通貨国の最適反応戦略（NR_N）は，$x^e=e$ となる。

両国の最適反応戦略からナッシュ均衡における為替レート e^N が，$e^N=[\beta/(1-\beta)]\gamma$ のように得られる。ナッシュ均衡 e^N は，政策目標 $e^*=0$ を $[\beta/(1-\beta)]\gamma$ だけ上回る。このような政策目標との乖離は，ナッシュ均衡の非効率性を表す。基軸通貨国が国際通貨の安定（国際目標）だけを目的とする外向きの通貨当局の場合（$\beta=0$），あるいは国際通貨の減価偏向がない場合（$\gamma=0$）には，ナッシュ均衡 e^N は政策目標 $e^*=0$ に等しくなる。

図7.3は，縦軸に為替レート予想 x^e，横軸に為替レート e をとり，国際通貨交渉の結果について表したものである。NR_H と NR_N は基軸通貨国と非基軸通貨国の最適反応戦略，U_H^G は基軸通貨国の利得関数（(7-1)式）を表し，内側の曲線ほど高い利得を示す。ナッシュ均衡は，2つの最適反応戦略の交点である点 N で示される。

2）**シュタッケルベルグ均衡**：公表した対外通貨政策に基軸通貨国がコミットする場合には，国際通貨交渉の結果はシュタッケルベルグ均衡になる。

図7.3において，まず基軸通貨国は，為替レートの政策目標について $e^*=0$ を公表する。つぎに非基軸通貨国は，公表された対外通貨政策を信頼し，為替レートを $x^e=0$ のように予想する。その後，基軸通貨国は公表したように $e=0$ を実施する。図7.3の点 S がシュタッケルベルグ均衡を表す。

しかし，基軸通貨国がコミットするシュタッケルベルグ均衡は，動学的整合性の条件を満たさない。**動学的整合性**とは，初期において公表した最適な対外通貨政策が，後の時点でも最適な政策であることである。その後の時点で，公表した対外通貨政策よりも別の政策の方が有利になるとき，初期の政策は動学的に整合的ではない。このとき，基軸通貨国は，初期の通貨政策にコミットし

ないインセンティブをもつ（コミットメント問題）。

3）**チーティング解**：公表した対外通貨政策に基軸通貨国がコミットしないとき，国際通貨交渉の均衡はチーティング解となる。

基軸通貨国は，為替レートの政策目標について $e^* = 0$ を公表する。非基軸通貨国は，公表された基軸通貨国の政策を信頼し，為替レートの予想を $x^e = 0$ のように設定する。このとき，基軸通貨国にとって最適な政策は，$e = 0$ ではなく，$x^e = 0$ を所与として利得関数を最大化することによって得られる。基軸通貨国は，$e^c = \beta\gamma$ のように為替レート e^c を決定する。

図7.3では，チーティング解は点 C で表される。非基軸通貨国の為替レート予想 $x^e = 0$ を所与とすれば，基軸通貨国の利得関数を最大化するのは，点 S ではなく点 C である。点 C では，非基軸通貨国は基軸通貨国の公表した対外通貨政策を信頼しているが，基軸通貨国はその信頼を裏切る。それぞれの均衡解 $e^j (j = N, s, c)$ の大きさは $e^s < e^c < e^N$ となる。

チーティング解 C での基軸通貨国の政治的支持率（U_H^c）は，シュタッケルベルグ均衡 S での支持率（U_H^S）よりも高い。したがって，基軸通貨国には，公表した対外通貨政策を実施しないインセンティブがある。基軸通貨国にこのようなインセンティブがあれば，非基軸通貨国は，基軸通貨国の対外通貨政策を信頼しなくなる。基軸通貨国の対外通貨政策に信頼性がなくなれば，国際通貨交渉の結果はナッシュ均衡になる。ナッシュ均衡は，動学的整合条件を満たす部分ゲーム完全均衡である。

7.3 ドル本位制下の通貨協力の分析

1）**ブレトンウッズ体制**：ブレトンウッズ体制下の固定為替レート制は，米国がドル価値の安定化にコミットすることによって指導国となり，非基軸通貨国がそれを信頼して追随国になるシュタッケルベルグ均衡である（図7.4を参照）。ブレトンブッズ体制下で，米国は，ドルの対外価値を維持するために国内物価水準の安定というルールにコミットする。米国以外の諸国は，自国通貨の対ドル価値を維持するために為替市場に介入する。

しかし，このようなシュタッケルベルグ均衡は動学的整合性を満たさない。

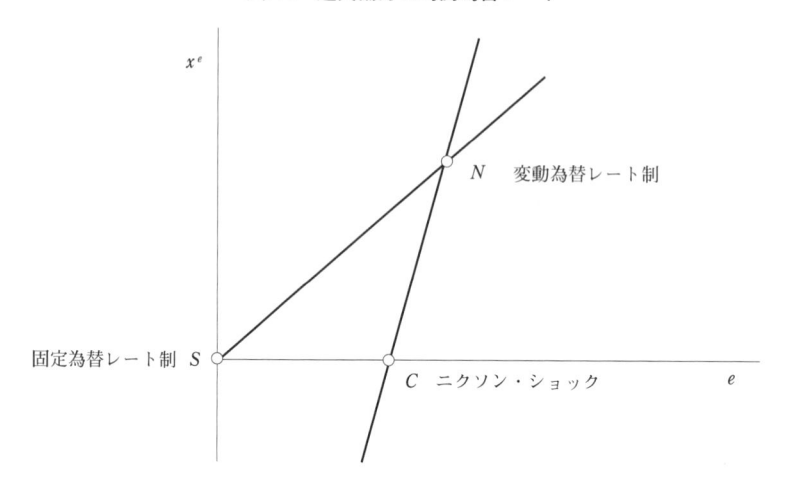

図7.4 通貨協力と均衡為替レート

米国にはドル価値を切り下げるインセンティブがある。1960年代に米国の対外不均衡が拡大すると、ドルに対する信頼性が揺らいできた。また、国際通貨の安定よりも国内経済を優先する政治的圧力が強まると、米国の通貨当局はドル価値の安定化にコミットできなくなった。米国が国際目標よりも国内目標を優先させると、ブレトンウッズ体制は崩壊する。

 2）**ニクソン・ショック**：1971年8月のニクソン政権のドル価値の切下げは、米国の裏切りによるチーティング解である。ニクソン・ショックに至る過程で、米国の財務省や政府の政策意図について日本政府は重大な判断上の誤りを犯していたと言われている。米国はドル価値を決して切り下げないと、ジョンソン大統領やニクソン大統領が繰り返し宣言していた。日本政府は、このような米国の対外通貨政策を完全に信頼していた。

 ニクソン政権による金・ドル交換の停止は、国内経済の安定を優先するために政策運営の自由度を確保し、国際通貨の安定という国際的制約を取り除き、N番目の国の責任を放棄したという意味で重要である。

 3）**変動為替レート制**：1973年以降の変動為替レート制下のドル価値の変動は、米国が国際通貨体制のルールにコミットできず、他の諸国も米国の対外通貨政策を信頼できない状況でもたらされるナッシュ均衡である。

 米国は、変動為替レート制下において国際通貨の安定よりも国内経済の安定

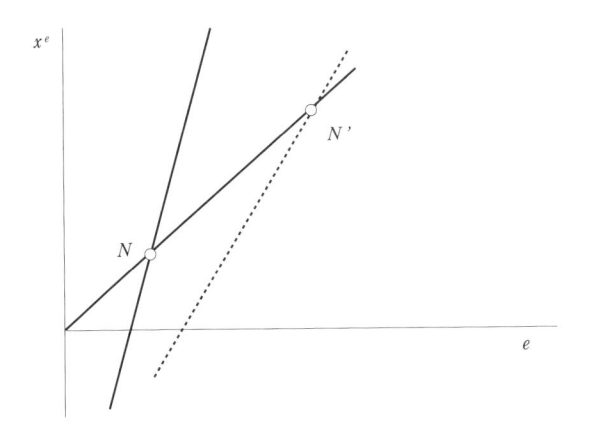

図7.5 基軸通貨国の内向き志向

を追求する自由を拡大した。変動為替レート制下の国際通貨交渉は，基軸通貨国がコミットする公式のルールによってではなく，各国の官僚を背景にした強大な大臣や長官たちの会議によって運営される。そしてその中心には米国政府の財務長官の椅子が置かれている。1985年以降のプラザ・ルーブル体制は，それを制度化したものである。

4）通貨当局の国内選好：国際通貨交渉のナッシュ均衡において，国際通貨が安定する（$e^N=0$）には，基軸通貨国が国内目標を政策的に志向せず（$\beta=0$），また国際通貨の減価偏向をもたない（$\gamma=0$）という条件が必要になる。基軸通貨国が国内目標を優先しより内向き（$\beta>0$）になると，国際通貨は持続的に下落する（$e^N>0$）可能性がある（図7.5を参照）。

変動為替レート制移行後，ドルは，1973年，1977-78年，1985-87年に大幅に下落した。3回の大幅なドルの下落は，米国の政策運営が国際目標よりも国内目標を優先し，雇用確保とインフレ容認の時に生じている。1973年には，ニクソン政権が金・ドルの交換性を放棄した後に経済成長を優先し，1977-78年には，カーター政権が国内雇用の拡大を優先し，経常収支の赤字とドル安を容認した。そして1985-87年のプラザ・ルーブル体制下では，レーガン政権が米国の財政赤字と経常収支赤字の削減よりも国際通貨協力によってドル安を誘導した。

---練習問題　*Questions*---

問題7.1　基軸通貨国の最適反応戦略（$e=\beta x^e+\beta\gamma$）と非基軸通貨国の最適反応戦略（$x^e=e$）を求めなさい。

問題7.2　国際通貨交渉のチーティング解 $e^c=\beta\gamma$ を求めなさい。

問題7.3　基軸通貨国の対外通貨政策に信頼性がない場合に，基軸通貨国が非基軸通貨国の最適反応戦略 $x^e=e$ を読み込んだ上で行動するときの均衡為替レートを求めなさい。

（解答は巻末にあります）

文 献 案 内

Guide to Further Reading

デスラー＆ヘニング(1990)『ダラー・ポリティクス』TBS ブリタニカ。
　▶多様なアクターや政治制度を踏まえて，ドル政策の政治的決定過程を分析する。
マッキノン＆大野健一(1998)『ドルと円』日本経済新聞社。
　▶円ドルレートの変動を日米通商摩擦との関係から政治経済学的に分析する。
船橋洋一(1988)『通貨烈々』朝日新聞社。
　▶プラザ合意からルーブル合意に至る交渉過程を外側から取材したドキュメント。
ボルカー＆行天豊雄(1992)『富の興亡』東洋経済新報社。
　▶戦後の通貨攻防の歴史を日米の通貨当局担当者が内側から描いた作品。

第8章

通貨統合とユーロ

---**本章で何を学ぶか**---

　欧州各国は,「欧州のなかのドイツ」という歴史的な問題を解決し, さらに1960年代以降はドル危機から欧州経済を防衛するために, 経済・通貨統合に踏み切った。経済統合によって, 第2次世界大戦後大国となったドイツは, 周辺諸国の脅威を取り除き, 欧州各国の理解を得ようとした。フランスは, マルクの支配を回避しながら, ドイツ通貨当局のインフレ抑制の評判の利益を得ようとした。しかし, 通貨統合によって, ドイツは強いマルクを失い, フランスは通貨主権を失うというコストを払わなければならない。

　本章では, 通貨統合の分析枠組みを構成し, 欧州通貨統合の政策課題について検討する。**通貨統合**は, 各国が国民通貨と通貨主権を放棄し, 単一通貨を利用し, 共通の通貨政策を実施することである。このような通貨統合によって, 一般的には, 各国は, 為替変動のリスクを回避し, 取引コストを削減することができる。しかし, 通貨主権を放棄することによって金融政策手段を失うというコストを負担しなければならない。

　本章は次のように構成される。第1節では, 欧州通貨統合の経緯について検討する。第2節では, 通貨統合の分析枠組みを構成する。第3節では, この分析枠組みを用いて欧州通貨統合の課題について検討する。

8.1 欧州通貨統合の経緯

通貨統合の原点はローマ条約にある。欧州は，ローマ条約（1957年）によって単一市場の方向を確認し，EMS（1979年）によって通貨協力を経験し，マーストリヒト条約（1993年）によって通貨統合を具体化した。欧州通貨統合の経緯について検討しよう（表8.1を参照）。

8.1.1 市場統合と通貨協力

1）**市場統合**：欧州の経済統合は1957年3月の**ローマ条約**から始まる。ローマ条約は，欧州市場統合の原点であり，その後1987年7月の単一欧州議定書の発効，1992年末までの財・サービス・人・資本の域内自由化，1993年11月のマーストリヒト条約の発効につながる。ローマ条約には仏・西独・伊・ベルギー・オランダ・ルクセンブルクが調印した。

ローマ条約によって，1958年に欧州経済共同体 EEC と欧州原子力共同体 EAEC が発足した。EEC は関税同盟と共通農業政策を目指し，1968年7月に**関税同盟**が完成し，同時期に**共同農業市場**も完成した。1967年7月に，EEC，EAEC，欧州石炭鉄鋼共同体 ECSC（1952年7月発足）が統一され，**欧州共同体 EC**（*European Community*）が設立された。

2）**通貨統合計画**：1970年10月に単一通貨の導入を目指す**ウェルナー報告**が行われた。ウェルナー報告は，第1に，3段階で通貨統一を達成する，第2に，為替の変動幅を漸次縮小し単一通貨の導入を目指す，第3に，財政政策と通貨政策を担当する地域規模の2つの国際機関を創設する，などを明らかにした。この報告は，後のユーロが分権的で単一市場との関係を重視していた点と比べ，集権的で単一市場との関係が不十分であった。

ウェルナー報告では，為替相場変動幅の縮小を優先するフランスの通貨同盟（マネタリスト）と，経済政策の収斂の後通貨統合を行うドイツの経済同盟（エコノミスト）の並行的推進が確認された。両国の対立の背景には，ドイツのインフレ抑制，フランスの成長志向（インフレ容認）という独仏の政策スタンスの相違があった。ドイツは輸入インフレを懸念し，フランスにインフレ抑制を

第8章 通貨統合とユーロ

表8.1 通貨統合の経緯

1957. 3	ローマ条約調印（1958，EEC 発足）
1967. 7	欧州共同体（EC）発足
1970.10	ウェルナー報告
1972. 4	スネーク制度創設，（1971.8　金・ドル交換停止）
1973. 3	変動相場制へ移行，欧州域内は共同フロート
1979. 3	欧州通貨制度（EMS）の創設
1987. 7	単一欧州議定書（市場自由化計画）の発効
1989. 4	ドロール委員会報告
1990.10	東西ドイツ統合，（1990.7　東西ドイツ通貨統合）
1992. 2	マーストリヒト条約の調印
1992. 9	欧州通貨危機（ブラック・ウェンズデー）
1993. 8	欧州通貨危機　変動幅±15％に拡大
1993.11	マーストリヒト条約発効，欧州連合（EU）の発足
1998. 6	欧州中央銀行（ECB）の創設
1999. 1	単一通貨ユーロ（Euro）導入
2002. 1	ユーロ紙幣・通貨の流通開始
2004. 1	中東欧10ヵ国のEU加盟（全25ヵ国）

要求した。

1971年8月の金・ドル交換停止の後，EC 6 ヵ国は，1972年4月に**スネーク制度**（トンネルの中のヘビ）を開始した。これは域内固定為替レート制で，対ドル相場の上下2.25％で市場介入をした。その後1973年3月に，域内固定為替レート制を維持したまま，ドルに対して変動為替レート制（**共同フロート**：トンネルを出たヘビ）に移行した。共同フロートは1998年末まで継続されたが，この間，インフレ重視の西独と成長重視の英・伊・仏とが対立し，1976年3月にフランスの再離脱後，**マルク圏**（西独・デンマーク・ベネルクス3国）へ移行した。

3）**欧州通貨制度**：1979年3月，域内通貨協力を促進する**欧州通貨制度**EMS（*European Monetary System*）が創設された。EMSの目的は，加盟国の為替レートを安定させ，域内に安定通貨圏を形成することである。EMSにはつぎのような特徴がある。

第1に，加盟国の為替レートの基準通貨として**ECU**（*European Currency Unit*）を導入した。ECUは加盟国すべての通貨を構成通貨とするバスケット通貨である。ECUの価値は，各国のGDPや貿易量などを考慮して各通貨の加重平均によって表された。このECUをもとに各通貨の中心レート（平価）

が設定された。

第2に，域内為替レートの安定のために，**為替相場メカニズム ERM**（*Exchange Rate Mechanism*）を採用した。ERM は，調整可能な釘付け制度であり，通貨相互間の為替レートを中心レートの上下2.25％（1993年8月以降，15％に拡大）以内に固定した。為替レートが変動幅の限界に達した場合には，各国は市場介入の義務を負った。ただし，国際収支の不均衡が継続する場合には，中心レートの変更が認められた。

第3に，ERM を維持するために，加盟国通貨の相互信用供与制度を創設した。各国は，超短期の金融ファシリティを利用することができた。また，限界点介入の場合には，相手国から無制限に通貨を借り入れることができた。

ERM の運用は実際には，ECU よりも域内の安定した通貨であるマルクを基準に行われた（**マルク本位制**）。マルクは EMS における N 番目の通貨として他の諸国の為替レートの決定や金融政策の指標になった。1980年代に欧州各国はインフレ抑制を優先課題とし，政策協調はインフレ・ファイターとしての西独の通貨安定政策に収斂していった。

EMS は欧州通貨協力に新しい段階を開いた。その成果は，独仏を中心にした域内通貨協力を西独の通貨安定政策に収斂させ，域内経済のファンダメンタルズを収斂させた点にある。EMS の経験から，欧州各国は，インフレ抑制を共通の政策目標としない限り，域内固定為替レート制の維持が困難であることを理解した。このような EMS の経験がユーロ導入の収斂基準の基礎を形成することになる。

8.1.2 通貨統合への途

単一通貨ユーロの導入は，通貨主権のもとでの各国の通貨政策の協調から，各国の通貨主権の放棄のもとでの単一の通貨政策への転換を意味する。このような方向への舵取りは，ドロール委員会報告やマーストリヒト条約によって行われた。

1）**ドロール委員会報告**：1989年4月，ドロール委員会報告が行われた。この報告書は3段階による通貨同盟と経済同盟への道を示した。通貨同盟には，1）通貨の全面的交換可能性の保証，2）資本移動の自由化と金融市場の統合，

3）為替変動幅縮小と非可逆的固定化が含まれる。経済同盟は，1）EC単一市場，2）EC競争政策，3）共通の構造・地域政策，4）マクロ政策協調からなる。この報告書を基礎にマーストリヒト条約が成立する。

2）**経済・通貨同盟**：1992年2月，**マーストリヒト条約**（欧州連合条約）が調印された。この条約で**経済・通貨同盟 EMU**（*Economic and Monetary Union*）の実現に向けて，つぎの3段階の内容と実施期限が合意された。第1段階（1990年7月以降）：資本移動の自由化。第2段階（1994年1月以降）：欧州通貨機関 EMI（*European Monetary Institute*）の創設。第3段階（1999年1月以降）：単一通貨ユーロの導入。

4つの**収斂基準**が EMU の第3段階へ参加するために設定された。第1に，インフレ率：過去1年間における消費者物価の上昇率が加盟国の低位3カ国の平均値から＋1.5％ポイント以内にある。第2に，長期金利：過去1年間における長期国債利回りが加盟国の低位3カ国の平均値から＋2％ポイント以内にある。第3に，財政赤字：対名目 GDP 財政赤字比率が3％以内にある。対名目 GDP 政府債務残高比率が60％以内にある。第4に，為替レート：過去2年間 ERM の通常変動幅を維持し，中心レートの切り下げを行わない。

このような基準を満たすために，各国は，経済成長のような国内目標よりも，インフレ抑制・為替レート安定・財政再建のような国際目標を優先することになった。

3）**欧州通貨危機**：1992年6月，マーストリヒト条約は通貨危機の洗礼を受けた。デンマークが国民投票によってマーストリヒト条約の批准を拒否したのを機に，EMU への不信が高まり，ポンドやイタリア・リラが売られた。同年7月，東西ドイツ統一に伴う財政赤字からインフレ圧力が強まったために，ドイツが金利を引き上げた。これが他の域内諸国の経済成長に負担を課すことになり，同年9月17日，**ブラック・ウェンズデー**にポンドとイタリア・リラが EMS から離脱した。

1993年夏，フランスの景気後退からフランが投機の対象になり，再び欧州通貨危機が起きた。通貨投機が激化する中，同年8月，ERM の変動幅が上下±15％に拡大された。その後通貨投機は収まり，域内の為替レートは安定を取り戻し，1993年11月にはマーストリヒト条約が発効し，**欧州連合 EU**（*European*

図8.1 EU 加盟国

```
・チェコ   ・エストニア  ・ハンガリー
・ラトビア ・リトアニア  ・ポーランド
・スロバキア ・キプロス  ・マルタ ・スロベニア

    ・イギリス ・デンマーク ・スウエーデン
    ・オーストリア ・スペイン ・ポルトガル
    ・フィンランド ・アイルランド ・ギリシャ

        ・ドイツ    ・フランス    ・イタリア
        ・オランダ ・ルクセンブルク ・ベルギー
              EC6カ国（1967.7）
         ユーロ域12カ国（1999.1）
       EU15カ国（1993.11）
    拡大EU25カ国（2004.1）
```

注）フィンランド，オーストリア，スウエーデンの EU 加盟は1995年1月。2007年1月には，ルーマニアとブルガリアがEU に加盟した。ユーロ導入については，ギリシャは2001年1月，スロベニアは2007年1月。

Union）が発足した（図8.1を参照）。

4）ユーロ導入：1998年6月に，EMI を引き継いだ**欧州中央銀行 ECB** が創設された。ECB は単一通貨ユーロを供給し，EU の金融政策を一元的に実施する。マネー・サプライの伸び率に参考値を設定し，2%以内の物価安定を最終目標とした。ECB は，EU や各国の政治からの独立性を維持し，各国の中央銀行と欧州中央銀行制度 ESCB を形成した。ECB が全体の意思決定を行い，各国の中央銀行がその運用を行った。

金融政策はECB によって一元化されたが，財政政策は各国単位で裁量的に実施されている。ただし，財政政策の規律が緩められないように，1996年12月に安定成長協定が締結された。財政赤字が対 GDP 比で3％を継続的に超えた場合には，制裁が科されることになった。ユーロ導入後，特に独仏の財政赤字が問題になっている。

図8.2 ユーロの推移

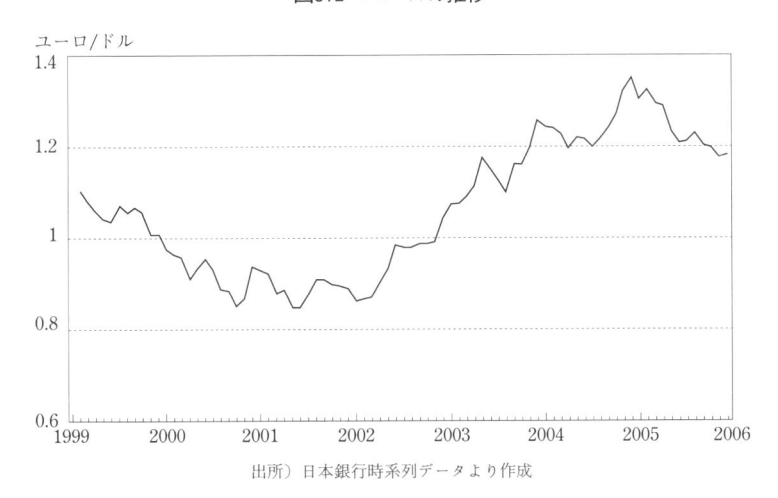

出所）日本銀行時系列データより作成

1999年1月，EMUの第3段階として単一通貨ユーロ（*Euro*）が導入された（1ユーロ＝1.17ドル，図8.2を参照）。参加国は当初11ヵ国である。ドイツ，フランス，ベルギー，ルクセンブルク，オランダ，オーストリア（以上コア6ヵ国），イタリア，スペイン，ポルトガル，フィンランド，アイルランド。2001年1月にギリシャが参加し，ユーロ域は12ヵ国になった（2007年1月にスロベニア参加）。2002年1月にはユーロ紙幣・通貨の流通が開始された。さらに，2004年1月に中東欧10ヵ国，2007年1月にルーマニアとブルガリアがEUに加盟（全27ヵ国）し，今後，ユーロ域への参加が予想される。

8.2 通貨統合の分析枠組み

8.2.1 通貨統合のモデル

独仏の2国間の通貨統合の簡単なモデルを構成しよう。このモデルでは，各国の国内で通貨当局と民間経済主体がインフレ率と失業率を巡ってゲーム（レベル2）を行い，両国のインフレ率が購買力平価（レベル1のゲームのルール）によって変動する。

1）**期待修正フィリップス曲線**：各国のインフレーションと失業率の関係は，

(8-1) 式のような期待で修正された**フィリップス曲線**で表されるとしよう。

(8-1)　　$U_i = U_{Ni} + a_i(p_i^e - p_i)$

$U_i (i=G,F)$ は失業率，U_{Ni} は自然失業率（完全雇用下の失業率），p_i はインフレ率，p_i^e は期待インフレ率を表す。a_i は失業率のインフレ反応関数で，$a_i(U_i) > 0$，$\partial a_i/\partial U_i > 0$，$\partial^2 a_i/\partial U_i^2 > 0$ とする。失業率 U_i は，自然失業率 U_{Ni} とインフレ率の予想誤差（$p_i^e - p_i$）によって決定される。インフレ率 p_i が期待インフレ率 p_i^e よりも高いとき，失業率 U_i は自然失業率 U_{Ni} 以下に低下する。各国の自然失業率 U_{Ni} は社会保障・最低賃金や国内政治などによって異なる。

図8.3に期待修正フィリップス曲線を表す。縦軸はインフレ率 p_i，横軸は失業率 U_i を表す。右下がりの原点に凸形の曲線は短期フィリップス曲線である。U_{Ni} を通る垂直線（$U_i = U_{Ni}$）は長期フィリップス曲線を表す。これは，$p_i = p_i^e$ となるすべての点を集めたものである。民間経済主体が合理的に期待形成をする場合には，インフレ予想においてすべての関連情報が利用される。このとき，p_i の平均＝p_i^e となり，U_i の平均＝U_{Ni} となる。

2）**購買力平価**：各国のインフレ率 p_i は次式のように購買力平価によって関連している。

(8-2)　　$p_F = e + p_G$

ここで，e は為替レート（フランの相対価格）減価率，p_F はフランスのインフレ率，p_G はドイツのインフレ率を表す。フランスのインフレ率 p_F は，長期的には為替減価率 e とドイツのインフレ率 p_G によって決定される。

3）**通貨当局の目的関数**：各国の通貨当局の政治的支持率は，インフレ率 p_i と失業率 U_i によって決定されるとしよう。(8-3) 式は，各国の通貨当局の利得関数 $W_i (i=G,F)$ を表す。

(8-3)　　$W_i = -b_i p_i^2 - (1-b_i) U_i^2$

b_i は通貨当局の政策選好を表すパラメータである。b_i が大きいほど，通貨当局はインフレ抑制を重視する。雇用を重視する労働組合の政治的圧力が強い場

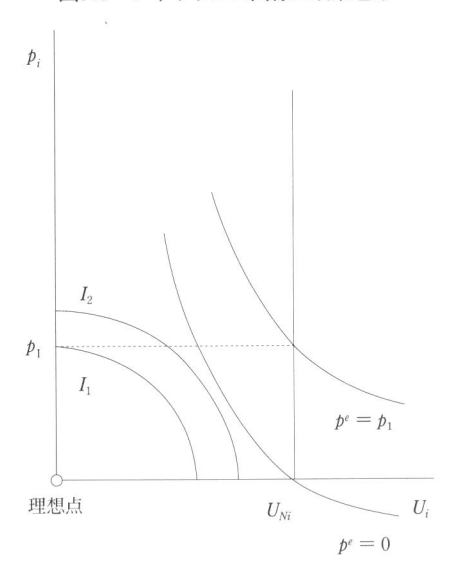

図8.3 フィリップス曲線と政策選好

合には，b_i の値は小さくなる。各国の通貨当局の理想点は，インフレ率 $p_i = 0$ と失業率 $U_i = 0$ で表わされ，このとき利得が最大になる。

図8.3には，通貨当局の利得関数＝無差別曲線 I_i（$i = 1, 2$）が表されている。この利得関数は，原点に向かって凹形で，通貨当局の政策選好を表す。利得関数の傾きは，インフレと失業に対する通貨当局の相対的評価 b_i を表す。通貨当局には，インフレを重視する**厳しい通貨当局**と，失業を重視しインフレに**寛容な通貨当局**がある。通貨当局のタイプは各国の国内政治状況によって異なる。利得関数は，理想点（0, 0）に近いほど大きな利得を表す。

8.2.2 国内均衡と国際均衡

1）**国内均衡**：図8.4で国内均衡について検討しよう。当初，通貨当局はインフレ率をゼロにする通貨政策を公表するとしよう。民間経済主体は，この通貨政策を信頼し，インフレ期待をゼロにするとしよう（$p_i^e = 0$）。このとき，経済は一時的に点 A（シュタッケルベルグ均衡）に落ち着く。

通貨当局の利得は点 A における無差別曲線 I_1 で表される。通貨当局は，フィリップス曲線（$p_i^e = 0$）を所与として，この点 A よりも利得を増大させる

図8.4 国内均衡

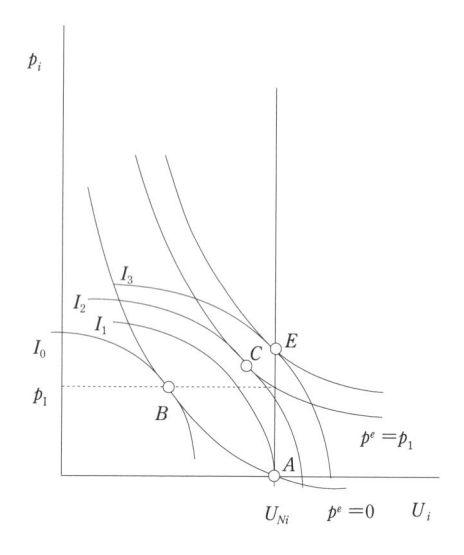

ような点 B が無差別曲線 I_0 上にあることを知る。点 B はインフレ率を p_1 に引き上げることによって達成される。こうして通貨当局は，インフレ率をゼロにする通貨政策を公表した後に，インフレ率を引き上げるインセンティブを持つことになる（点 B はチーティング解）。

通貨当局が近視眼的な場合には，インフレ率を p_1 に引き上げるだろう。その結果，経済は点 B に移動し，通貨当局の利得は増大する。しかし，インフレ率が p_1 に上昇すると，民間経済主体のインフレ期待が上昇し（$p_1^e = p_1$），フィリップス曲線が上方にシフトする。その結果，経済は点 C に移動する。点 C ではインフレ期待がさらに上昇するので，フィリップス曲線はさらに上方にシフトし，経済は裁量的均衡点 E（ナッシュ均衡）に到達するまで移動する。

2）裁量的均衡の性質：裁量的均衡点 E は，点 A よりも通貨当局にとって利得が低い。しかし，通貨当局が近視眼的で，民間経済主体が合理的な予想をする場合には，点 E は唯一の安定均衡である。通貨当局が近視眼的な場合には，インフレ率を引き上げるインセンティブを持つ。民間経済主体は，通貨当局がそのようなインセンティブを持たない点まで，インフレ期待を調整する。そのような両者の調整が終わった状態が点 E である。

裁量的均衡点 E の位置は，通貨当局の政策選好や自然失業率によって影響を受ける。裁量的均衡点 E は通貨当局の政策選好によって異なる。通貨当局の利得関数 I_i の傾きは，厳しい通貨当局の場合には緩やかで，寛容な通貨当局の場合には急勾配になる。フィリップス曲線が同じ傾きを持つとき，均衡インフレ率は，寛容な通貨当局の方が厳しい通貨当局よりも高くなる。裁量的均衡点 E は自然失業率によっても異なる。通貨当局の政策選好が同じでも，自然失業率が上昇すると，均衡インフレ率は上昇する。

3）**国際均衡**：独仏の国際均衡について検討しよう。ドイツの通貨当局はインフレに厳しく，フランスの通貨当局はインフレに寛容とする。両国のインフレ率は購買力平価によって結ばれている。フランスはドイツより高い均衡インフレ率を持つ。その結果，フランスの通貨は持続的に減価することになる。

図8.5では，通貨統合前の両国の均衡インフレ率を p_G と p_F，フランスの通貨の減価率を e で表す。U_{NG} と U_{NF} はドイツとフランスの自然失業率，E_G と E_F はドイツとフランスの国内均衡である。フランスのインフレ率がドイツよりも高いと，輸入が増大し貿易収支が赤字になる。貿易収支の均衡のためには，フランスは何れ通貨の切り下げが必要になる。

8.3　通貨統合の分析

通貨統合の課題である，1）不完全な通貨統合の信頼性問題，2）通貨統合への漸進的移行の問題，3）通貨統合の規模の問題，4）自然失業率の相違の問題について検討しよう。

8.3.1　不完全な通貨統合の信頼性問題

1）**不完全な通貨統合（域内固定為替レート制）**：不完全な通貨統合とは，EMSのような域内の為替レートを固定する政策を表す。域内固定為替レート制の採用は，購買力平価が成立すれば，フランスのインフレ率 p_F をドイツのインフレ率 p_G に収斂させることができる。図8.5では，経済が点 E_F から点 F に移動すると，フランスの均衡インフレ率は低下する。このインフレ率の低下によってフランス通貨当局の利得は増大する。

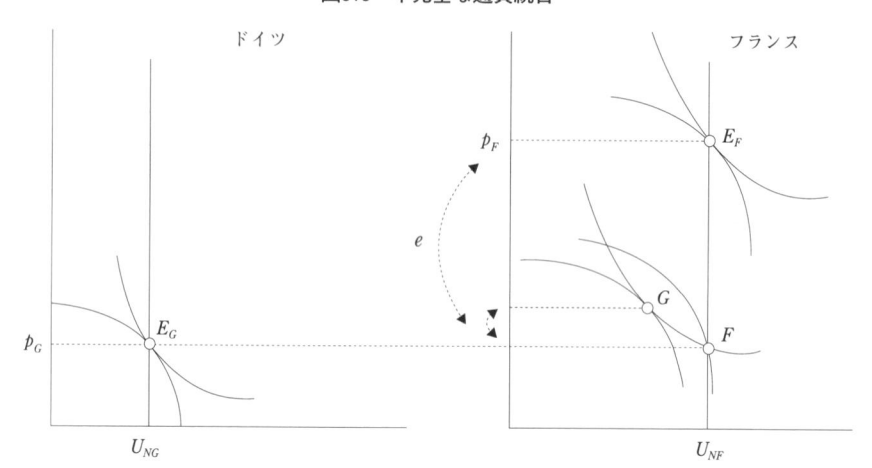

図8.5 不完全な通貨統合

しかし，この固定為替レート制には，フランス通貨当局の信頼性に問題がある。点 F において，フランス通貨当局にはインフレ率引き上げのインセンティブがある。同じフィリップス曲線上の点 G は点 F よりも高い利得を示す。通貨当局が近視眼的な場合には，インフレ率を引き上げ，フランはいずれ切り下げられる。また，インフレ率の上昇は民間経済主体のインフレ期待を修正し，長期的には経済は裁量的均衡点 E_F に到達する。よって，固定為替レート制の採用だけではインフレ抑制も通貨統合も実現しない。

通貨当局は，通貨切り下げによって得られる短期的利益（点 F から点 G への利得の増大）と，それによって生じる長期的コスト（点 F から点 E_F への利得の低下）とを比較し，インフレ率の引き上げ（＝通貨切り下げ）の判断をするだろう。インフレ格差によって通貨当局が定期的に平価切り下げを行うと，平価の再調整予定日の前に大規模な通貨投機が発生し，固定為替レート制自体が維持できなくなる可能性がある。通貨当局に平価切り下げの選択権があるかぎり，このような**信頼性問題**（コミットメント問題）は解消されない。

2）**完全な通貨統合**：フランス通貨当局が民間経済主体から信頼性を得るためには，完全な通貨統合でなければならない。フランスが自国通貨を放棄し，単一通貨の採用を決定したとしよう。単一通貨の採用は，フランスのインフレ率をドイツと同じ水準に低下させる。フランスの新均衡インフレ率は図8.5の

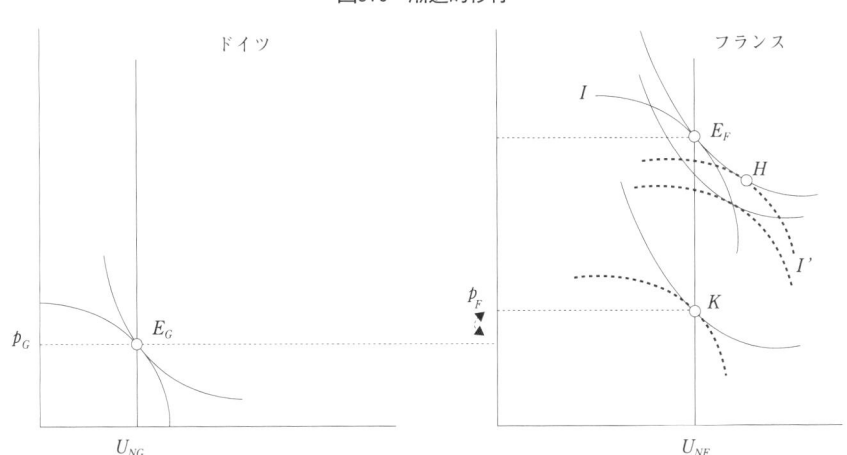

図8.6 漸進的移行

点 F で得られる。通貨統合によって両国の通貨当局が統一され，フランスに独自の通貨当局が存在しなければ，通貨の切り下げはできない。こうして，フランスは通貨主権を放棄する代わりにインフレ抑制の信頼性を得る。

8.3.2 通貨統合への漸進的移行の問題

通貨統合への漸進的な移行に伴う3つの問題，1）失業率上昇の問題，2）通貨当局の信頼性の問題，3）インフレ抑制の問題について検討しよう。

1）漸進的移行：マーストリヒト条約の収斂基準の1つにインフレ率の収斂がある。フランス通貨当局が漸進的なインフレ抑制政策によってインフレ率の収斂に同意するとしよう。

図8.6は漸進的な通貨統合への移行に伴う経済調整を表す。政策公表前の均衡は点 E_F で表される。インフレ抑制政策は，インフレ抑制のために失業増大を受け入れるという通貨当局の政策選好の変更である。この変更は，無差別曲線の傾きをより緩やかにする（$I \to I'$）。その結果，均衡インフレ率は点 E_F から点 H の水準に移動する。インフレ率が低下すると，民間経済主体のインフレ期待が低下し，フィリップス曲線が下方に移動する。このような移動が繰り返され，最終的に均衡インフレ率は点 K の水準に落ち着く。

通貨統合への漸進的移行には3つの問題がある。第1に，移行過程では失業

率の上昇というコストがかかる。点 E_F から点 H そして点 K への移動の過程で，インフレ率は少しずつ低下するが，失業率の一時的上昇が生じる。このような漸進的なインフレ抑制政策は，1980年代にフランスやイタリアで実際に採用された。

第2に，フランス通貨当局のインフレ抑制政策がドイツと同様にインフレに厳しいと評価されなければ，点 K で達成される均衡インフレ率 p_F はドイツのインフレ率 p_G に収斂せず，ドイツよりも高くなる。この結果，信頼性問題が発生する。フランスのインフレ率が相対的に高いと，フランスの競争力が低下し，いずれ通貨切り下げに追い込まれる。

第3に，資本流入に伴うインフレ抑制の失敗という問題がある。高インフレ国では，インフレ期待が低下せず，名目金利が高くなる傾向がある。このとき資本移動の自由があると，高インフレ国に資本流入が続く。その結果，国内貨幣ストックが増大し，インフレ抑制政策の遂行が困難になる。移行過程が長いと，最終目標に到達しない可能性がある。

2）**ショック療法**：ショック療法は，漸進的移行に伴う問題を回避することができる。図8.5によってショック療法による独仏の単一通貨の導入について検討しよう。この通貨統合によって，為替レートの変動率がゼロになり，フランスの均衡インフレ率は，通貨統合以前の点 E_F の水準から点 F の水準に低下する。インフレ率が低下すれば，民間経済主体のインフレ期待も低下する。失業のコストを払わずにインフレ率を低下させることができる。

8.3.3　通貨統合の規模の問題

ドイツは高インフレ国と通貨統合をしても，十分な経済利益を得られない。ドイツは通貨統合の規模をできるだけ小規模にし，高インフレ国の加盟を抑えようとする。

1）**欧州中央銀行の政策選好**：欧州中央銀行 ECB の政策決定においてフランスやイタリアがドイツと同等な権限を持つとすると，ECB はドイツのようなインフレ抑制の評判を得ることはできない。ECB がドイツ通貨当局よりもインフレに寛容と評価されると，ドイツのインフレ率は通貨統合前よりも高くなる。このとき，ドイツは経済厚生が低下し，通貨統合へのインセンティブを

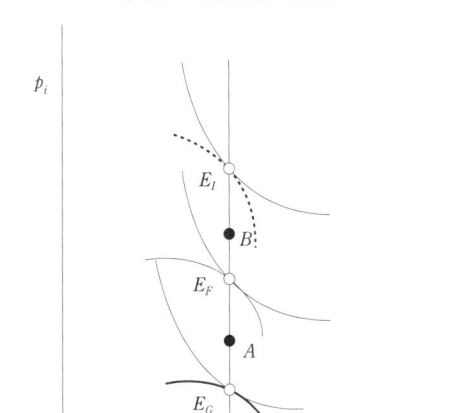

図8.7 通貨統合の規模

失う。

　図8.7によって独仏伊の3国からなる通貨統合を検討しよう。この3国の短期と長期のフィリップス曲線および自然失業率は同じとする。3国で異なるのは，インフレと失業の選択に関する政策選好（利得関数の形状）である。ドイツはインフレ抑制に高い選好をもち，その利得関数は緩やかである。イタリアは失業率低下に高い選好を持ち急勾配の利得関数をもつ。フランスは，独伊の中間の選好を持ち，利得関数の傾きも両者の間にある。均衡インフレ率は，独仏伊の順で低く，それぞれ E_G，E_F，E_I で得られるとする。

　通貨統合は共通インフレ率の選択問題である。ECB は加盟国の選好を考慮して政策決定をするとしよう。このとき，通貨統合の均衡インフレ率は通貨統合の規模によって異なる。独仏が通貨統合をすれば，均衡インフレ率は点 E_G と点 E_F の中間，例えば点 A に決まる。ドイツの利得は低下するが，通貨統合によって得られる他の便益が十分に大きければ，ドイツにとって通貨統合のインセンティブがある。

　もし独仏伊の3国で通貨統合をする場合には，均衡インフレ率は点 E_G と点 E_I の間，例えば点 B に決定されるとしよう。このとき，通貨統合によるドイツの利得の低下は，2国の場合よりも大きくなる。ドイツが3国の通貨統合に参加するためには，追加的な便益が存在しなければならない。

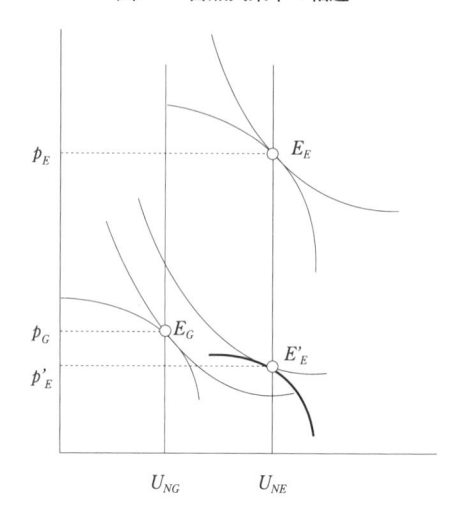

図8.8　自然失業率の相違

2）マーストリヒト条約：マーストリヒト条約は，収斂基準を満たす国のみを通貨統合に参加させるというドイツの意向を反映したものである。この収斂基準は経済的に合理的な基準というよりは，政治的に必要な条件である。というのは，インフレ率に関する収斂条件がなくても，ショック療法によって通貨統合は実現できるからである。収斂基準は通貨統合を小規模にするための条件であり，ドイツにとって必要な条件である。

8.3.4　自然失業率の相違の問題

欧州中央銀行がインフレ抑制に関してドイツと同じ政策選好を持っていたとしても，欧州各国の自然失業率（国内制度）の相違のために均衡インフレ率が上昇する可能性がある。

図8.8は，自然失業率の相違が通貨統合に及ぼす影響を表している。ECBとドイツ通貨当局の政策選好は同様に厳しく，両者の利得関数は同じで，フィリップス曲線の形状も同じとする。フランスの自然失業率はドイツより高いとする（1980年代の失業率の平均は欧州ではドイツが最も低い）。このとき，通貨統合参加国の自然失業率 U_{NE} はドイツの自然失業率 U_{NG} よりも高くなる。この自然失業率の相違によって，通貨統合後の均衡インフレ率 p_E はドイツのインフ

レ率 p_G よりも高くなる。

　通貨統合にはインフレ・バイアスが存在する。その理由は，ECB の政策選好がインフレに寛容だからではない。欧州に存在する高い自然失業率の存在のためである。自然失業率が高いために，短期のフィリップス曲線の形状が同じでも，短期・長期のフィリップス曲線の位置が異なる。その結果，均衡インフレ率が上昇することになる。こうして，ドイツにとっては，高インフレ国と通貨統合を行うインセンティブはさらに低くなる。

練習問題 *Questions*

問題8.1 図8.3において，通貨当局がインフレに厳しい場合と寛容な場合で，利得関数の形状はどのように異なるだろうか。

問題8.2 図8.4の裁量的均衡点 E における通貨当局のインセンティブと民間経済主体のインフレ期待について説明しなさい。

問題8.3 図8.8のように，欧州各国に自然失業率に相違がある場合に，ドイツに通貨統合に参加させるための方策について述べなさい。

（解答は巻末にあります）

文献案内

Guide to Further Reading

アグリエッタ（1992）『通貨統合の賭け』藤原書店。
　▶欧州の通貨協力の制度化を強調するレギュラシオン・アプローチによる分析。

ド・グローブ（1995）『通貨統合の経済学』文眞堂。
　▶2国間の通貨統合に関するいくつかの経済問題を明確な図解によって分析する。

Dyson Kenneth and Kevin Featherstone (1999) *The Road to Maastricht: Negotiating Economic and Monetary Union*, Oxford: Oxford University Press.
　▶欧州通貨統合の交渉過程を分析し，2レベルゲーム分析に有益な情報を提供する。

Eichengreen Barry and Jeffry Frieden eds. (2001) *The Political Economy of European Monetary Unification* 2nd ed., Boulder: Westview.
　▶欧州通貨統合について政治学者が政治経済学の手法で分析する。

第 9 章

通貨危機とグローバル・ガバナンス

───本章で何を学ぶか───
　通貨危機はグローバリゼーションの進展を象徴する出来事である。通貨危機を回避するには，現地の通貨当局の政策対応だけでは十分ではなく，通貨投機を行う国際金融資本や国際金融支援を行う先進資本主義諸国や国際金融機関も関与するようなグローバル・ガバナンスを構築しなければならない。
　通貨危機の回避において，資本移動のグローバル化や各国の国家主権を前提にすれば，国際金融資本の通貨投機の期待収益やコストを管理したり，現地通貨当局の経済政策に介入したりするのは容易ではないだろう。通貨危機の回避には，米国やG7・IMFを中心に民間資本も関与するような国際金融支援体制を確立し，危機管理の信頼性を高めるようなグローバル・ガバナンスが重要になる。
　本章は次のように構成される。第1節では，メキシコの通貨危機の原因について検討する。第2節では，通貨危機と危機管理の分析枠組みをゲーム理論によって構成する。第3節では，通貨危機と危機管理の信頼性について検討し，第4節では，通貨危機のグローバル・ガバナンスについて検討する。

9.1　メキシコの通貨危機

　1994年12月20日，政府が為替レートの介入上限を約15％切り下げたのを機に，メキシコの通貨危機が発生した。通貨当局の外貨準備は2日間で約50億ドル減少し，12月22日，政府は固定為替レートの維持を放棄し，変動為替レート制へ

の移行を余儀なくされた。通貨切下げ後1週間で、ペソは1ドル3.46ペソから5.65ペソへ約63％下落した。

　通貨危機がメキシコ経済に及ぼした影響は大きかった。実質為替レートの減価や国内需要の抑制によって、貿易収支は1994年の185億ドルの赤字から1995年には71億ドルの黒字に転じた。しかし、為替減価や金利上昇によって銀行の約3割が倒産し、1995年の経済成長率は－6.2％に下落し、インフレ率も52％に上昇した（図9.1を参照）。

　メキシコ通貨危機の構造的原因は経常収支赤字の拡大と短期資本収支によるファイナンスであり、通貨危機の直接の契機は国際利子率の上昇と国内政治不安であった。通貨危機は、政府の政策介入と共に米国主導の国際金融支援によって収拾された。

9.1.1　経常収支赤字の拡大と短期資本の流入

　メキシコの通貨危機の構造的原因は、経常収支赤字の拡大と短期資本収支によるファイナンスである。

　1）**経常収支赤字の拡大**：1990年代前半のメキシコの経常収支赤字拡大の原因は、実質為替レートの増価と民間需要の拡大である。実質為替レートの増価は、名目為替レートをインフレ抑制のアンカーとする**ヘテロドックス型の経済安定化政策**に原因がある。1980年代末以降のメキシコの為替政策は、事実上の固定為替レート制であり、インフレの進行の中で実質為替レートが増価し、経常収支の悪化をもたらした。1997年のアジア通貨危機の際も、各国は事実上の固定為替レート制を採り、経常収支赤字は拡大する傾向があった。

　メキシコは、1988年に**金融自由化**を開始し、信用規制や金利規制を廃止し、市場メカニズムによって金融市場の効率性を改善しようとした。金融自由化はM2などの貨幣供給を増大させ、民間部門の消費拡大と貯蓄減少をもたらし、経常収支赤字を拡大した。

　2）**短期資本の流入**：1990年代前半のメキシコの経常収支赤字は、証券投資を中心にした短期資本収支の黒字によってファイナンスされた。アジア通貨危機の際には、民間短期資本が銀行融資の形態で流入していた。メキシコでは政府の短期債務が問題になったが、アジア諸国（タイ・インドネシア・マレーシ

第9章 通貨危機とグローバル・ガバナンス

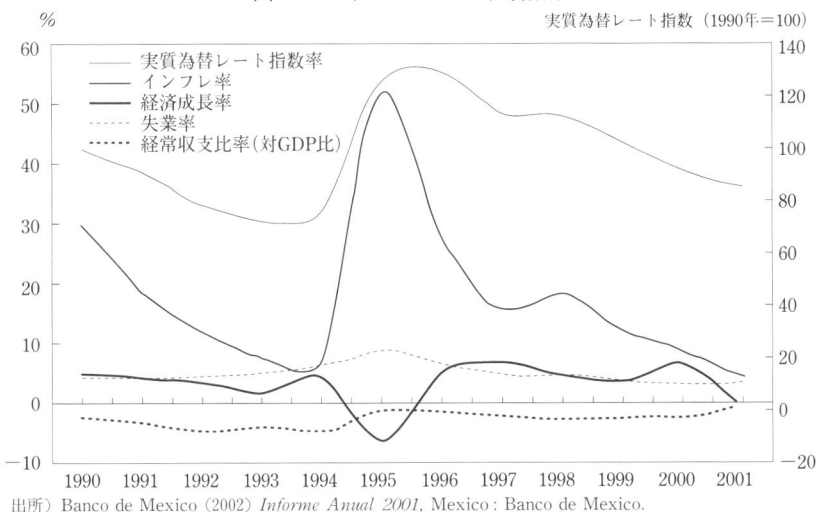

図9.1 メキシコのマクロ経済指標

出所) Banco de Mexico (2002) *Informe Anual 2001*, Mexico: Banco de Mexico.

ア・フィリピン・韓国)では企業や銀行の短期債務が問題になった。

メキシコの国債市場は,金融・資本市場の改革によって国際化した。1989年に,インフレ連動型長期国債のアフスタボノス(Ajustabonos)やドル連動型短期国債のテソボノス(Tesobonos)のような新たな国債が発行され,政府の資金調達は国債市場への依存を高めた。1989年の外資法改正で外国人の株式取得制限が緩和され,ペソ建てペソ支払いの長期国債のボンデス(Bondes),アフスタボノス,テソボノスの外国人保有が可能になり,1990年12月には28日物国債のセテス(Cetes)の外国人保有が可能になった。この結果,国債の外国人保有比率が急上昇した。

1994年4月以降,政府は,国債の構成をペソ建てのセテスからドル連動のテソボノス——通貨下落を金利の上昇によって自動的に補塡する国債——にシフトさせてきた。国債残高に占めるテソボノスの比率は1993年末の2.8%から1994年末には55.3%に上昇した。その保有者の9割以上が外国人であった。しかし,この結果,1994年末の非居住者のテソボノス残高が165億ドルになり,外貨準備61億ドルの3倍近くに達した。さらに,1995年に償還を迎えるテソボノスは約280億ドルに達していた。国際的な支援がなければ,政府は債務支払いの停

止を余儀なくされる状況にあった。

9.1.2 国際利子率の上昇と国内政治不安

通貨危機の直接の契機は国際利子率の上昇と国内政治不安であった。

1）米国利子率の上昇：国際利子率の上昇は，対メキシコ投資の期待収益率を相対的に低下させ，資本流出の原因を形成した。

米国の利子率は，1990年代前半には低下傾向を示し，メキシコに大量の資本流入をもたらしていた。しかし，1994年2月FRBによる国債利率の引き上げ後，米国の利子率は上昇傾向に転じた。これを機に，同年3月以降，メキシコへの資本流入は急減した。1994年2月から1995年2月までにFRBは，FFレートや公定歩合を何度も引き上げた。

2）国内政治不安：メキシコ国内の政治不安は，対メキシコ投資のリスクを高め，資本流出の原因を形成した。

1994年1月1日，NAFTA発効の日に，**サパティスタ民族解放軍**EZLNが民主主義と先住民の人権擁護を求め武装蜂起した。同年3月には，PRI大統領候補のコロシオ（Colosio, L.）が暗殺された。9月にはPRI幹事長のマシュー（Massieu, J.）が暗殺され，11月には捜査に当たっていた実弟のマシュー（Massieu, M.）副検事総長が辞任した。さらに12月19日，EZLNが政府の停戦破棄を理由に複数の村を占拠した。その翌日，急激な資本流出が発生した。

9.1.3 政策介入と国際金融支援

メキシコの通貨危機は，政府の政策介入と米国主導の国際金融支援によって収拾された。

1）政策介入：政府は，通貨危機直後，為替市場への介入によって通貨下落に対応しようとした。その後，1995年1月3日に緊急経済政策AUSEEを発表し，政府・労働組合・企業・農民の間で需要抑制と為替レート以外の価格統制などの経済安定化に関する社会協約に合意した。しかし，この政策は十分な成果をあげなかった。3月9日，政府は新たな経済計画PARAUSSEを発表し，いっそうの需要抑制と外貨準備の増大に努めた。また，通貨危機から金融危機への進展を抑えるために，政府は銀行預金保護機構FOBAPROAによって預

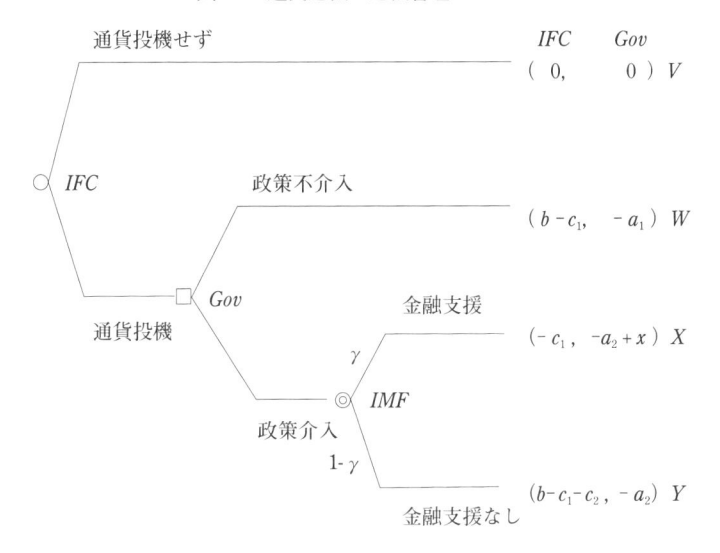

図9.2 通貨危機と危機管理のモデル

```
                                              IFC      Gov
         通貨投機せず                        (  0,      0  )  V
        ╱
   ○ IFC         政策不介入
        ╲       ╱                        ( b-c_1,  -a_1 )  W
         □────
         Gov         金融支援
        通貨投機   ╱ γ                    ( -c_1,  -a_2+x )  X
                  ╱
                 ◎ IMF
                政策介入
                  1-γ
                       金融支援なし        ( b-c_1-c_2,  -a_2 )  Y
```

金者保護の緊急融資を行った。

2）**国際金融支援**：メキシコに対する国際金融支援は，北米自由貿易協定 NAFTA の発効によってメキシコとの関係をいっそう深めた米国の主導によって組織された。

1995年1月2日に，北米枠組み合意 NAFA に基づき，180億ドルの支援が公表され，1月13日に米国政府がテソボノスの返済保証額を400億ドルに拡大することを提案した。しかし，この米国政府の債務保証提案には米国議会が反対した。その後1月26日に，IMFが78億ドルのスタンドバイ協定を締結した。1月31日には，米国の主導によって総額528億ドル（公的資金498億ドル＋民間資金30億ドル）の国際金融支援が決まった。このうち200億ドルが米国の為替安定基金，178億ドルが IMF（スタンドバイ融資を増大），100億ドルが国際決済銀行（BIS）から融資されることになった。

9.2　通貨危機と危機管理の分析枠組み

通貨危機と危機管理に関する簡単なモデルを展開形ゲームによって構成しよ

う（図9.2を参照）。このモデルでは，通貨当局にも国際金融資本にも，米国やG7・IMF の迅速な金融支援について不確実性がある。

1）アクター：3人の主要なアクターがいる。1人は国際金融資本（IFC），2人めは各国の通貨当局（Gov），3人めは国際金融機関（US/IMF）である。通貨危機において，国際金融資本の目的は，通貨投機によって為替差益を得たり為替リスクを回避したりすることである。通貨当局の目的は，市場に政策介入し為替レートを安定させることである。国際金融機関は，各国の通貨不安を取り除き，国際通貨制度を安定的に維持しようとする。

2）行動空間：国際金融資本と各国の通貨当局および US/IMF の選択肢はそれぞれ2つとしよう。国際金融資本の行動は，現地通貨を売りドルを買う通貨投機をするか，あるいはそのような投機行動をしないかである。通貨投機がなければ，そこでゲームは終わる。

通貨当局の行動は，国際金融資本が通貨投機をする場合に，政策介入するか，政策介入しないかである。政策介入がなければ，通貨は下落する。政策介入にはコストがかかり，そのコストの大きさは US/IMF の金融支援に依存する。国際金融機関の選択肢は，通貨当局が為替レート安定のために政策介入した場合に，迅速に金融支援をするか否かである。ただし，US/IMF の金融支援は，戦略的に決定されるというよりは確率的に決定される。

3）国際状態：各アクターの意思決定の結果，4つの国際状態が生じる。第1は，**通貨安定**（V）であり，国際金融資本が通貨投機せず，通貨危機が発生しない。第2は**通貨危機**（W）であり，国際金融資本が通貨投機し，通貨当局が政策介入せず，通貨が下落する。第3は**通貨危機の回避**（X）であり，国際金融資本の通貨投機に対して，通貨当局が政策介入し，US/IMF が迅速に金融支援する。第4は**国際収支危機**（Y）であり，通貨投機に対して通貨当局が政策介入するが，US/IMF が迅速に金融支援をせず通貨危機から国際収支危機に至る。

国際金融資本が通貨投機をしないか，通貨投機をしても通貨当局が政策介入し，US/IMF が迅速な金融支援をすれば，通貨危機は回避される。しかし，通貨投機に対して通貨当局が十分な政策介入をしなかったり，政策介入しても US/IMF が十分な金融支援を迅速に実施しなかったりする場合には，通貨危

機や国際収支危機が発生する。

　4）**国際金融資本の利得**：国際金融資本の利得は，通貨投機をしなければ0，通貨投機をすれば$b-c_1$とする。bは通貨投機の期待収益，c_1は通貨投機のコストを表す。通貨投機の期待収益$b=b(e, f)$の決定において，ドル建ての現地為替レートe，ファンダメンタルズf，国際利子率，国内政治不安などが影響を及ぼす。現地通貨eの下落は期待収益を上昇させる。ここで，通貨当局が政策介入すれば，通貨投機にさらにc_2のコストがかかるとする（$b-c_1-c_2$）。

　ここで，通貨当局の政策介入だけでは為替レートを元の水準に戻すには十分ではなく，$b-c_2>0$であるが，US/IMFが迅速な金融支援をすれば，為替レートは元の水準に回復し，$b-c_2=0$とする。よって，US/IMFが迅速に金融支援をすれば，国際金融資本の利得は$-c_1$である。国際金融資本の選好順序R_{IFC}は，R_{IFC}：W, Y, V, Xとなる。

　5）**通貨当局の利得**：通貨当局は，通貨投機がなければ利得0，通貨投機に政策介入しなければa_1の政策不介入のコストがかかるとしよう。政策介入しなければ，通貨価値が下落し，通貨当局の信認の喪失やインフレというコストが生じる。他方，政策介入すれば，外貨準備減少，金利上昇，景気後退といった政策介入のコストa_2がかかるとする。

　政策介入する場合の利得は，US/IMFの迅速な金融支援に依存する。US/IMFが迅速な金融支援をしない場合の利得$-a_2$は，政策介入しないより小さい（$-a_2<-a_1$）が，迅速な金融支援がある場合の利得$-a_2+x$は，政策介入しないより大きい（$-a_2+x>-a_1$）とする。xはUS/IMFの金融支援による利得を表す。通貨当局の選好順序R_{Gov}は，R_{Gov}：V, X, W, Yとなる。

　6）**情報構造**：通貨当局にも国際金融資本にも，US/IMFの危機管理に関して不確実性がある。通貨当局も国際金融資本も，$\gamma\in[0,1]$の確率でUS/IMFが迅速に金融支援をし，$1-\gamma$の確率で迅速に金融支援をしないと予想しているとしよう。

　US/IMFのなかには，一方には，**最後の貸し手**という点から通貨投機に対して迅速に国際金融支援をし，通貨危機や金融危機を回避すべきであるという意見がある。しかし他方には，発展途上国政府や国際金融資本の**モラル・ハザード**を懸念し，国際金融支援は不要であるという意見がある。このような金融

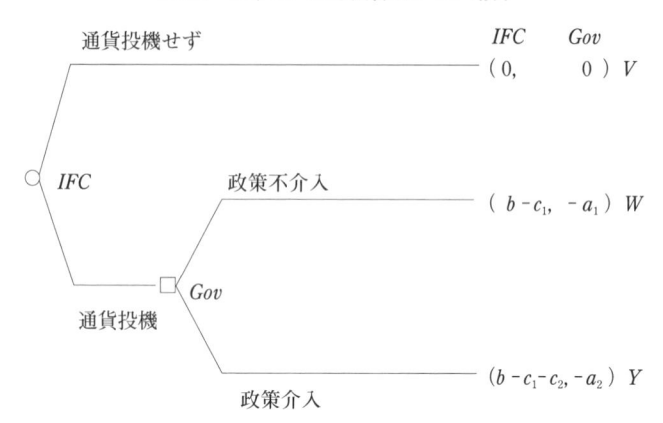

図9.3 US/IMF の危機管理がない場合

```
                通貨投機せず                    IFC      Gov
               ─────────────────────────── ( 0,      0 ) V
              ○
             IFC         政策不介入
                    ┌──────────────────── ( $b-c_1$, $-a_1$ ) W
              ─────□
              通貨投機 Gov
                    └──────────────────── ( $b-c_1-c_2$, $-a_2$ ) Y
                         政策介入
```

支援に対する見解の相違のために，US/IMF が迅速に金融支援するかどうかは事前には不確実である。

7）**ゲームの展開**：最初に，国際金融資本が，期待利得を考慮しながら通貨投機をするか否かの選択をする。つぎに，国際金融資本が通貨投機をする場合に，通貨当局が，政策介入し為替レートを安定させるか否かを選択する。最後に，US/IMF が，国際金融資本の通貨投機と通貨当局の政策介入を確認した後，迅速な金融支援をするか否かを決定する。

9.3 通貨危機と危機管理の分析

9.3.1 不確実性がない場合

不確実性がない場合の国際金融資本と通貨当局の通貨投機ゲームについて検討しよう。このゲームの均衡は部分ゲーム完全均衡とする。このようなゲームは後ろ向き帰納法によって解くことができる。

1）**US/IMF の危機管理がない場合**：US/IMF が迅速な金融支援をしない場合，国際金融資本が通貨投機をし，通貨当局が政策介入せず，通貨危機が発生する（図9.3を参照）。

このゲームでは，国際金融資本の通貨投機に対して通貨当局が政策介入して通貨防衛をするという政策に信頼性はない。国際金融資本が通貨投機をすると

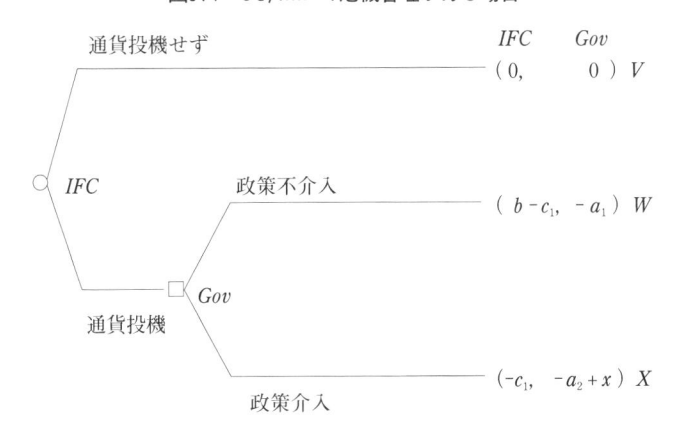

第9章　通貨危機とグローバル・ガバナンス

図9.4　US/IMF の危機管理がある場合

```
                                        IFC      Gov
         通貨投機せず
                                       ( 0,      0 ) V
    ○  IFC
                       政策不介入
                                       ( b-c_1,  -a_1 ) W
         通貨投機  □ Gov

                       政策介入
                                       (-c_1,   -a_2+x ) X
```

き，通貨当局の利得は，政策介入すれば$-a_2$，政策介入しなければ$-a_1$となる。$-a_2<-a_1$であるので，通貨当局は政策介入しない。国際金融資本は，このような通貨当局の行動を予想し，通貨投機する。したがって，US/IMF が迅速な金融支援をしない場合には，通貨危機が発生する。

2）US/IMF の危機管理がある場合：US/IMF が迅速な金融支援をする場合には，国際金融資本が通貨投機をせず，通貨危機は回避される（図9.4を参照）。

通貨当局は，通貨投機があるとき，政策介入しなければ$-a_1$，政策介入すれば$-a_2+x(>-a_1)$ の利得を得る。したがって，通貨投機があれば，通貨当局は政策介入する。国際金融資本は，このような通貨当局の行動を予想し，通貨投機をしない。US/IMF による迅速な金融支援は，国際金融資本の戦略を変え，通貨当局の戦略を変える。

このように情報が完全な世界では，US/IMF の迅速な金融支援があるか否かが結果に重要な相違をもたらす。US/IMF の迅速な金融支援がない場合には，通貨投機が行われ，通貨当局が政策介入しないので，通貨危機が発生する。US/IMF の迅速な金融支援がある場合には政策介入が行われ，通貨危機は回避される。

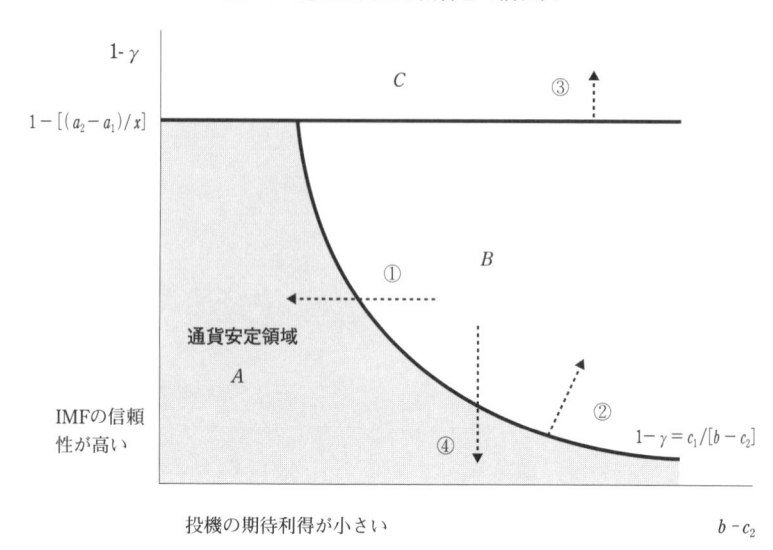

図9.5 通貨危機と危機管理の信頼性

9.3.2 不確実性がある場合

US/IMF の迅速な金融支援について,国際金融資本にも通貨当局にもに不確実性がある場合について検討しよう。このゲームでは,**危機管理の信頼性** γ が重要な役割を果たし,US/IMF の迅速な金融支援がない場合でも通貨危機を回避できる場合がある。

図9.5は,US/IMF の危機管理の信頼性($1-\gamma$)を縦軸に,国際金融資本の利得($b-c_2$)を横軸にとり,通貨危機の発生と危機管理について表す。この図では,下方に行くほど US/IMF の危機管理の信頼性 γ は上昇し,左方に行くほど通貨投機の利益は低下する。この図は,A(通貨安定),B(通貨攻防),C(通貨危機)の3つの領域に分けられる。

国際金融資本も通貨当局も,γ の主観的確率で US/IMF の迅速な金融支援があると考えているとする。最後の手番において US/IMF は,通貨投機に対して通貨当局が政策介入した場合に,γ の確率で迅速な金融支援を行い,$1-\gamma$ の確率で金融支援をしない。

通貨当局は,US/IMF の金融支援の信頼性 γ がつぎのように十分に大きければ,政策介入する。

(9-1) 　$\gamma > (a_2 - a_1)/x$

通貨当局は，政策介入のコスト（a_2-a_1）が十分に小さい場合や，US/IMF の迅速な金融支援 x やその信頼性 γ が十分に大きい場合には，政策介入し，そうでない場合には，政策介入しない。これは図9.5の水平線（$1-\gamma = 1-[(a_2-a_1)/x]$）の下の領域を表す。

国際金融資本は，US/IMF の金融支援の信頼性 γ がつぎのように十分に大きければ，通貨投機をしない。

(9-2) 　$\gamma > (b-c_1-c_2)/(b-c_2)$　かつ　$\gamma > (a_2-a_1)/x$

国際金融資本の行動は，通貨投機の誘惑（$b-c_1-c_2)/(b-c_2)$と US/IMF の迅速な金融支援の信頼性 γ および通貨当局の政策介入の意思（$a_2-a_1)/x$ の相対的大きさに依存する。US/IMF が迅速な金融支援をしない場合でも，US/IMF の迅速な金融支援に関して十分な信頼性 γ があれば，国際金融資本の通貨投機を未然に回避することができる。これは，図9.5の右下がりの曲線（$1-\gamma = c_1/(b-c_2)$）の下方で，かつ水平線の下の領域 A である。

図9.5の領域 A（$\gamma > (b-c_1-c_2)/(b-c_2)$かつ $\gamma > (a_2-a_1)/x$）は，通貨当局が政策介入し，国際金融資本が通貨投機をしない**通貨安定**の領域である。領域 B（$\gamma < (b-c_1-c_2)/(b-c_2)$かつ $\gamma > (a_2-a_1)/x$）は，国際金融資本が通貨投機し，通貨当局が政策介入する**通貨攻防**の領域である。領域 C（$\gamma < (a_2-a_1)/x$）では，国際金融資本が通貨投機し，通貨当局が政策介入しないので，通貨が下落する**通貨危機**の領域である。

9.4　通貨危機のグローバル・ガバナンス

通貨危機管理の政策について，1）通貨投機の期待収益 b，2）通貨投機のコスト c_1, c_2，3）政策介入のコスト a_1, a_2，4）国際金融支援 x，5）危機管理の信頼性 γ という点から検討しよう。資本移動のグローバル化や各国の国家主権を前提にすれば，国際金融支援体制や危機管理の信頼性のようなグローバル・ガバナンスが重要になる。

9.4.1　通貨投機の期待収益

　国際金融資本の通貨投機の期待収益 b を低下させれば，通貨危機を回避する可能性は大きくなる（図9.5の①の効果）。そのためには，第1に，各国のファンダメンタルズを十分に管理し，第2に，経済政策の信認を得ることが重要になる。

　1）**ファンダメンタルズ**：通貨投機の期待収益を低下させるには，ファンダメンタルズを十分に管理することが重要になる。現地通貨の為替レート e に影響を及ぼすファンダメンタルズには，経済成長率，インフレ率，財政収支，経常収支，外貨準備，実質為替レート，貯蓄率，金利，対外債務残高，金融システムの健全性などがある。これらの指標を十分に管理し，現地通貨の為替レート e を安定させれば，通貨投機の期待収益 b は低下する。

　2）**経済政策の信認**：通貨投機の期待収益を低下させるには，経済政策に対する国際金融資本の信認を得ることも重要になる。ファンダメンタルズの悪化自体ではなく，それに対する通貨当局の政策姿勢や国際金融資本の評価が重要になる。経済政策の信任を得るという点に限れば，IMF 経済調整プログラム（緊縮的な財政・金融政策，伸縮的な為替政策，金融システムの構造改革など）の受け入れも1つの方法かもしれない。

　しかし，**IMF 経済調整プログラム**は景気後退や金融不安のコストを高める可能性があり，各国の政策当局がそれを実施するには限界がある。特に，金融システムの構造改革には政治的な反対もある。また，IMF 経済調整プログラムの受け入れは，政策当局にとっては自らの政策能力の脆弱性を表明することにもなり，必ずしも容易ではない。

9.4.2　通貨投機のコスト

　国際金融資本の通貨投機のコスト c_i を高めれば，通貨危機を回避する可能性は高くなる（図9.5の②の効果）。そのための方法として，国際資本移動に対する規制の強化がある。しかし，資本移動のグローバル化やIMFの資本取引の自由化（効率的な資源配分の促進）に対する姿勢を前提にすれば，国際資本移動の規制には限界がある。

国際金融資本の通貨投機のコストを高める方法に資本移動の規制がある。それにはつぎのような政策がある。1）**資本取引規制**：非居住者の資本取引を分野・金額・期間によって制限する。1998年にマレーシアで実施された。2）異なる**支払準備率**の適用：自国通貨建てと外貨建ての預金に異なる支払準備率を適用する。1994年にマレーシア，1995年にタイで実施された。3）無利子の**強制預託制度**：海外からの短期資本の流入の一部を中央銀行に強制的に無利子で預託させる。チリで1991年に導入され，対外借入の20％を強制預託させた。4）**トービン税**：すべての直物為替取引に取引規模に応じて均一な税率を課す。

国際資本移動の規制に関して，1999年6月のG7で，短期資本移動に例外的な規制を容認する方向で合意した。しかし，IMFは，資本取引の自由化を基本的な原則としており，融資条件の1つとして融資受入国の資本取引の自由化を要求してきた。

9.4.3 政策介入のコスト

通貨投機が発生した場合に政策当局が政策介入するコスト a_2 を低下させ，政策不介入のコスト a_1 を増大させれば，通貨危機を回避する可能性は大きくなる（図9．5の③の効果）。

1）**介入政策の再検討**：政策介入のコスト a_2 を低下させるには，介入政策を再検討する必要がある。IMFは，通貨投機に対して為替介入よりも高金利政策による通貨の安定を支持してきた。高金利政策は，内需を抑制し経常収支を改善すると共に，国内の金融資産の収益性や資金調達のコストを高め，資本流出を抑制することが期待される。しかし，高金利政策は，景気後退や金融不安などのコストを伴い，必ずしも適切な政策ではない。

2）**IMFプログラムの改善**：政策介入のコスト a_2 を低下させるには，IMF経済調整プログラムを改善することも重要である。IMFの経済調整プログラムは，緊縮的な財政・金融政策によって政策介入のコスト a_2 を高める可能性がある。通貨危機後，財政支出の削減や増税によって各国の低所得者層の生活水準が大きく悪化した。この教訓から，社会的セーフティネットへの支出や財政収支目標の緩和が認められるようになった。

9.4.4 国際金融支援

国際金融支援 x の強化は，通貨当局の政策介入のコストを緩和し，通貨投機のコストを上昇させ，通貨投機を回避する可能性を高める（図9.5の①と③の効果）。国際金融支援の強化には，国際金融支援体制の確立や，IMF融資の増額や迅速化が重要になる。

1）国際金融支援体制：国際金融支援の強化には，国際的な危機管理体制を確立し，国際金融機関が資金・情報・人材などで協力し，域内協力体制を整備することが重要になる。米国やG7およびIMF（2004年1月現在，184加盟国）を中心に通貨危機が発生する以前から国際的な危機管理体制＝グローバル・ガバナンスを確立することが重要である。

国際金融支援の強化には，国際金融機関の協力体制が重要になる。IMFは，世界銀行，BIS，IDB・ADB，OECDなどと協力体制を十分に確立する必要がある。また，域内協力体制を整備することも重要である。アジア通貨危機に際し，米国やIMFの反対でアジア通貨基金構想は失敗したが，1997年11月に，IMFを補完し域内協力を促進するマニラ・フレームワークが設立された。1998年10月のG7では「アジア通貨危機支援に関する新構想－新宮沢構想－」が提案された。このような域内協力をさらに整備する必要がある。

2）IMF融資と民間関与：国際金融支援の強化には，IMF融資を増額し迅速に実行すると共に，民間金融機関の関与が重要である。IMF融資は，国際金融資本の取引量と比べ不十分であり，分割融資のため一度の融資額にも限界があった。

IMFは，メキシコ通貨危機後，融資限度額を増大し，1997年12月には利用限度額に制限を設けない短期の補完的融資制度SRFを創設した。1998年11月には新規借入取極NABを発効させ，1999年4月には短期に大量の資金を貸し出す予防的クレジットラインCCLの実施を決めた。今後，融資条件の緩和や民間金融機関とのクレジットラインの締結，民間金融機関の緊急時の強制借り換えや債務返済の猶予などが重要になる。

9.4.5 危機管理の信頼性

米国やG7・IMFが通貨投機に対して迅速な危機管理を行うという各国の通

貨当局や国際金融資本の信頼性 γ を高めれば，通貨危機を回避する可能性は高まる（図9.5の④の効果）。これは，グローバル・ガバナンスの重要な要素である。

危機管理の信頼性 γ を高めるには，第1に，通貨危機の発生前から国際的な危機管理体制を十分に確立する必要がある。特に，米国やG7・IMFが危機管理にどのように関与し指導力を発揮するかが重要になる。第2に，通貨危機の発生前から特別データ公表標準SDDSをもとに相互に情報を共有し，各国のマクロ経済運営や構造改革および国際金融資本の監視にIMFがコミットし，サーベイランス機能を強める必要がある。第3に，通貨投機が米国やG7・IMFの迅速な金融支援につながるという点で**評判効果**を確立することが重要である。地域や国によって金融支援を差別すれば，評判効果を損なうことになる。

しかし，各国経済政策への介入や国際金融資本の監視には当事者から強い反発がある。また，米国やG7・IMFは通貨危機に対して必ずしも迅速な金融支援をするとは限らない。国際金融支援国のなかには，被支援国の政策当局のモラル・ハザードや投機的な国際金融資本の救済に批判的な意見があるからである。

練習問題 *Questions*

問題9.1 図9.5を用いて通貨危機の発生から解決までの1つの経路を検討しなさい。

問題9.2 国際金融資本の通貨投機のコストを引き上げるような政策には，どのような政策があるだろうか。その政策効果を図9.5で示しなさい。

問題9.3 通貨当局が政策介入する条件式（9-1）と，国際金融資本が通貨投機をしない条件式（9-2）を導きなさい。

（解答は巻末にあります）

文献案内

Guide to Further Reading

アイケングリーン（2003）『国際金融アーキテクチャー』東洋経済新報社。

▶ IMF 改革や民間部門の関与を含めた通貨危機回避のための具体的な提言を行う。

イートウエル&テイラー(2001)『金融グローバル化の危機』岩波書店。

▶ IMF(資金提供)や BIS(リスク管理)を繋ぐ機関として世界金融機関を提唱する。

Krugman, Paul (1979) "A Model of Balance-of-Payments Crises," *Journal of Money, Credit, and Banking*, Vol.11, No.3, pp. 311-325.

▶ 被投資国のファンダメンタルズから通貨危機が発生するメカニズムを分析する。

Obstfeld, Maurice (1996) "Models of Currency Crises with Self-Fulfilling Features," *European Economic Review*, Vol.40, No.3/5, pp. 1037-1047.

▶ 金融資本間の戦略的行動や予想から通貨投機が発生するメカニズムを分析する。

第IV部◆

国 際 地 域 紛 争

第10章　国内紛争への国際介入
第11章　核不拡散体制の安定条件
第12章　米朝核交渉のロード・マップ

第10章

国内紛争への国際介入

―― 本章で何を学ぶか ――
　国際社会は，第2次世界大戦後，組織化された暴力を分権的領域秩序によって抑制しようとしてきた。各国は，この分権的領域秩序のもとで2つの原則を互いに承認してきた。1つは**国家主権**の原則であり，国境の内側では暴力を正当に行使しうる唯一の主体として国家を認めた。もう1つは**内政不干渉**の原則であり，国境を越えて暴力を行使することを基本的に禁止した。冷戦後の内戦と国際介入はこの秩序原則に新たな課題を提起した。
　本章では，国内紛争への国際社会の介入に関して3つの問題について検討する。第1に，国内の政治対立はなぜ武力紛争へとエスカレートするのだろうか。第2に，国内の武力紛争を回避するためには，どのような制度的条件が必要だろうか。第3に，分権的領域秩序を維持するような，国内紛争への国際社会の介入とはどのようなものだろうか。
　本章は次のように構成される。第1節では，国内紛争と国際介入に関する分析枠組みを構成する。第2節では，国内紛争の原因，国内紛争を回避するための少数派の拒否権，国内紛争への国際社会の介入について検討する。第3節では，冷戦終結後の国内紛争の実証分析に対するモデルの含意について示す。

10.1 国内紛争の分析枠組み

　冷戦の終結は，社会主義連邦の解体や発展途上国への援助政策の変更などによって，境界の内側における勢力分布の変化を引き起こした。このような勢力

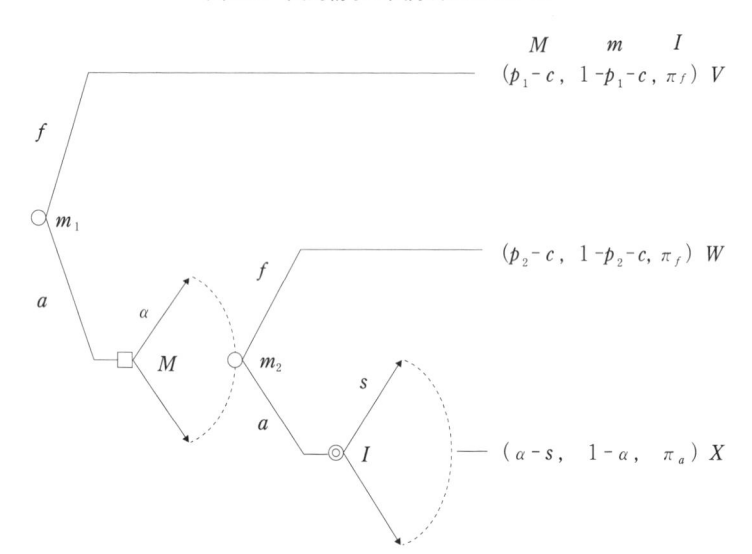

図10.1　国内紛争と国際介入のモデル

$$
\begin{array}{ccc}
M & m & I \\
(p_1-c, & 1-p_1-c, & \pi_f) \ V
\end{array}
$$

$$(p_2-c, \ 1-p_2-c, \ \pi_f) \ W$$

$$(\alpha-s, \ 1-\alpha, \ \pi_a) \ X$$

　分布の変化によって，政治対立が武力紛争へとエスカレートするメカニズムを検討し，さらに国内紛争の原因になるコミットメント問題を国際社会の介入によって解決する簡単なモデルを構成しよう。このモデルは第2章の政治交渉ゲームを拡張したものであり，完備情報下の交渉ゲームである（図10.1を参照）。

　1) **アクター**：このゲームには主要なアクターが3人いる。1人は多数派（M），2人めは少数派（m），3人めは国際社会（I）である。多数派と少数派は，政治権限の配分をめぐって対立している。多数派も少数派も政治権限を拡大することを目的としている。国際社会の目的は，国内紛争を回避することであり，どちらかを一方的に支援することではない。

　2) **行動空間**：多数派と少数派および国際社会の選択肢をそれぞれつぎのように想定しよう。多数派の行動は，少数派の政治権限拡大の要求に対して，どのような和平案 α を提示するかである。ここで，和平案 $\alpha \in [0, 1]$ は，大きさ1の政治権限を多数派に配分する比率を表す。その提案次第では，少数派が軍事行動を起こしたり，国際社会が多数派にペナルティを科したりする可能性がある。

　少数派には2回意思決定の機会がある。最初の少数派の行動は，多数派の和

平協議を受け入れる（a: acquiescence）か，それを拒否して予防戦争に訴える（f: fight）かである。2回目の行動は，多数派の和平案 α を受け入れる（a）か，あるいはそれを拒否して軍事行動に訴える（f）かである。

　国際社会の行動は，多数派と少数派の和平交渉の際に，多数派の和平案にどのようなコンディショナリティ α^0 をつけ，それが満たされなければどのようなペナルティ s を科すかである。国際社会のペナルティには，経済制裁から軍事制裁まで多様な形態がある。

　3）**国内状態**：多数派と少数派および国際社会の意思決定によって，3つの国内状態が生じる。第1は，少数派が多数派の和平協議を受け入れず，予防的に武力行使に訴える場合（V：**予防戦争**）である。第2は，少数派が多数派の和平協議を受け入れるが，多数派の和平案を拒否し，内戦が発生する場合（W：**軍事対立**）である。第3は，多数派の和平案に対して，少数派がそれを受け入れ，国際社会が介入する場合（X：**国際介入**）である。国際社会は，多数派の和平案がコンディショナリティを満たす場合（X_0）にはペナルティを科さないが，それを満たさない場合（X_1）には多数派にペナルティを科す。

　少数派が受け入れ可能でかつ国際社会のコンディショナリティを満たすような和平案を多数派が提案すれば，国内紛争は回避される。しかし，少数派が和平協議や和平案を拒否する場合には，内戦が発生する。また，多数派の和平案がコンディショナリティを満たさない場合には，国際社会がペナルティを科すことになる。

　4）**多数派の利得**：内戦が発生する場合に，多数派が1回目の紛争で勝つ確率を p_1，2回目の紛争で勝つ確率を p_2，多数派が紛争に勝利した場合のその利得を1，少数派が紛争に勝利した場合の多数派の利得を0，紛争に伴う多数派のコストを c としよう。多数派が紛争で勝利する確率 p_i（$i=1,2$）は，予防戦争の場合（V）よりは軍事対立の場合（W）の方が大きいとする（$p_1 < p_2$）。これは例えば，時間の経過とともに多数派が十分な軍事力を整備することができ，その結果，多数派が勝利する確率が大きくなるからであるとしよう。

　このとき，多数派の期待利得は，予防戦争の場合（V）には $p_1 - c$ となり，軍事対立の場合（W）には $p_2 - c$ となる。少数派が和平案 α を容認する場合（X）には，多数派の利得は $\alpha - s$ となる。ここで，$s \geq 0$ である。

5）**少数派の利得**：内戦が発生する場合に，少数派が1回目に勝つ確率は $1-p_1$，2回目に勝つ確率は $1-p_2$ である。紛争に勝利した場合の少数派の利得は1であり，紛争に伴う少数派のコストは c とする。このとき，少数派の期待利得は，予防戦争の場合（V）には $1-p_1-c$ となり，軍事対立の場合（W）には $1-p_2-c$ となる。多数派の和平案 α に合意する場合（X）には，少数派の利得は $1-\alpha$ である。

6）**国際社会の利得**：国内紛争が発生する場合（V, W）の国際社会の利得を π_f，和平案が実施される場合（X）の利得を π_a とする。和平合意における国際社会の利得 π_a は，多数派が実施する和平案の内容によって異なる。多数派の和平案がコンディショナリティ α^0 を満たせば，ペナルティを科す必要はなく，このときの利得を π_{a0} とする。多数派がコンディショナリティ α^0 を満たさなければ，ペナルティを科すことになり，このときの利得を π_{a1} とする。ペナルティを科すためには国際社会はコストを負担しなければならないので，$\pi_{a0} > \pi_{a1}$ とする。

7）**ゲームの展開**：ゲームは以下のように行われる。最初に，少数派が，多数派の和平協議を受け入れるか，それを拒否して予防戦争に出るかを選択する。第2に，少数派が和平協議を受け入れた後，多数派は和平案を提示する。第3に，多数派の和平案に対して，少数派はそれを受け入れるか，それともそれを拒否し軍事対決するかを選択する。第4に，多数派と少数派が和平案に合意すれば，国際社会は，多数派の和平案とコンディショナリティをもとに多数派に科すペナルティを決定する。

10.2　国内紛争と国際介入の分析

10.2.1　国内紛争の原因：コミットメント問題

　国際社会が介入しない場合に，国内の政治対立が武力紛争にエスカレートする過程をコミットメント問題として検討しよう。コミットメント問題がある場合には，多数派は，最初に少数派が受け入れるような和平案を提示したとしても，その後の段階でそれを履行するという保証はない。多数派が当初の和平案にコミットしないと，少数派が予想するとき，少数派は武力行使に出る。

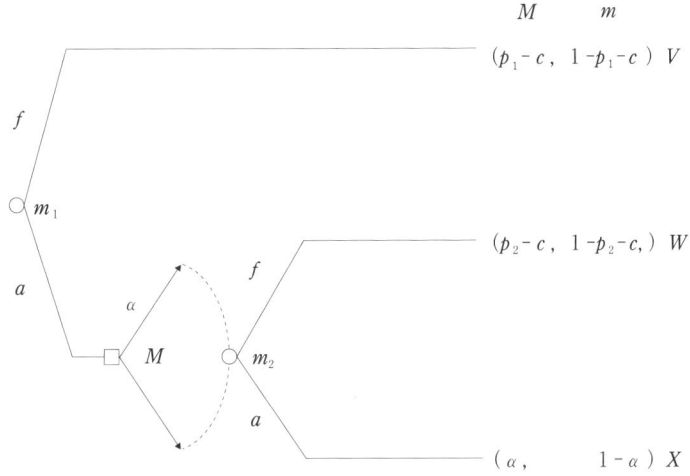

第10章 国内紛争への国際介入　　　159

図10.2　国際介入のない修正モデル

$$
\begin{array}{c}
M \quad\quad m \\
(p_1-c,\ 1-p_1-c)\ V \\
(p_2-c,\ 1-p_2-c,)\ W \\
(\alpha,\quad\quad 1-\alpha)\ X
\end{array}
$$

注）国内状態Xにおいて，少数派に拒否権がある場合には，多数派の利得は$\alpha-\nu$

1）国際介入のない修正モデル：国際社会が介入しない場合，モデルは図10.2のように修正される。このゲームの均衡は，アクターの最適な戦略からなる戦略の組であり，部分ゲーム完全均衡とする。図10.2の情報集合において，各アクターの行動を規定するのがその戦略である。

和平協議の受け入れと予防戦争の利得が等しい場合には，少数派は和平協議を受け入れるとしよう。このとき，もし多数派がつぎのような和平案α^{**}を和平協議で提示すれば，少数派は和平協議を受け入れるだろう（ただし，$1-p_1-c>0$）。

$$\alpha^{**}=p_1+c$$

少数派は，最後の手番（情報集合m_2）において和平案の受け入れと軍事行動のどちらを選択するだろうか。少数派は，和平案を受け入れれば$1-\alpha$の利得を得るが，軍事行動をとれば$1-p_2-c$の期待利得を得る。和平案の受け入れと軍事行動の利得が等しい場合には，和平案を受け入れるとしよう。このとき，少数派の選択は，

$$(10\text{-}1) \quad \begin{cases} a, & 1-\alpha \geq 1-p_2-c \text{ のとき} \\ f, & 1-\alpha < 1-p_2-c \text{ のとき} \end{cases}$$

となる。少数派の選択は，多数派が提示する和平案 α の値に依存する。

多数派は，このような少数派の行動を予想しながら，2番目の手番で和平案 α を提示する。このとき，多数派は和平案を提示する場合に，α を大きく設定するほど，その利得 α を大きくすることが出来る。しかし，α を大きくし過ぎると，少数派が軍事行動に出る。軍事対立の利得が和平合意の利得を下回るとすれば，多数派は，少数派が和平案を受け入れる範囲で，出来るだけ大きな α を設定するだろう。このような多数派の和平案 α^* は，以下のようになる。

$$\alpha^* = \begin{cases} p_2+c, & 1-p_2-c \leq 0 \text{ のとき} \\ 1, & 1-p_2-c < 0 \text{ のとき} \end{cases}$$

このとき，多数派の利得は，少数派が軍事行動を起こした場合には p_2-c であり，和平合意の場合には α^* である。したがって，多数派は少数派が和平案に合意することを望む。

少数派は，このような多数派の和平案 α^* を予想しながら，1回目の手番で最適な選択を行う。少数派の利得は，予防戦争に出た場合には $1-p_1-c$ であるが，多数派の和平協議を受け入れた場合には $1-\alpha^* = 1-p_2-c$ である。時間の経過とともに多数派が有利になるという $p_1 < p_2$ の仮定から，少数派は1回目の手番で予防戦争に出ることになる。こうして，内戦が勃発する。

2）コミットメント問題：国際社会が介入しない場合には，たとえ多数派が最初に和平協議の呼びかけにおいて和平案 α^{**} を提示したとしても，その後の段階で多数派にとって最適な和平案は α^* であり（$\alpha^{**} < \alpha^*$），多数派は α^* を実施する誘因をもっている。このとき，少数派は多数派の最初の和平案 α^{**} を信頼せず，最初の手番で予防戦争に出ることになる。国内紛争が発生する原因は，多数派が最初の和平案 α^{**} にコミットしないと，少数派が予想する点にある。

内戦の回避は，多数派と少数派の両者にとって共通の利益である。予防戦争の場合と内戦回避（和平合意）の場合の両者の利得を比較すると，内戦を回避

すれば，多数派は少数派の利得を減少させることなく，その利得を p_1-c から $\alpha^{**}=p_1+c$ へと増大させることができる。両者にとって共通の利益があるにもかかわらず，多数派の最初の提案に信頼性がないために，内戦が勃発することになる。

10.2.2　国内紛争の回避

コミットメント問題が存在する場合には，多数派は，その要求の増大（α^{**} から α^* へ）を自制できない。たとえ多数派がその要求を自制すると約束しても，その約束に信頼性がない。このような状況で，少数派による武力行使を回避するには，多数派による要求の増大を抑制するようなメカニズムをデザインする必要がある。そのようなメカニズムの1つは，多数派の要求の増大を拒否する権限を少数派に与えるようなものである。

1）**少数派の拒否権**：少数派は，3回目の手番（情報集合 m_2）において多数派の和平案を受諾する場合に，その提案を無条件に受け入れるのではなく，ある水準以上の要求に対して拒否権を行使することができるとしよう。

多数派が和平案 α^{**} を提示し，その提案に信頼性があれば，少数派には予防的に武力行使に訴える誘因はない。ということは，多数派が最初の和平案 α^{**} 以上にその要求 α を増大すれば，それに対して多数派にペナルティを科すような制度を設計すれば，コミットメント問題は解決される。そのような制度は以下のように表すことができる。

$$v = \begin{cases} 0, & \alpha \leq \alpha^{**} \text{のとき} \\ \alpha - \alpha^{**}, & \alpha > \alpha^{**} \text{のとき} \end{cases}$$

ここで v は，多数派に対する**ペナルティ**である。このような制度のもとで，多数派の利得は，その提案 α に応じて $\alpha - v(\alpha)$ となり，少数派の利得は $1-\alpha$ となる。

2）**拒否権の効果**：図10.3は，少数派の拒否権が多数派の利得に及ぼす効果を表す。図10.3の縦軸は多数派の利得 $\alpha - v(\alpha)$，横軸は多数派の和平案 α を表す。太い実線は多数派の利得，太い点線は多数派に対するペナルティを表す。多数派がその要求を α^{**} から α^* へと引き上げれば，多数派に $v(\alpha^*) = \alpha^* -$

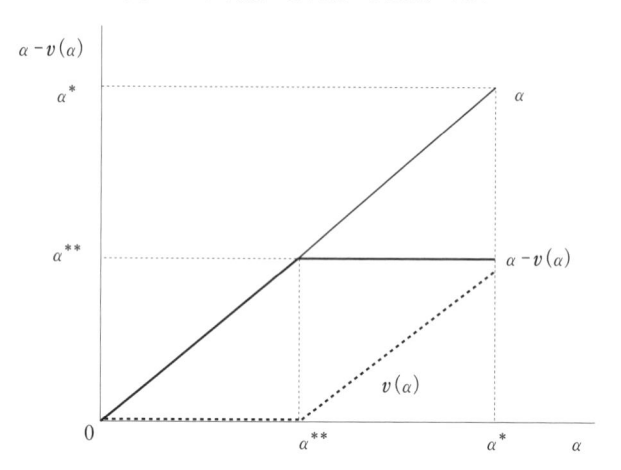

図10.3 少数派の拒否権と多数派の利得

α^{**}のペナルティが科される。このとき，多数派は，$\alpha^* - v(\alpha^*) = \alpha^{**}$の利得を得るので，敢えて$\alpha^{**}$を越える提案をする誘因を持たない。少数派の利得は，このとき$1-\alpha^{**}$である。

少数派に拒否権がある場合，$(\alpha^{**}, (a,a))$は均衡プレイとなる。少数派に2回目の手番が回ってくるとき，和平案に対する少数派の最適反応戦略は，国際介入がない場合と同じである（(10-1)式を参照）。このような少数派の行動を予想し，かつ拒否権の存在を考慮した上で，多数派は，利得を最大化する和平案α^{**}を提示する。このとき，少数派は1回目の手番において武力行使に訴える誘因をもたず，内戦は回避される。

少数派に拒否権を与える制度は，多数派の最初の和平案α^{**}に信頼性を与え，コミットメント問題を解決するものである。このような制度は，多数派の利益に反するどころか，紛争回避によってその利益となる。というのは，多数派の紛争回避の利得$\alpha^{**} = p_1 + c$は紛争の利得$p_1 - c$よりも大きいからである。したがって，多数派はこのような拒否権を少数派に与える制度の構築に同意するだろう。

10.2.3 国際社会の介入条件

多数派と少数派の和平交渉に国際社会が介入する場合に，和平合意が実現し，

国内紛争が回避される条件について検討しよう。国際社会の介入は，少数派に拒否権を与える制度と同じ機能を果たすものである。

1）**国際社会の介入**：国際社会は，多数派の和平案の実施に以下のようなコンディショナリティ α^0 とペナルティ s をつけるとしよう。これらはコミットメント問題を解決し，多数派の和平案に信頼性を与えるものである。

（10-2） $\alpha^0 = \alpha^{**}$

（10-3） $s = \begin{cases} 0, & \alpha \leq \alpha^0 \text{のとき} \\ \alpha - \alpha^0, & \alpha > \alpha^0 \text{のとき} \end{cases}$

国際社会は，少数派が最初の手番で予防戦争に出ないような和平案 α^{**} を**コンディショナリティ α^0 として多数派に課す**。このコンディショナリティ α^0 が α^{**} より大きいと，少数派の予防戦争を回避することは出来ない。国際社会は，多数派の和平案 α がコンディショナリティ α^0 を満たす限りは（$\alpha \leq \alpha^0$），多数派にペナルティを科さない（$s=0$）。しかし，この条件を満たさない場合には（$\alpha > \alpha^0$），多数派にペナルティを科すことになる（$s>0$）。ペナルティ s の大きさは，多数派の提案する α の値に依存して決定される。

このような国際社会の介入に対して，多数派はどのような和平案 α を提示するだろうか。多数派は，コンディショナリティを満たせば α の利得を得るが，それを満たさなければ $\alpha^* - s$ の利得を得る。多数派はコンディショナリティを考慮しなければ，少数派との軍事対立を回避する条件 α^* を提示するだろう。2つの状態の利得が等しいときには，コンディショナリティを受け入れるとしよう。このとき，多数派がコンディショナリティ α^0 を受け入れる条件は，$s \geq -\alpha + \alpha^*$ である。また，小数派が最初の手番で和平案を受け入れる条件は $\alpha \leq \alpha^{**}$ である。多数派がこれらの条件を満たすような和平案 α を提示すれば，国内紛争は回避され，国際社会のペナルティもない。

図10.4の横軸は多数派の和平案 α，縦軸は国際社会のペナルティ s を表す。国内紛争を回避するようなコンディショナリティとペナルティ（α^0, s^0）は点 A で表される。

（$\alpha^0, (a, a), 0$）は，国内紛争を回避するような戦略の組である。多数派は，少数派が和平案を受け入れ，国際社会が課すコンディショナリティを満たすよ

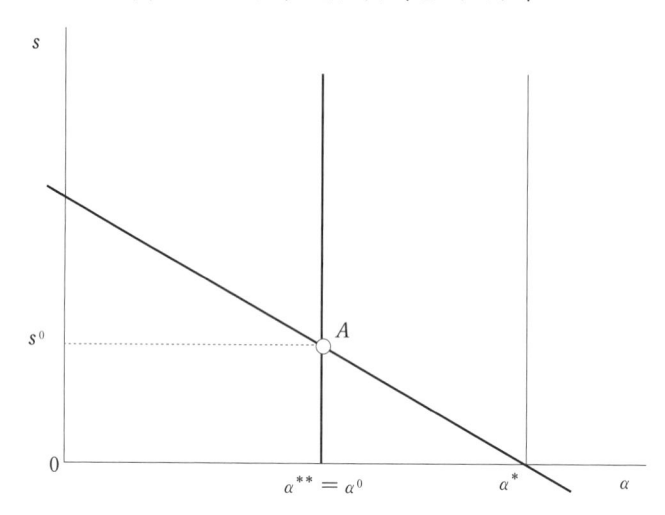

図10.4 コンディショナリティとペナルティ

うな $\alpha=\alpha^0=\alpha^{**}$ を提案する。このような和平案に対して，少数派は，予防戦争や軍事対立の誘因を持たない（a,a）。また国際社会は何らペナルティを科さない（$s^0=0$）。多数派がコンディショナリティを満たしている限り，国際社会はペナルティを科すことによるコストを負担する必要はない。

2）**コンディショナリティとペナルティ**：国際社会が多数派に課すコンディショナリティ α^0 とペナルティ s^0 は，以下のように初期条件（パラメータ）によって異なる。

$$\begin{cases} s^0=\alpha^*-\alpha^{**}=p_2-p_1 \\ \alpha^0=p_1+c \end{cases}$$

表10.1は，パラメータの変化がコンディショナリティ α^0 とペナルティ s^0 に及ぼす影響を表したものである。

多数派が1回目の紛争で勝つ確率 p_1 が大きい場合には，コンディショナリティ α^0 の値は大きく，多数派に対するペナルティ s^0 は小さくなる。ただし，p_1 が十分に大きい場合（$1-p_1-c<0$ のとき）には，少数派が予防戦争に出る誘因を失い，コミットメント問題自体が存在しなくなる。

多数派が2回目の紛争で勝つ確率 p_2 が大きい場合には，コンディショナリ

表10.1 パラメータ変化の効果

	p_1	p_2	c
s^0	$-$	$+$	0
α^0	$+$	0	$+$

ティ α^0 の値は変わらない。しかし，多数派に対するペナルティ s^0 は大きくなる。コンディショナリティ α^0 は，1回目の紛争時の勢力分布 p_1 に影響を受けるが，2回目の紛争時の勢力分布 p_2 には影響を受けない。ペナルティ s^0 は $p_2 - p_1$ の大きさによって影響を受ける。

紛争のコスト c が大きい場合には，コンディショナリティ α^0 の値は大きくなるが，多数派に対するペナルティ s^0 は変化しない。

10.3 国内紛争の実証分析に向けて

冷戦終結後の内戦の実証分析に対して，本章の分析モデルはどのような含意を持っているのだろうか。1）社会主義連邦の解体と援助政策の変更，2）和平合意の失敗，3）国際社会の介入の信頼性という3点について検討しよう。

10.3.1 社会主義連邦の解体と援助政策の変更

冷戦終結後の内戦の原因として，社会主義連邦の解体と，冷戦戦略の一環として実施された発展途上国への援助政策の変化を指摘することができる。冷戦終結後の内戦は，旧社会主義諸国やアジア・アフリカの発展途上国に集中した。この地域的特殊性は，政治対立が武力紛争へとエスカレートする条件としての境界内の勢力分布の急激な変化と関係している。本章のモデルでは，冷戦下の $p_1 = p_2$ から冷戦後の $p_1 < p_2$ への変化で表される。

1）**社会主義連邦の解体**：社会主義連邦の解体に伴い，連邦の構成単位（例えば共和国）が独立を達成する過程において，独立後に少数派となる集団が将来の政治的不安（政治権限の縮小）から武力紛争にエスカレートした場合がある（p_2 の上昇の結果，$p_1 < p_2$）。

図10.5の点 A は社会主義連邦解体前の現状＝紛争回避状態（$\alpha^0, s^0 = 0$）を

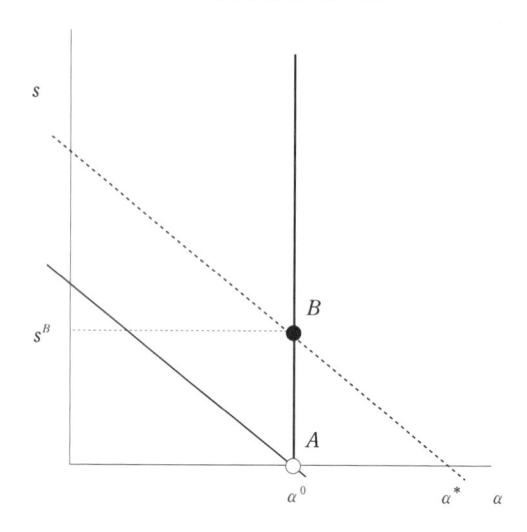

図10.5 社会主義連邦の解体

表し，点 B は社会主義連邦解体後の紛争回避条件（$\alpha^0, s^0 = s^B$）を表す。社会主義連邦の解体によって，各共和国の多数派が権力基盤の強化によってその要求を α^0 から α^* へ増大させると，少数派は予想した（コミットメント問題）。このとき，国際社会が解体以前と同様に介入しなければ（$s^0 = 0$），内戦回避のためには多数派に対するペナルティは過少になる。こうして少数派は，多数派がその要求を増大する前に予防戦争に出ることになる。

このような紛争は，ユーゴ連邦のクロアチア，ボスニア，コソヴォや，ソ連邦のアゼルバイジャン（ナゴルノ・カラバフ紛争）で観察された。クロアチア領内のセルビア人のように，域外から同一民族による支援が期待できる場合には，これらの少数派が予防戦争で勝つ主観的確率を高め（p_1 の低下），コミットメント問題から国内紛争を引き起こす可能性を高める。

2）**援助政策の変更**：冷戦戦略として展開された発展途上国への援助政策が，冷戦終結を機に大きく転換し，その結果，国内の勢力分布が変わり，武力紛争が発生した場合がある。援助政策の転換は，援助額の削減という量的な変化だけではなく，民主化のような政治的コンディショナリティによって質的な変化をもたらした。このような援助政策の転換によって，政府勢力と反政府勢力の勢力分布に大きな変化が現れた（p_1 と p_2 の低下，ただし p_1 が十分に大きく低下し

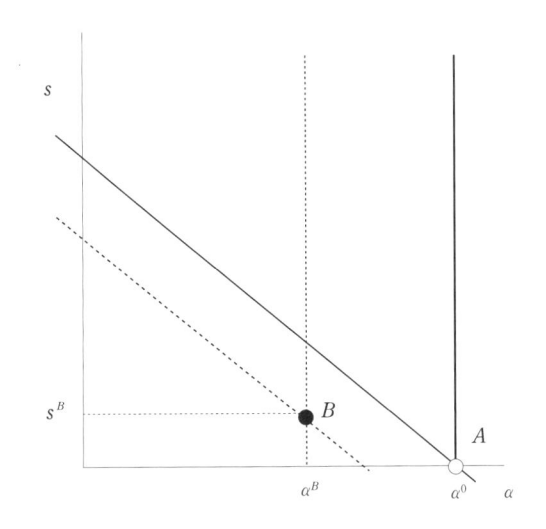

図10.6 援助政策の変更

た結果，$p_1 < p_2$）。

　図10.6の点 A は援助政策変更前の現状＝紛争回避状態（$\alpha^0, s^0 = 0$）を表し，点 B は援助政策変更後の紛争回避条件（$\alpha^B, s^0 = s^B$）を表す。援助政策の変更によって勢力が後退したにもかかわらず，多数派がその要求を α^0 から十分に引き下げないために，少数派は予防戦争に出ることになる。このとき，国際社会が十分に介入しなければ（$s < s^B$），武力紛争を回避することはできない。このような紛争の例にスーダンやソマリアがある。

10.3.2　和平合意の失敗

　国際社会の介入は必ずしも紛争を回避する和平合意を導けない場合がある。現実の紛争では，戦場における紛争当事者が和平交渉の場における交渉当事者になるとは限らない。このとき，コミットメント問題を解決できないような和平合意が行われる可能性がある。本章のモデルでは，コンディショナリティ α^0 とペナルティ s^0 を満たさないような和平合意が行われる場合である。

　図10.7の点 A は紛争回避に必要な和平合意の条件（α^0, s^0）を表し，点 B は紛争を回避することができない和平合意（α^B, s^B）を表す。点 B のような和平合意では，国際社会の介入が十分ではない（$s^B < s^0$）。その結果，和平合

168　第IV部　国際地域紛争

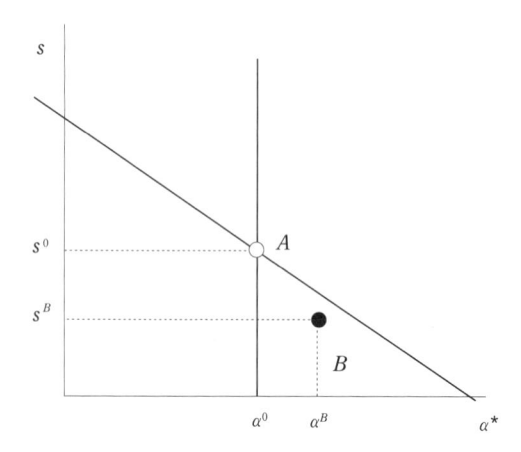

図10.7　和平合意の失敗

意が行われても，多数派は過大な要求（$\alpha^* > \alpha^0$）を行うことになる。少数派はそれを予想して，和平合意後に予防戦争に出る。こうして，和平合意は失敗する。

　国際社会が和平交渉に関与する場合，有力な勢力が排除されたり，紛争の当事者以外の勢力が参加したりする場合がある。正統政府が存続する場合には，和平交渉の場にどの勢力の参加を認めるかという点について，当該政府が事実上の拒否権を持つことがある。その結果，ルワンダ内戦の際のアルーシャ協定（1993年8月）のように，有力な紛争勢力を交渉の席から排除することによって，一部の紛争勢力が遵守できないような和平合意が形成されることがある。

　また，ソマリア内戦のような**破綻国家**における和平交渉の場合には，紛争の主たる当事者以外の勢力が交渉の席に着くことがある。というのは，事後の和平交渉が事前の武力行使を正当化するものになる場合があり，紛争当事者間の交渉によって問題を解決するには限界がある場合があるからである。このような場合にも，交渉結果が戦場の勢力関係を反映せずに，一部の紛争勢力が遵守できないような和平合意が形成される可能性がある。

10.3.3　国際社会の介入の信頼性

　国際社会は紛争回避の条件（α^0, s^0）をもとに国内紛争につねに介入すると

は限らない。本章のモデルでは，$\pi_{a1} > \pi_f$ を仮定しているが，実際には $\pi_{a1} < \pi_f$ の可能性もある。このとき，国際社会は国内紛争に介入しない。このような場合には，コミットメント問題の解決は困難になり，紛争を回避することができない。国際社会の介入の信頼性についてはつぎの点に注意する必要がある。

第1に，国際社会による介入の信頼性は，国際社会にとって当該地域の平和を維持することの便益とその介入のコストに依存する。したがって，平和維持の便益が小さく，介入のコスト大きければそれだけ，国際社会の介入の信頼性は低下する。

第2に，国際社会の介入の信頼性については，**フリーライダー**という点からの検討も必要になる。当該地域の平和は公共財の性格をもつ場合がある。このとき，介入のコストを国家間の合意に基づいて分担する場合，他国の自発的負担にただ乗りしようとする誘因が各国に生まれる。このようなフリーライダー問題が深刻であればそれだけ，国際社会の介入の信頼性は低下するだろう。

練習問題 *Questions*

問題10.1 国際社会の介入のない修正モデルにおいて，国内紛争の発生とコミットメント問題について説明しなさい。

問題10.2 国際社会の介入のない修正モデルにおいて，コミットメント問題回避のための少数派の拒否権について説明しなさい。

問題10.3 内戦を回避するための国際社会の介入について説明しなさい。

（解答は巻末にあります）

文 献 案 内
Guide to Further Reading

ナイ（2005）『国際紛争―理論と歴史―（原書第5版）』有斐閣。
　▶民主党政権下で安全保障問題を担当した米国の代表的国際政治学者のテキスト。

Fearon, James (1998) "Commitment Problems and the Spread of Ethnic Conflict," in Lake, David and Donald Rothchild, eds., *The International Spread of Ethnic Conflict: Fear, Diffusion, and Escalation,* Princeton: Princeton University Press.
　▶国内紛争の原因としてコミットメント問題の重要性を理論的に提起している。

Walter, Barbara (2002) *Committing to Peace: The Successful Settlement of Civil Wars,* Princeton: Princeton University Press.
　▶内戦におけるコミットメント問題を計量的手法で実証的に検討しようとしている。

Weingast, Barry (1998) "Constructing Trust: The Political and Economic Roots of Ethnic and Regional Conflicts," in Soltan, Karol et al. eds., *Institutions and Social Order,* Ann Arbor: The University of Michigan Press.
　▶コミットメント問題の解決において，制度や拒否権の重要性を指摘している。

第11章

核不拡散体制の安定条件

本章で何を学ぶか

　1998年5月にインドとパキスタンが相次いで核実験を実施し，2006年10月には北朝鮮が核実験を実施した。これら諸国の核保有宣言によって，米ロ中英仏の5大国に核保有を限定した**核不拡散体制**（*Nuclear Non-Proliferation Treaty*）は重大な危機を迎えることになった。印パの核実験に対して，米国は制裁によって対応しようとしたが，国連安保理では核実験の非難決議以上のものを出すことができなかった。北朝鮮に対しては，国連安保理は国連憲章第7章に基づく制裁を定めた決議を採択した。

　本章では，核不拡散体制の分析枠組みを構成し，この体制が安定する条件について検討する。特に次の点について検討する。核開発に対する核保有国の制裁能力が低下しても，核不拡散の信頼性が十分に確立している場合には，核不拡散体制を安定させることができる。ただし，現行のNPT体制では，そのような条件を満たすことができないかもしれない。そのような場合には，核不拡散の新しい国際レジームの検討が必要になる。

　本章は次のように構成される。第1節では，冷戦後の核拡散と核不拡散体制の形成について要約する。第2節では，第2章の核不拡散ゲームを拡張し，核不拡散の簡単な不完備情報ゲームを構成する。第3節では，核不拡散体制の基本命題について明らかにし，最後に，核不拡散の処方箋について検討する。

11.1 冷戦後の核不拡散問題

　冷戦後，米ロ間の核軍縮交渉は前進したが，地域紛争やテロリズムに関連して核拡散の危険性が高まっている。このような状況下でNPT体制の信頼性が揺らいでいる。

11.1.1 米ソ／ロの核軍縮

　冷戦期の主要な核問題は米ソ両大国の核軍拡と核軍縮交渉であった。1945年7月に米国が最初の核実験を実施し，その後1949年8月にソ連がそれに続き，冷戦下で両国は核軍拡競争を行った。1954年に公表された米国の**大量報復戦略**に対して，ソ連はそれに対抗する核戦力を確保しようとした。このような核軍拡競争の転換点になったのは1962年10月の**キューバ危機**である。キューバ危機によって核軍拡競争の危険性が一気に認識された。

　キューバ危機を契機に，核軍縮交渉が開始された。1960年代後半に，米ソ両国は，核兵器の戦略的安定性を維持する**戦略兵器制限交渉**SALTを開始し，1972年5月に戦略攻撃兵器制限暫定協定SALT Ⅰに署名した。1982年に**戦略兵器削減交渉**STARTを開始し，1987年12月には中距離核戦力INF条約を締結した。

　1990年代に入ると，米ソ／ロ間の戦略兵器削減交渉はさらに進展した。1991年7月にSTART Ⅰ条約を締結し（1994年12月に発効），戦略核兵器の弾頭を6,000に削減することに合意した。1993年1月に署名されたSTART Ⅱ条約では，両国はさらに核弾頭を3,000-3,500に，1997年3月のSTART Ⅲ条約では2,000-2,500に削減することに合意した。

11.1.2 冷戦後の核拡散

　冷戦後は，米ロを中心とする世界的な核戦争の危険性は低下したが，中近東，南アジア，朝鮮半島などの地域紛争やテロでの核兵器使用の可能性が高まっている。イラク戦争後は，「核兵器さえ持てば米国は攻撃しない」と，北朝鮮や反米組織の核開発を促進している。

第11章 核不拡散体制の安定条件

表11.1 核拡散問題

1970. 3	NPT の発効（5年毎に再検討会議を開催）
1985.12	北朝鮮が NPT 加盟
1993. 3	北朝鮮が NPT 脱退宣言（第1次北朝鮮核危機）
1998. 5	インド・パキスタンが核実験
2001. 9	9.11米国同時テロ
2003. 1	北朝鮮が NPT 脱退宣言（第2次北朝鮮核危機）
2003. 3	イラク戦争
2003. 6	イランで IAEA が高濃縮ウランを検出
2003. 8	第1回6カ国協議
2003. 9	リビアが核廃棄に合意
2004. 2	核の闇市場（カーン・ネットワーク）の発覚
2004.11	イランがウラン濃縮活動の停止を英仏独と合意
2005. 2	北朝鮮が核兵器保有宣言
2005. 8	イランがウラン濃縮活動の再開
2006.10	北朝鮮が核実験

　核兵器開発の懸念がもたれてきたのは，NPT 署名国のイラク，イラン，リビア，北朝鮮，エジプトと，NPT 未署名国のインド，パキスタン，イスラエルである。これら諸国の核開発には核の闇市場，特にパキスタンのカーン博士のネットワークが関係してきた。

　1）NPT 加盟国：イラクは，湾岸戦争（1991年）後，**国際原子力機関 IAEA** による核査察で核兵器の開発が明らかになった。湾岸戦争前の査察では核開発の疑惑がないと言われていたため，IAEA の保障措置の実効性に疑問がもたれた。2003年3月，米英は，イラクが大量破壊兵器を開発しているという疑惑のもとでイラク戦争を開始した。

　イランは，IAEA に未申告のまま大規模な核施設を建設し，2003年6月の IAEA の査察で高濃縮ウランが検出された。2004年11月，イランは，エネルギー・経済協力と引き替えに，ウラン濃縮活動を停止することを英仏独と約束した。しかしその後，欧州との経済協力の内容で折り合いがつかず，2005年8月にウラン濃縮活動を再開した。

　リビアは，1980-90年代にウラン濃縮計画を推進したが，2003年9月に核廃棄に合意し，IAEA の査察を受けた。大量破壊兵器の開発計画も認めた。リビアの核開発には，カーン・ネットワークや南アフリカの技術者が関与していた。エジプトは，IAEA に未申告のままウラン生成実験を実施していた。

北朝鮮は，1992年に実施されたIAEAの査察の結果，核開発疑惑がもたれた。1993年3月にNPT脱退を宣言し，第1次北朝鮮核危機が起きた。その後，米朝枠組み合意が行われたが，2002年10月に再び核開発疑惑が起きた。2003年1月にNPT脱退を宣言し，第2次北朝鮮核危機が発生した。2005年2月に核保有宣言をし，2006年10月に核実験をした。

　2）NPT未加盟国：インドは，独立以来，中国やパキスタンと領土問題を巡って対立してきた。1964年の中国の核実験がインドに核開発の誘因を与えた。第3次印パ戦争直後の1972年1月にパキスタンが核開発に着手し，それを受けてインドは1974年5月に核実験を行った。1998年3月に核開発を綱領に掲げるインド人民党が連立政権を樹立し，その直後の同年5月に核実験に踏み切った。

　パキスタンは，インドの核に対抗するために核開発を推進してきた。パキスタンは，インドの大国主義に脅威を感じ，中国との友好関係を強めてきた。パキスタンの核兵器は，「イスラムの核」としてイスラム原理主義によるテロリズムに利用される危険性もある。2004年2月に，カーン博士による**核の闇市場**（カーン・ネットワーク）が明らかになり，核開発技術がパキスタンから闇のルートで流出している。

　イスラエルは，1950年代からフランスの技術協力を得て核開発計画をすすめ，すでに核兵器を配備していると言われているが，核兵器保有を肯定も否定もしない「あいまい政策」を採っている。イスラエルの核問題にはホロコーストの歴史が背景にある。ユダヤ民族の悲劇を繰り返さないために核武装をするというのがイスラエルの論理である。

　3）**核保有国**：米国では，2001年の9.11同時テロ以降，北朝鮮，イラク，イランを「悪の枢軸」（2002年1月）と非難し，新たな脅威への対応がブッシュ・ドクトリン（2002年9月）として重視された。実効性がある核抑止力を確保し，テロ組織や「ならず者国家」に対抗するために，地中貫通型小型核兵器の研究開発が検討されている。

　ロシアでは，冷戦後の軍縮によって失業した科学者のイランや北朝鮮への頭脳流出の危険性が浮上した。また1990年代には，管理が手薄になった高濃縮ウランやプルトリウムなどの核物質の盗難・密売による紛失事件が相次いだ。このようなロシアの状況に対して，2002年のG8でロシアの核物質の管理に対す

る多国間支援が決まった。

11.1.3 核不拡散体制の形成

核不拡散体制は核不拡散条約NPTとそれを補完する条約によって構成されている。

1）核不拡散条約：NPTは，1968年7月に米ソ中英仏の5大国以外の核保有を禁止することを目的に調印され，1970年3月に発効した。25年間の条約の有効期限が切れた1995年5月にNPT再検討会議が行われ，条約の無期限延長が決定された。国際社会の圧倒的多数の諸国（2006年12月現在189ヵ国）が参加しているが，インド，パキスタン，イスラエルは参加していない。インドは特に，核保有国と非核保有国の不平等を不参加の理由に挙げている。

NPT体制には以下のような原則や規範がある。第1に，核兵器の保有を5大国に限定し，それ以外の諸国の核保有を認めない。第2に，原子力を平和利用に限定し，NPT締約国の平和利用を促進する。第3に，核保有国は核軍縮を誠実に交渉する。NPTにはこのような原則や規範の実現のために必要な規則や意思決定手続きが規定されている。ただし，制裁のルールは，NPT体制では必ずしも明示的ではない。

2005年のNPT再検討会議には重要な議題があったが，十分な成果は上げられなかった。第1に，核不拡散問題：核開発疑惑を最終文書で非難されることにイランが反対した。第2に，原子力の平和利用：原子力利用が抑制されると，エジプトが核不拡散の強化に反対した。第3に，核軍縮問題：小型核開発の抑制やCTBTに米国が反対した。

2）核不拡散の補完体制：NPT条約は，IAEAの核査察・検証，核関連資機材の輸出管理，包括的核実験禁止条約CTBT，非核兵器地帯条約などによって補完されている。イラクの核開発が発覚した後，IAEAの保障措置が強化された。核兵器関連資材の輸出管理については，2004年6月，G8が，輸出管理，拡散防止構想PSI，濃縮ウラン・プルトリウム再処理の機材・技術の移転制限などに関する「大量破壊兵器不拡散行動計画」を発表した。

CTBTは，1996年9月に国連総会で採択されたが，核保有国を含む44ヵ国の批准が条約発効の条件になっている。非核兵器地帯条約は，特定の地域にお

ける核兵器の生産・取得・配備を禁止するものであり，この条約が実効性をもつためには核保有国の核不使用宣言が重要になる。濃縮ウランやプルトニウムのような兵器用核分裂物質の生産禁止（カットオフ）条約は，1998年8月に特別委員会が設置されたが，交渉は進展していない。

11.2 核不拡散体制の分析枠組み

核不拡散の簡単な不完備情報ゲームを構成しよう（図11.1を参照）。

1）**アクター**：核不拡散ゲームの主要なアクターは，核保有国（H）と非核保有国（N）である。核保有国とは米ロ中英仏の5大国であり，ここでは，この核保有5大国を1人のプレイヤーとして扱う。非核保有国はその他の諸国である。核保有国と非核保有国は，核保有の有無以外に，制裁能力と情報の非対称性によって区別される。

2）**行動空間**：核保有国と非核保有国の選択肢はそれぞれ2つとする。非核保有国の選択肢は，核開発を断念するか，核開発を実施するかである。核保有国の選択肢は，非核保有国が核開発する場合に，それを制裁するか，その核開発を黙認するかである。

3）**国際状態**：核保有国と非核保有国の意思決定の結果，3つの国際状態が生じる。1つは，非核保有国が核開発を断念し，核不拡散体制に協力する場合（V）であり，2つ目は，非核保有国が核開発し，核保有国がそれを黙認する場合（W）である。3つ目は，非核保有国が核開発し，核保有国がそれを制裁する場合（X）である。非核保有国が核開発を断念するか，その核開発を核保有国が有効に制裁できれば，核不拡散体制は安定する。しかし，非核保有国の核開発が黙認される場合には，核不拡散体制は不安定化する。

4）**非核保有国の利得**：非核保有国の利得は，核保有を断念すれば0，核兵器を保有すれば$b(>0)$とする。この利得bは，核保有の便益dから核開発のコストcを控除した純便益（$b=d-c$）であり，**サプライサイド・アプローチ**はこの核開発のコストcを重視する。非核保有国が核保有によって得る便益dには，周辺の敵対諸国に対する軍事的な安全保障や政治的な優位性の確保，国際社会における政治的威信の高揚などがあり，これらは**ディマンドサ**

第11章 核不拡散体制の安定条件

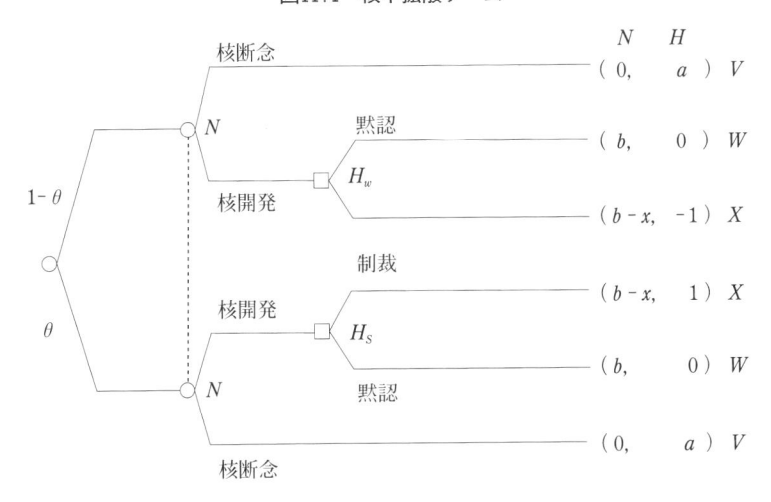

図11.1 核不拡散ゲーム

```
                          核断念
                        ─────────────────────────  ( 0,   a ) V
                   N ○
           1-θ    ┊   黙認
            ┌─────┤       ┌──────────  ( b,   0 ) W
            │     核開発  □ H_w
            │            └──────────  ( b-x, -1 ) X
          ○
            │            制裁
            │            ┌──────────  ( b-x,  1 ) X
            │     核開発 □ H_s
            θ  ┊          └──────────  ( b,   0 ) W
                   N ○   黙認
                        ─────────────────────────  ( 0,   a ) V
                          核断念
```

イド・アプローチによって重視されている。

核保有国が非核保有国を制裁すれば，非核保有国にペナルティ x が科せられるとする。核保有国の制裁の多くは現状では経済制裁であり，非核保有国に科されるペナルティは，経済援助の停止や貿易・直接投資の減少による経済的困難などである。ここで制裁が有効に機能するために $b<x$ とする。核保有国が制裁する場合，非核保有国の利得は $b-x<0$ となる。よって，非核保有国の選好順序は，W，V，X の順となる。

5）核保有国のタイプと利得：非核保有国が核開発する場合に，それを制裁する場合（X）と黙認する場合（W）のどちらが望ましいかは，核保有国のタイプに依存する。ここで，核保有国には2つのタイプがあるとする。1つは，制裁のルールにコミットできない**脆弱な核保有国**（H_w）である。もう1つは，制裁のルールにコミットできる**頑強な核保有国**（H_s）である。制裁のルールへのコミットにはコストがかかり，そのコストは核保有国のタイプに依存する。

脆弱な核保有国の場合には，非核保有国を制裁するコストが大きく，制裁する（X）よりも黙認する（W）方を選好するとする。頑強な核保有国の場合には，制裁のコストが小さく，黙認する（W）よりも制裁する（X）方を選好するとする。したがって，核保有国の選好順序は，脆弱な核保有国は V，W，X の順となり，頑強な核保有国は V，X，W の順になる。

核保有国は，非核保有国が核不拡散体制に協力すれば $a(>1)$，非核保有国の核開発を黙認すれば0の利得を得るとする。非核保有国を制裁する場合の利得は，核保有国のタイプによって異なる。脆弱な核保有国が制裁する場合の利得は，黙認するより小さい－1となるが，頑強な核保有国が制裁する場合の利得は，黙認するより大きい1とする。

　6）**情報構造**：核保有国と非核保有国には情報の非対称性がある。核保有国のタイプについて核保有国は私的情報を持っているが，非核保有国には不確実性がある。非核保有国は，初期に θ の主観的確率で核保有国を頑強なものと考えている。制裁能力に関する核保有国の信頼性はこの θ で表される。

　7）**ゲームの展開**：最初に，非核保有国は，核不拡散体制のもとで核開発を断念するか，核開発を実施するかを決定する。つぎに，核保有国は，非核保有国のこの意思決定を確認した後，非核保有国が核開発をした場合に，それを制裁するか黙認するかを決定する。

11.3　核不拡散体制の分析

11.3.1　対称情報と制裁能力

　1）**頑強な核保有国**：頑強な核保有国の場合，非核保有国が核開発を断念し，核不拡散体制は安定する。このような場合の核不拡散ゲームは図11.2のように表される。

　この核不拡散ゲームの均衡は部分ゲーム完全均衡とする。最初の手番で非核保有国の行動を規定するのが非核保有国の戦略であり，つぎの手番で核保有国の行動を規定するのが核保有国の戦略である。このゲームの均衡は（核断念，制裁）という戦略の組である。

　頑強な核保有国は，非核保有国が核開発する場合に，それを制裁すれば1，黙認すれば0の利得を得る。それ故，非核保有国が核開発をすれば，頑強な核保有国はそれを制裁する。非核保有国は，このような核保有国の行動を予想し，核開発によって $b-x<0$ の利得を得るよりも，核開発を断念して0の利得を得ることを選択する。

　2）**脆弱な核保有国**：脆弱な核保有国の場合，非核保有国が核開発し，核不

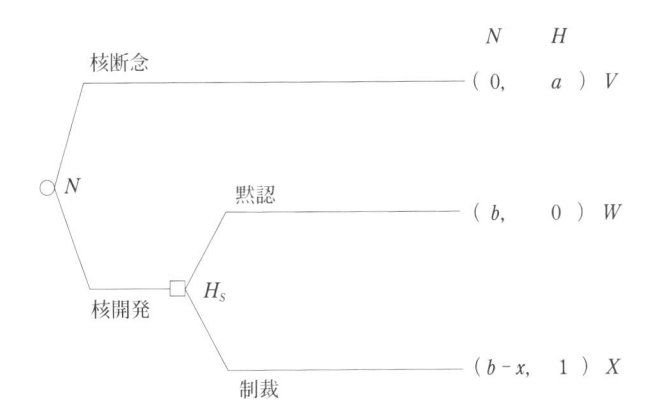

図11.2 頑強な核保有国の場合

```
                            N     H
         核断念
       ─────────────  ( 0,    a  ) V
      ╱
     ○ N
      ╲              黙認
       ╲        ┌──────────  ( b,    0  ) W
        ╲      ╱
         ─────□ $H_s$
         核開発 ╲
                ╲
                 ╲ 制裁
                  ──────────  ( b−x,  1  ) X
```

拡散体制は不安定化する。この場合の核不拡散ゲームは図11.3のように表される。

このゲームでは，脆弱な核保有国が非核保有国の核開発を制裁するという脅しには信頼性はない。非核保有国が核開発をする場合に，脆弱な核保有国の利得は，非核保有国を制裁すれば−1，黙認すれば0となる。よって，非核保有国が核開発をしても，その行動を黙認する。非核保有国は，このような核保有国の行動を予想し，核開発する。したがって，脆弱な核保有国の場合には，核不拡散体制は不安定化する。

3）覇権安定論：情報が完全な世界では，核保有国の制裁能力は核不拡散体制を安定させ，その能力の低下は核不拡散体制を不安定化させる。この結果は，覇権安定論による核拡散論と同じである。

覇権安定論によれば，ソ連邦の崩壊は，その影響下にあった諸国の核開発に対する統制力を低下させ，それらの諸国の核開発の誘因を高める。例えば，ロシアの統制力がもっと有効であれば，イラクや北朝鮮は核開発計画をより慎重に進めたであろう。非核保有国の核拡散を防止するためには，核兵器を含む制裁能力が必要になる。よって，核拡散対抗のためには，核保有国が核の先制不使用にコミットすることは有効ではない。

このような覇権安定論にはつぎのような問題がある。覇権安定論によれば核不拡散体制の安定のためには頑強な覇権国が必要になる。それ故，覇権後退期

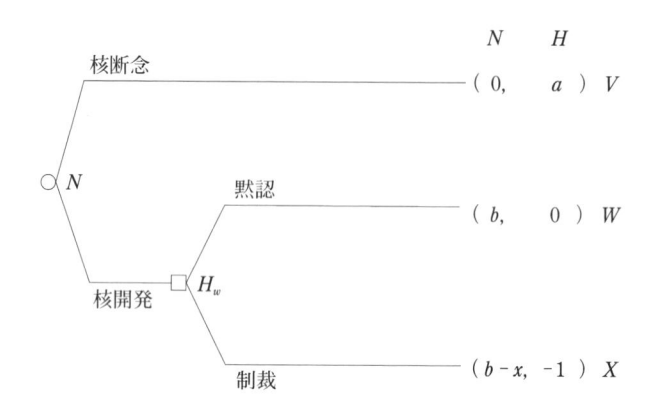

図11.3 脆弱な核保有国の場合

```
                           N    H
         核断念
                        ( 0,   a  ) V
    ○ N
          黙認
                        ( b,   0  ) W
         核開発  □ H_w
          制裁
                        ( b-x, -1 ) X
```

には，核拡散を防止することはできない。核拡散を防止するには，古い覇権国の復活か新たな覇権国を期待する以外に政策がない。

11.3.2 核不拡散体制の基本命題

　核保有国の制裁能力について，核保有国は私的情報を持っているが，非核保有国には不確実性がある不完備情報ゲームについて検討しよう。不完備情報下では，脆弱な核不拡散体制でも安定する場合がある。このとき，核保有国の信頼性が重要な役割を果たす。

　核保有国は，自国が脆弱であることを知っているが，非核保有国はそれを知らないとしよう。非核保有国は，θ の主観的確率で頑強な核保有国と考えている。このような核不拡散ゲームは図11.1のように表される。点線で結ばれた節は同一の情報集合に属することを示す。後ろ向き帰納法によって考えれば，最後の手番における脆弱な核保有国の最適な選択は黙認であり，頑強な核保有国の最適選択は制裁である。

　核不拡散体制の安定条件：最初の手番における非核保有国の戦略は，核開発の誘惑 b/x と核保有国の制裁の信頼性 θ に依存する。(11-1) 式のように，θ が十分に大きい場合には，非核保有国は核開発を断念する。この式は核不拡散体制の安定条件を表す。

第11章 核不拡散体制の安定条件　　181

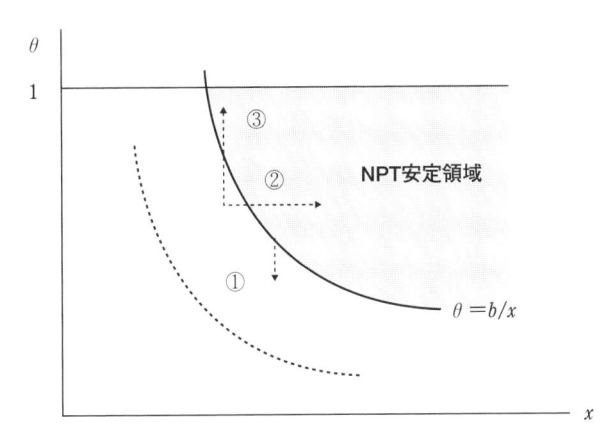

図11.4　核不拡散体制の安定領域

(11-1)　　$b/x < \theta$

　不完備情報下では核保有国が脆弱な場合でも，核保有国の制裁能力に十分な信頼性 $\theta(>b/x)$ があれば，非核保有国の核開発を断念させ，核不拡散体制を安定させることができる。

　図11.4は，縦軸に制裁能力の信頼性 θ，横軸に核開発のペナルティ x をとり，核不拡散体制の安定領域を表したものである。曲線 $b/x = \theta$ は**核不拡散の臨界曲線**である。核不拡散体制は，この曲線の右上方領域（$b/x < \theta$）では安定的に維持されるが，左下方領域（$b/x > \theta$）では不安定化する。

11.4　核不拡散の処方箋

　核不拡散体制の安定条件は $b/x < \theta$ である。以下，核開発の誘因 b，核開発のペナルティ x，制裁能力の信頼性 θ という点から，この安定条件の成立の可能性について検討しよう。この条件の成立が困難な場合には，核不拡散の新しい国際レジームの検討が必要になる。

11.4.1　核開発の誘因

　核不拡散体制を安定させる１つの方法は，非核保有国が核保有によって得ら

れる利得 b を低下させ，核開発の誘因を取り除くことである（図11.4の矢印①）。核保有の利得 b の低下には，核開発のコスト c の上昇（核査察，輸出管理）か，核保有の便益 d の低下（地域紛争の解決，安全保障，核軍縮）がある。

1）核開発のコスト：サプライサイド・アプローチは，核開発のコスト c を上昇させる政策であり，IAEA の核査察・検証や核関連資機材の輸出管理などを重視する。核関連資機材の輸出規制についてはザンガー委員会がリストを作成し，最近では，すべての品目を原則的に規制するキャッチオール規制も実施されている。2004年6月，G8は，核関連資機材の移転制限に関する「大量破壊兵器不拡散行動計画」を発表した。

2）地域紛争の解決：ディマンドサイド・アプローチは核保有の便益 d を低下させる政策であり，地域紛争や領土問題を解決することが重要になる。

ブラジルは1980年代にアルゼンチンと競い合って核開発を計画した。しかし1990年代になって両国の対話が進み安全保障の問題が解決すると，1991年7月に核開発の放棄と IAEA の核査察受け入れで合意した。アルゼンチンが1995年に NPT に加盟すると，ブラジルも1998年7月に NPT への加盟と CTBT の批准を決めた。

南アフリカ共和国も，1970年代央にソ連に支援されたアンゴラの脅威に対抗するために核開発を実施した。しかしその後，その脅威が無くなると共に核兵器・核施設を解体し，1991年に NPT に加盟し，1993年に核廃棄を宣言した。

3）安全保障：核開発を断念させるためには，その代償として非核保有国の安全を保障することも重要である。そのための措置として，積極的安全保障や消極的安全保障および非核地帯の拡大などがある。リビアは，核廃棄の代償として安全保障を要求した。

積極的安全保障は，核の攻撃や威嚇を受けた国に対して国連安保理を通じて対抗措置をとるものである。1995年4月に国連安保理が積極的安全保障に関する決議を全会一致で採択したが，法的な拘束力はない。**消極的安全保障**は，核保有国が非核保有国に対して核兵器を使用しないことを約束するものである。1995年4月に核保有5大国がジュネーブ軍縮会議で消極的安全保障宣言をしているが，これも法的拘束力はない。

非核地帯は，一定の地理的範囲において核兵器を排除するものであり，これ

までラテンアメリカのトラテロルコ条約（1968年発効），南太平洋のラロトンガ条約（1986年発効），アフリカのペリンダバ条約（1996年調印），東南アジア非核兵器地帯条約（1997年発効）などがつくられている。これらの非核地帯条約は，核兵器の通過や一時寄港を許しているという点では完全なものではない。

　4）**核軍縮**：非核保有国の核開発を断念させるためには，核兵器が軍事的政治的に有効であるという姿勢を核保有国がとらないことが重要である。例えば，国連の安全保障理事会の常任理事国が核保有5大国に独占されるのではなく，非核保有国の常任理事国への可能性を検討することも重要かもしれない。

　サプライサイド・アプローチには技術的経済的に限界があり，ディマンドサイド・アプローチも，地域紛争の解決や非核保有国の安全保障および政治的威信としての核保有などを考えると現状では完全なものではない。

11.4.2　核開発のペナルティ

　核不拡散体制の安定性を高めるためには，核開発に対してペナルティxを科すことも1つの方法である（図11.4の矢印②）。そのための措置として軍事制裁や経済制裁が考えられる。しかし，軍事制裁については現状ではきわめて困難である。経済制裁に対する見解の不一致や経済活動のグローバル化は，経済制裁の効果を弱める。

　1）**制裁の国際協調**：経済制裁に対する国際社会の見解の不一致はその効果を弱める。インドとパキスタンの核実験の直後から，米国は，国内法に基づいて経済制裁を発動し，経済援助の凍結や武器・戦略物資の輸出の停止を行った。日本も経済協力を停止したが，ロ英仏中は経済制裁に反対した。国際協調が十分でなければ，経済制裁の効果は弱まる。

　米国自身も，2001年9月11日のイスラム原理主義過激派による同時テロの後，対アフガニスタン包囲網の協力を得るために，インドとパキスタンへの制裁を解除した。パキスタンは，対米協力の見返りに，5年間で30億ドルの経済軍事援助を米国から得た。インドも経済成長を武器に，2006年3月に民生用核技術の協力で米国と合意した。

　2）**直接投資**：被制裁国への直接投資が経済制裁の効果を弱める可能性がある。日米などの経済制裁に対して，インドは経済自由化で対抗した。インドは，

1991年7月の新経済政策の実施以降，経済自由化政策を推進してきた。これを機に，対インド直接投資が急速に拡大した。核実験前の1998年4月頃にはいっそうの経済自由化を打ち出していた。

インドの戦略は，約10億人の巨大な国内市場や外国民間企業を人質にしたものである。インドへの直接投資は，米系企業を筆頭に米英独企業が中心であり，インドの国内市場を対象にしたものである。米国のインドへの経済制裁は，米国企業を不利にし，欧州企業を有利にする。米国企業による制裁解除の圧力が米国政府に加えられた。

3）**輸出市場**：インドとパキスタンは米国農産物の重要な輸出市場でもあり，これも制裁解除の方向に作用した。米国の農業団体は，経済制裁によってカナダや豪州にその市場を奪われることを恐れ，米国議会に圧力をかけた。その結果，農務省の信用保証を経済制裁の例外とすることが議会で決定された。

軍事制裁の実施は現状では困難である。経済制裁は，核開発に対して核保有国や国際社会の政治的意思を示すという点では重要であるが，一般にそのコストは核開発国や制裁国の国民によって負担され，被制裁国政府の核開発の意思を変更させるには有効ではない。

11.4.3 核不拡散体制の信頼性

核不拡散体制を安定させるもう1つの方法は，制裁能力に関する核保有国の信頼性 θ を高めることである（図11.4の矢印③）。この信頼性は，非核保有国の核開発をつねに制裁することによって高めることができるが，このルールの適用に例外を作れば低下する。

インドとパキスタンの核実験の後，米国は経済制裁を実施したが，他の核保有国や国連安保理は米国に同調しなかった。NPT体制の安定化において重要なのは，非核保有国の核開発には，核保有国が制裁のルールにコミットするという姿勢を明確に示すことである。もし核開発に明確な態度を示さなければ，核保有国は核開発を黙認するというシグナルを非核保有国に与え，北朝鮮のように後続の核開発を許すことになる。

11.4.4 NPT 体制を超えて

NPT 体制の安定のためには，$b/x<\theta$ という厳しい条件を満たさなければならない。この条件を満たすことができない場合には，NPT 体制の枠組みを超える新たな国際レジームの検討が必要になる。そのような方向での1つの政策は，核保有国と非核保有国の差別をなくし，核保有国の大幅な核削減と核の国際管理によって**核廃絶**に向かうことである。

NPT の第6条には，核保有国が核軍縮に向けて誠実に交渉を行うことが規定されている。核不拡散体制の安定のためには，この条項に則り，核保有国が期限を決めて核廃絶を明確に示すことである。核の国際管理や核廃絶は NPT 体制の原則ではない。そのような原則や規範の確立は，新しい国際レジームを形成することになる。

新しい核不拡散体制形成の可能性はあるだろうか。現行の NPT 体制維持の機会費用が新たな国際レジーム形成の取引費用よりも十分に大きい場合には，利己的な核保有国であっても，それに同意する可能性がある。NPT 体制維持の**機会費用**とは，この体制によっては得られない利益，すなわち代替的な体制のもとで得られる核不拡散の利益である。新たな核開発国の登場や核廃絶の国際世論の高揚は，NPT 体制維持の機会費用を大きくする。

練習問題 *Questions*

問題11.1 核不拡散体制の安定のための3つの方法について述べなさい。
問題11.2 サプライサイドの核拡散防止論，ディマンドサイドの核拡散防止論，覇権安定論による核拡散論について説明しなさい。
問題11.3 核不拡散体制の安定条件 $b/x<\theta$ を求めなさい。

（解答は巻末にあります）

文 献 案 内
Guide to Further Reading

アリソン（2006）『核テロ』日本経済新聞社。
▶9.11以降に現実味を増してきたテロリストによる核攻撃を多面的に検討している。

ブリクス（2004）『イラク大量破壊兵器査察の真実』DHC。
　▶イラクの大量破壊兵器査察を指揮した人物による内側からの報告書。
Powell, Robert (1990) *Nuclear Deterrence Theory*, Cambridge: Cambridge University Press.
　▶核抑止論や瀬戸際政策を不完備情報ゲームによって分析する。
Sagan, Scott (1996/97) "Why Do States Build Nuclear Weapons?: Three Models in Search of a Bomb," *International Security,* Vol. 21, No. 3, pp. 54-86.
　▶非核保有国の核兵器開発の原因を理論的に整理している。

第12章

米朝核交渉のロード・マップ

---本章で何を学ぶか---

　ペリー政策調整官は，クリントン政権下の1999年9月に，米下院外交委員会に「北朝鮮政策に関する報告書」を提出した。**ペリー報告**は**対話と圧力**を組み合わせた政策であったが，このような政策はブッシュ政権下では放棄された。ブッシュ政権は，対話よりも圧力に重点を置いた対北朝鮮政策を実施した。しかし，北朝鮮はブッシュ政権下の2006年10月に核実験を実施し，ブッシュ政権の対北朝鮮政策は再検討を迫られている。

　本章では，米朝核交渉について分析枠組みを構成し，米国の核抑止政策が成功する条件について検討する。本章では特に次の点について検討する。米国の国内政治や同盟国が北朝鮮に対する制裁を批准することができない場合でも，北朝鮮の核・ミサイル開発の誘因を取り除くことによって米国の制裁に十分な信頼性を確立することができれば，核抑止政策を成功させることができる。

　本章は次のように構成される。第1節で，米朝核交渉の経緯について検討する。第2節で，米朝核交渉の分析枠組みを構成する。第3節では，米朝核交渉の基本命題を明らかにし，第4節では，核・ミサイル開発の誘因，核・ミサイル開発のペナルティ，米国の制裁の信頼性という3つの点から，北朝鮮に対する核抑止政策について検討する。

12.1　米朝核交渉の経緯

　1993年3月に第1次北朝鮮核危機（プルトリウム型核開発疑惑）が発生し，1994年10月に米朝枠組み合意が行われた。その後，2003年1月に第2次北朝鮮核危機（ウラン濃縮型核開発疑惑）が発生し，6ヵ国協議が開催されてきた（表12.1を参照）。

　1）北朝鮮の核開発疑惑：北朝鮮は，1970年代から原子力開発を本格化し，1980年代後半頃から核開発計画に着手した。北朝鮮の核開発の軍事的な動機には，つぎの点が指摘されている。第1に，朝鮮半島に駐留する米軍への対抗。第2に，1970年代後半に実施された韓国の核開発計画への対応。第3に，1990年代初頭の韓国とソ連・中国の国交正常化への対応と，ソ連邦崩壊後における独自の核抑止力の確保である。また核開発の政治的動機には，外交における優位性の確保や，国内的には国威宣揚や体制強化がある。

　北朝鮮は，1985年12月に核不拡散条約 NPT に加盟し，1992年1月に国際原子力機関 IAEA と保障措置協定（規約上は NPT 加盟後18ヶ月以内）を締結した。この間に米国は，1989年に北朝鮮の核燃料再処理施設の存在を確認し，核開発疑惑を強めた。

　2）第1次北朝鮮核危機：1993年2月に，IAEA は北朝鮮に対して核開発疑惑（プルトニウム型核兵器開発）がある寧辺の原子力施設の特別査察を要求した。これに対して，同年3月に北朝鮮は，特別査察の要求を不服とし NPT 脱退を表明した。この直後から米国は北朝鮮の核開発問題に積極的に関与し始めた。

　1993年5月に北朝鮮が米国に2国間交渉を提案し，同年6月に米朝核交渉が始まり，北朝鮮は NPT 脱退を留保した。同年11月には国連総会が北朝鮮に IAEA の核査察の受け入れを促進する決議を採択し，1994年2月に北朝鮮は，IAEA による通常査察を受け入れた。しかし，同年5月に黒煙減速炉から使用済み核燃料棒を IAEA の査察官の立ち会いなしに一方的に抽出したために，緊張が高まった。さらに同年6月には北朝鮮が IAEA 脱退を表明した。その直後に，カーター元大統領が金日成主席と会談し，この危機は回避された。

　3）米朝枠組み合意：1994年10月に，米朝間で寧辺の核施設の全面凍結に関

表12.1 米朝核交渉の経緯

1985.12	北朝鮮がNPTに加盟
1989. 1	北朝鮮の寧辺で核開発疑惑
1992. 1	北朝鮮がIAEAと保障措置協定を締結
1993. 2	IAEAが寧辺の核開発疑惑に対して特別査察を要求
1993. 3	北朝鮮がNPT脱退を表明，第1次北朝鮮核危機（プルトリウム型核開発）
1994. 6	北朝鮮がIAEA脱退を表明，カーター・金日成会談
1994.10	米朝枠組み合意（ジュネーブ合意）
1998. 8	金倉里の核疑惑，北朝鮮ミサイル発射実験
1999. 9	ペリー報告
2000. 6	金大中・金正日の南北首脳会談(平壌)，南北共同宣言
2001. 1	ブッシュ政権発足，北朝鮮政策の見直し
2002. 1	ブッシュ政権が北朝鮮・イラク・イランを「悪の枢軸」と名指し
2002.10	ケリー報告（ウラン濃縮型核開発疑惑），同年9月に日朝平壌宣言
2003. 1	北朝鮮がNPT脱退を表明，第2次北朝鮮核危機
2003. 8	第1回6カ国協議
2005. 2	北朝鮮が核保有を宣言
2006.10	北朝鮮が核実験，同年7月にミサイル発射実験
2007. 2	6カ国協議で北朝鮮が核施設停止に合意

する「米朝枠組み合意」が行われた。ただし，核施設凍結の対象になったのは寧辺だけである。

1994年の枠組み合意において，北朝鮮は核兵器開発につながる黒鉛減速炉を凍結することを約束し，米国はその代替として軽水炉型原発を提供し，軽水炉が完成するまでの代替エネルギーとして重油の供給を約束した。この米朝枠組み合意によって，米国は，北朝鮮の核開発を段階的に放棄させようとした。一方，北朝鮮は，体制存続のために原子力エネルギーを確保し，米朝関係正常化を促進しようとした。

しかしその後の状況は，米朝両国にとって必ずしも好ましいものではなかった。1995年3月に軽水炉提供のためのコンソーシアムである**朝鮮半島エネルギー開発機構**KEDOが発足し，1997年8月から事業が開始されたが，軽水炉の建設は計画（当初完成予定は2003年）どおりには進まなかった。代替エネルギーの重油も十分に供給されなかった。北朝鮮は，このような米朝枠組み合意の不履行に対して不満を表明してきた。

米国は，1998年8月に発覚した金倉里の地下核施設疑惑や弾道ミサイル・テポドンの発射に対して北朝鮮の合意不履行を非難した。1998年10月に米国議会

は，1999年以降の KEDO 関連予算の執行にいくつかの条件をつけ，従来の北朝鮮に対する政策の全面的再検討を政府に要求した。これを受けてクリントン大統領は，同年11月にペリー元国防長官を北朝鮮政策調整官に任命し，米国の北朝鮮政策の見直し作業に入った。

4）ペリー報告：1999年9月に，ペリー政策調整官は，米下院外交委員会に「北朝鮮政策に関する報告書」を提出した。北朝鮮政策の見直しの背景には，米朝枠組み合意が十分な成果を上げていないこと，特に，枠組み合意の範囲外のミサイル開発が問題になった。またこの間，韓国では金大中大統領が包容政策に転じ，同盟国との調整も必要になった。

ペリー報告は基本的には，北朝鮮が核・ミサイル開発を放棄すれば，経済制裁を解除し両国の関係正常化をすすめる（第1の道）が，北朝鮮がこれに応じなければ，核・ミサイル開発の脅威を封じ込める（第2の道）というものである。ペリー報告には3つの特徴がある。第1に，核開発だけではなくミサイル開発についても目標を設定した。第2に，北朝鮮の体制崩壊を期待するのではなく，北朝鮮との関係正常化を約束した。第3に，米日韓の協調体制を重視した。

ペリー報告の公表後，米朝交渉は大きく進展した。2000年7月にオルブライト・白南淳の初の米朝外相会談が行われ，10月には「国際テロに関する米朝共同声明」，朝鮮戦争以来の米朝敵対関係の解消を謳った「米朝共同コミュニケ」が発表された。

5）ブッシュ政権の政策見直し：2001年1月のブッシュ政権発足後，米国政府は，北朝鮮政策の新たな見直し作業を始め，2001年6月に米朝対話の再開に関する声明を発表した。この声明の特徴は，北朝鮮の核・ミサイル凍結を保証する検証・査察の条件をつけた点と，通常戦力の削減問題を協議の新たな課題にした点にあった。

この声明において今後の米朝協議の3つの課題を明らかにした。第1に，過去の核開発疑惑の完全解明を求める。第2に，ミサイル計画に関する検証可能な規制とミサイル輸出の禁止を求める。第3に，軍事境界線付近に展開する通常兵力の脅威の削減を要求する。

2001年の9.11同時テロ後，ブッシュ政権は，外交政策や核不拡散政策を大き

第12章　米朝核交渉のロード・マップ

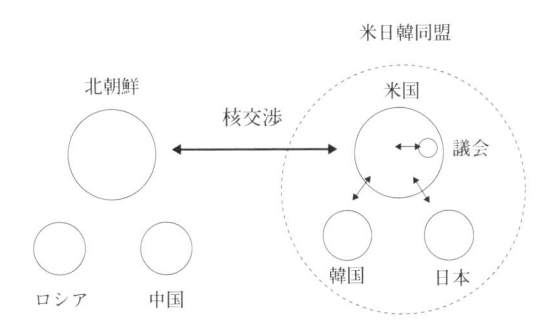

図12.1　米朝核交渉の2レベルゲーム

く転換した。2002年1月に，北朝鮮をイラクやイランと共に「悪の枢軸」として名指し，2003年3月には大量破壊兵器開発疑惑によってイラク戦争を開始した。

　6）**第2次北朝鮮核危機**：2002年10月米朝会談の席上，米国のケリー国務次官補が北朝鮮のウラン濃縮型核開発を指摘し，北朝鮮の核開発疑惑が表面化した。ウラン濃縮に必要な遠心分離器や技術は核の闇市場を通じてパキスタンから入手されていた。米国は1994年の米朝枠組み合意の破棄を決定した。北朝鮮は，2003年1月，NPT脱退を表明し，第2次北朝鮮核危機が発生した。

　2003年4月，北朝鮮は米朝中協議において核開発を認めた。その後，2003年8月に第1回**6カ国協議**が開催された。この協議で，米国は核開発阻止，北朝鮮は米朝不可侵条約の締結，日本は核開発阻止と拉致問題の解決，韓国は核開発阻止と南北経済交流の拡大，中国とロシアは北朝鮮の核開発阻止と安全保障を期待した。6カ国協議は，2004年2月（第2回），同年6月（第3回），2005年7月（第4回），同年11月（第5回）と続けられたが，協議は難航した。

　その間の2005年2月，北朝鮮は核保有を正式に宣言した。2006年7月にはミサイル発射実験，同年10月には核実験を実施し，国連安保理は国連憲章第7条にもとづく制裁決議1718を全会一致で採択した。

12.2　米朝核交渉の分析枠組み

　米朝核交渉では2レベルの交渉が行われる（図12.1を参照）。米国政府は，北

朝鮮の核・ミサイル開発を阻止するために，一方では北朝鮮とレベル１の国際交渉をしながら，他方では米国議会や同盟国の日本・韓国ともレベル２の交渉をしなければならない。

　不完備情報下の米朝核交渉モデルを構成しよう（図12.2を参照）。ここでは，米国の制裁について米国が私的情報をもち，北朝鮮には不確実性がある。また米国が制裁を実施する場合に，北朝鮮の対応について北朝鮮が私的情報をもち，米国には不確実性がある。

　１）**アクター**：米朝核交渉のレベル１のアクターは，米国政府（US）と北朝鮮政府（NK）である。両国の交渉代表者は米国大統領と金正日労働党総書記である。米国政府の交渉目的は北朝鮮の核開発を阻止することである。北朝鮮の核開発阻止は，核不拡散体制の維持や北東アジアの安全保障という点で重要である。北朝鮮の交渉目的は，米国から経済援助を引き出しつつ，金正日体制を維持し，米朝国交正常化を実現することである。北朝鮮経済は脆弱であり，経済援助の獲得は体制維持のためにも重要である。

　米国政府は，レベル１で北朝鮮と交渉しつつ，レベル２で米国議会や同盟国の日本や韓国と交渉を行う。米国はグローバルな安全保障を優先しているが，日本や韓国は北東アジアというリージョナルな安全保障を優先している。また，日本は日本人拉致問題やミサイル問題を重視し，韓国は**包容政策**（太陽政策）をとっている。

　２）**行動空間**：レベル１の米国政府と北朝鮮の交渉において，北朝鮮は２回意思決定の機会があり，米国には１回その機会があるとする。それぞれの意思決定において各国の選択肢は２つとする。

　北朝鮮の最初の選択は，核開発をするかそれを断念するかである。北朝鮮が核開発を断念すれば，米国は経済制裁を緩和し，関係正常化を進める。米国の選択は，北朝鮮が核開発する場合に，それを制裁するか黙認するかである。レベル２の米国議会や同盟国は，戦略的に行動するのではなく，その行動を確率的に決定するとする。北朝鮮の第２の選択は，米国が制裁した場合に，それに軍事的に対抗するか対抗しないかである。

　米国の行動については次のように言い換えることもできる。北朝鮮が核開発する場合に，それを制裁するというルールにコミットするかあるいはコミット

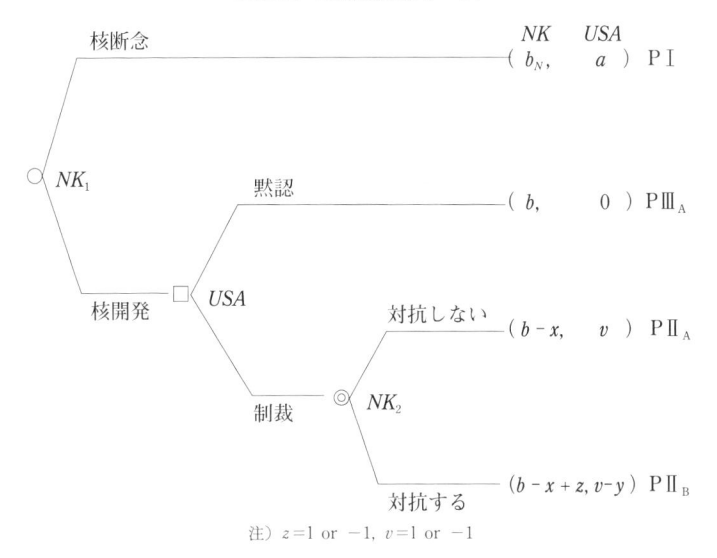

図12.2　米朝核交渉ゲーム

```
                核断念                    NK      USA
              ─────────────────────    ($b_N$,    $a$  ) P I
             /
        $NK_1$
             \           黙認
              \        ─────────────    ( $b$,     0   ) P III$_A$
               \       /
                核開発  USA
                       \       対抗しない
                        制裁   ─────────  ( $b-x$,   $v$ ) P II$_A$
                        \    /
                         $NK_2$
                             \
                              対抗する    ( $b-x+z$, $v-y$ ) P II$_B$
```

注）$z=1$ or -1, $v=1$ or -1

しないかである。ただし，この制裁のコストは，米国の国内政治や米日韓の同盟体制のタイプに依存する。

3) **国際状態**：両国の意思決定の結果，4つの国際状態（PI，PII$_A$，PII$_B$，PIII）が生じる。第1は，北朝鮮が核開発を断念し，米国が経済制裁の解除と関係正常化をすすめる場合（PI）であり，ペリー政策の第1の道（**核抑止**）である。第2は，北朝鮮が核開発し，米国がそれを制裁し，北朝鮮が軍事的に対抗しない場合（PII$_A$）である。第3は，北朝鮮が核開発し，米国がそれを制裁し，北朝鮮が軍事的に対抗する場合（PII$_B$）である。第2と第3の場合は，ペリー政策の第2の道（**核開発の制裁**）である。第4は，北朝鮮が核開発し，米国がそれを黙認する場合（PIII）である。これはペリー政策が想定していない第3の道（**核開発の黙認**）である。

4) **北朝鮮のタイプと利得**：北朝鮮には2つのタイプがあるとする。1つは**強硬な北朝鮮**（NK_s）であり，米国の制裁に対して軍事対抗の純便益が大きい場合である。もう1つは**軟弱な北朝鮮**（NK_w）であり，軍事対抗の純便益が十分に小さい場合である。

北朝鮮の利得は，核開発を断念すれば $b_N > 0$，核開発すれば $b(> b_N)$ とする。核開発を断念すれば，米国による経済制裁の解除や関係正常化が行われる。核開発の便益には，国威宣揚，軍事的政治的な優位性の確保，外貨の獲得などがある。米国が核開発を制裁すれば，北朝鮮に x のペナルティが科せられるとする。ここで制裁が有効に機能するために，$b < x$ とする。米国の制裁に対する北朝鮮の軍事対抗の純便益 z は，強硬なタイプの場合には $z = 1$，軟弱なタイプの場合には $z = -1$ とする。強硬な北朝鮮の場合，対抗の純便益は十分に大きいが，$b_N > b - x + 1 > 0$ とする。よって，選好順序は，強硬な北朝鮮の場合，R_{NKs}：PIII, PI, PII$_B$, PII$_A$，軟弱な北朝鮮の場合，R_{NKw}：PIII, PI, PII$_A$, PII$_B$ となる。

5）**米国のタイプと利得**：米国の国内政治・同盟体制には2つのタイプがあるとする。1つは，**穏健な米国**であり，制裁のルールにコミットできない米国（US_w）である。もう1つは，**強硬な米国**であり，制裁のルールにコミットできる米国（US_s）である。北朝鮮に対する制裁の政治的コストには，米国の国内政治の混乱や米日韓の同盟体制の動揺がある。

米国の利得は，北朝鮮が核開発を断念すれば $a(> 1)$，北朝鮮の核開発を黙認すれば0とする。核開発を制裁する場合の利得は，米国のタイプによって異なる。穏健な米国が制裁する場合の利得は，黙認するより小さい -1 となるが，強硬な米国が制裁する場合の利得は，黙認するより大きい $+1$ とする。また，北朝鮮が米国の制裁に対抗する場合には，$y(< 1)$ の純コストが米国にかかるとする。よって，選好順序は，穏健な米国の場合には，R_{USw}：PI, PIII, PII$_A$, PII$_B$，強硬な米国の場合には R_{USs}：PI, PII$_A$, PII$_B$, PIII となる。

6）**情報構造**：米国政府と北朝鮮には情報の非対称性がある。米国政府も北朝鮮も自国のタイプについては知っているが，相手国は，自国のタイプを直接知ることができず，自国の行動から推測する。北朝鮮は，初期に $\theta_{US} \in [0, 1]$ の主観的確率で米国を強硬なタイプと考えている。この θ_{US} は制裁に関する米国の信頼性を表す。他方米国は，初期に $\theta_{NK} \in [0, 1]$ の主観的確率で北朝鮮を強硬なタイプと考えている。

7）**ゲームの展開**：最初に，米国のタイプと北朝鮮のタイプがそれぞれ確率的に決定される。その後，米国のタイプを知らずに，北朝鮮は，核開発するか

第12章　米朝核交渉のロード・マップ

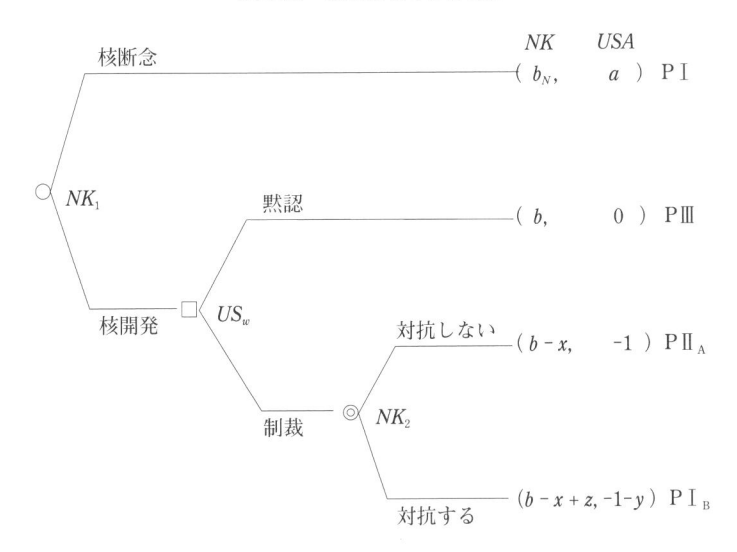

図12.3　穏健な米国と北朝鮮

```
                                        NK    USA
                    核断念            ( b_N,   a )  PⅠ
           ／
         NK_1    黙認
           ＼──────┬──────── ( b,    0 )  PⅢ
            核開発  │US_w
                    │           対抗しない ( b-x,  -1 )  PⅡ_A
                    └──────NK_2
                       制裁       対抗する ( b-x+z, -1-y )  PⅠ_B
```

否かを決定する。次に米国政府は，北朝鮮のこの意思決定を確認した後で，北朝鮮のタイプを知らずに，北朝鮮が核開発をした場合に，それを制裁するか黙認するかを決定する。最後に，北朝鮮は，米国の制裁に対して軍事対抗するか否かを決定する。

12.3　米朝核交渉の分析

12.3.1　制裁の批准

1）**穏健な米国**：完備情報下の均衡について検討しよう。米国が穏健な場合には，北朝鮮が核開発し，核抑止は失敗する。この場合の米朝核交渉ゲームは図12.3のようになる。

このゲームの均衡は部分ゲーム完全均衡とする。穏健な米国と軟弱な北朝鮮のゲームの均衡は（核開発，黙認，対抗しない）であり，穏健な米国と強硬な北朝鮮のゲームの均衡は（核開発，黙認，対抗）である。このゲームでは，穏健な米国が北朝鮮の核開発を制裁するという威嚇に信頼性はない。北朝鮮が核開発する場合に，穏健な米国の最適反応戦略は，核開発の黙認である。北朝鮮

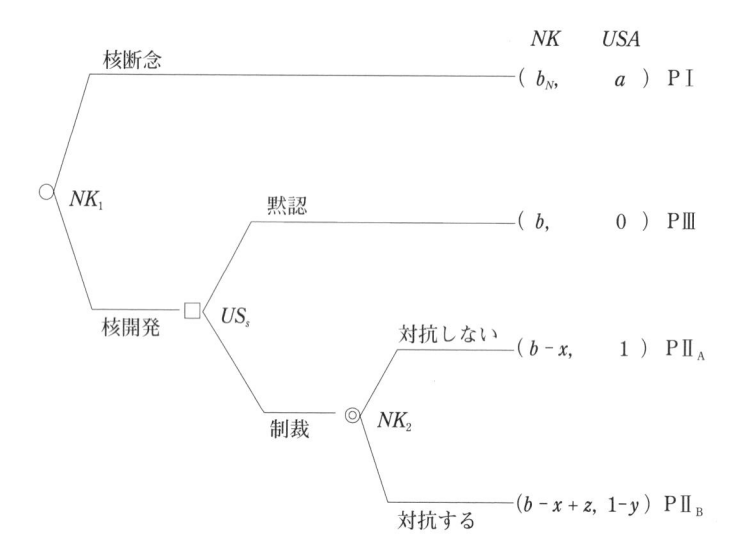

図12.4 強硬な米国と北朝鮮

```
                                        NK      USA
         核断念
                                      ($b_N$,    $a$ )  P I
    ○ $NK_1$
         |      黙認
         |                            ( $b$,     0 )   P III
         核開発 □ $US_s$
                |   対抗しない
                |              ( $b-x$,   1 )  P II$_A$
                制裁 ◎ $NK_2$
                    対抗する
                              ( $b-x+z$, $1-y$ )  P II$_B$
```

は，このような米国の行動を予想し，核開発する。米国が制裁のルールにコミットできない場合には，北朝鮮のタイプに関わらず核抑止政策は失敗する。これは米国が回避したい「第3の道」である。

米国のウインセットは，北朝鮮が核開発を断念すれば制裁を解除し，核開発してもそれを黙認するというものである。核開発の制裁は米国のウインセットにはない。このとき，北朝鮮のウインセットにあるのは核開発である。この結果，核抑止政策は失敗となる。

2）強硬な米国：米国が制裁のルールにコミットする場合には，北朝鮮が核開発を断念し，核抑止政策は成功する（図12.4を参照）。北朝鮮に対する制裁の批准はゲームの構造を変える。強硬な米国と軟弱な北朝鮮のゲームの均衡は（核断念，制裁，対抗しない）であり，強硬な米国と強硬な北朝鮮のゲームの均衡は（核断念，制裁，対抗）である。

北朝鮮が核開発する場合に，強硬な米国の最適反応戦略は制裁である。軟弱な北朝鮮は，このような米国の行動を予想し，核開発を断念する。強硬な北朝鮮も，核開発によって $b-x+1$ の利得を得るよりも，それを断念して $b_N(> b-x+1)$ の利得を得ることを選択する。したがって，米国が強硬な場合，

北朝鮮のタイプに関わらず核抑止は成功する。

　米国のウインセットは，北朝鮮が核開発をすれば制裁し，それを断念すれば制裁を解除するというものである。このとき，北朝鮮のウインセットは，核開発を断念し，制裁の解除を求めるというものである。両国のウインセットが重なり，米朝核交渉は北朝鮮の核開発の断念と米国の制裁解除という点で合意に達する。

　このように情報が完全な世界では，米国の制裁が国内政治や同盟国に批准されるかどうかが核抑止の成否に重要な影響を及ぼす。米国の制裁が国内政治や同盟国に批准される場合には，北朝鮮は核開発を断念し，核抑止は成功する。しかし，米国の制裁が批准されない場合には，北朝鮮は核開発し，核抑止は失敗する。

12.3.2　非対称情報と制裁の信頼性

　両国のタイプについて不確実性がある場合の米朝核交渉ゲームの均衡について検討しよう。

　1）最適反応戦略：米国は国内政治・同盟体制が穏健であることを知っているが，北朝鮮はそれを知らないとする。北朝鮮は，θ_{US} の主観的確率で強硬な米国と交渉していると考えている。他方，北朝鮮は自国のタイプを知っているが，米国は，北朝鮮のタイプを十分には知らず，θ_{NK} の主観的確率で強硬な北朝鮮と交渉していると考えている。

　最後の手番において，軟弱な北朝鮮の最適な戦略は米国の制裁に対抗しないことであり，強硬な北朝鮮の最適な戦略は米国の制裁に対抗することである。米国の戦略については，穏健な米国は北朝鮮の核開発を黙認し，強硬な米国はその核開発を制裁する。

　最初の手番での軟弱な北朝鮮の戦略と強硬な北朝鮮の戦略について検討しよう。ここで，軟弱な北朝鮮が核開発を断念する確率を ρ_w，強硬な北朝鮮が核開発を断念する確率を ρ_s とする。北朝鮮の均衡戦略 ρ_w^* と ρ_s^* は，核開発の誘惑 $(b-b_N)/(x-1)$ と米国の制裁の信頼性 θ_{US} との相対的大きさに依存する。$\rho_w^*=1$ の条件は $(b-b_N)/x<\theta_{US}$ であり，$\rho_s^*=1$ の条件は $(b-b_N)/(x-1)<\theta_{US}$ である。$(b-b_N)/(x-1)<\theta_{US}$ であれば，$(b-b_N)/x<\theta_{US}$ の条件は

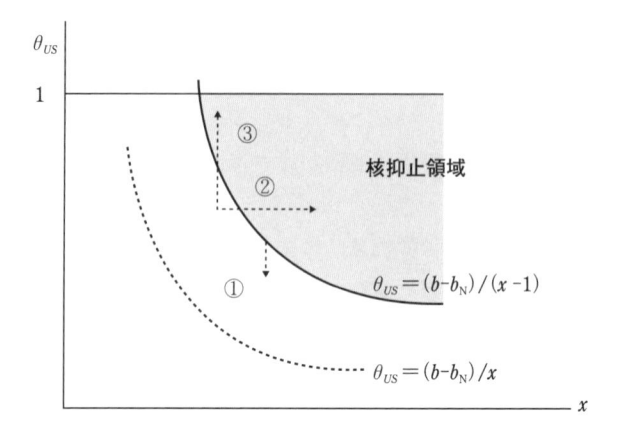

図12.5 米朝核交渉の成功領域

満たされる。よって，$(b-b_N)/(x-1) < \theta_{US}$ のとき，$\rho_w^* = \rho_s^* = 1$ となる。

　2）**基本命題**：制裁のルールにコミットできない穏健な米国の場合でも，北朝鮮の核開発の誘因を低下させ，米国の制裁に関して十分な信頼性 $\theta_{US}(> (b-b_N)/(x-1))$ が存在すれば，強硬な北朝鮮も軟弱な北朝鮮も核開発を断念し，核抑止を成功させることができる。

　図12.5は，縦軸に米国の制裁の信頼性 θ_{US}，横軸に核・ミサイル開発のペナルティ x をとり，核抑止の成功領域を表したものである。曲線 $(b-b_N)/(x-1) = \theta_{US}$ は**核抑止の臨界曲線**である。米朝核交渉は，この曲線の右上方領域（$(b-b_N)/(x-1) < \theta_{US}$）では成功するが，左下方領域（$(b-b_N)/(x-1) > \theta_{US}$）では失敗する。

12.4　米朝核交渉の処方箋

　米朝核交渉を成功させる条件は $(b-b_N)/(x-1) < \theta_{US}$ である。以下，北朝鮮の核開発の誘因 $b-b_N$，核開発のペナルティ x，米国の制裁の信頼性 θ_{US} について検討しよう。米国の国内政治や同盟国との協調体制を不安定化させずに，核交渉を成功させるためには，これら3つの政策を有効に組み合わせる必要がある。特定の政策，例えばペナルティだけに依拠するような方法は有効ではないだろう。

第12章　米朝核交渉のロード・マップ　　199

　米朝核交渉のロード・マップ：米朝核交渉は，すべての問題を一度に解決する一括取引ではなく，ステップ・バイ・ステップで繰り返し行われる。各ステップでの基本は**対話と圧力**である。ステップごとに交渉課題，１．核廃棄の対象の申告と確定，２．核関連施設の凍結，３．検証を伴う廃棄，４．NPTへの復帰とIAEAによる査察などを設定し，それが満たされれば譲歩し，満たされなければ圧力をかけることになる。

12.4.1　核開発の誘因

　北朝鮮が核開発する誘因 $b-b_N$ を低下させれば（図12.5の矢印①），核抑止が成功する可能性は高まる。そのためには，核開発の利益 b を低下させ，核開発断念による利益 b_N を大きくする必要がある。このとき，地域対立の解決や核兵器の無効化が重要になる。

　１）地域対立の解決：北朝鮮の核・ミサイル開発の利益 b を低下させるためには，北東アジアにおける地域対立を解決することが重要になる。そのためには，国際社会が北朝鮮と外交関係を正常化し，北朝鮮を国際社会の一員にする必要がある。南北首脳会談や日朝国交正常化および米国との平和協定の締結は，その意味で重要である。北朝鮮は，各国と国交正常化をすれば，外交交渉で「核カード」を使うことは困難になるだろう。

　北東アジアにおける地域対立の解消のためには，北東アジアに多国間安全保障機構を確立することも１つの方法である。例えば，対立国を含め地域の関係する諸国がすべて参加し，信頼醸成や紛争解決ルールをつくる多国間の地域安全保障（**協調的安全保障**）を構想することである。この地域には現在６カ国協議がある。これを基礎に，アセアン地域フォーラムARF（*ASEAN Regional Forum*）のような多国間の協調的安全保障を構想することが重要になる。

　２）核兵器の無効化：北朝鮮の核・ミサイル開発の利益 b を低下させるためには，核兵器の軍事的政治的な有効性を低下させることが重要になる。そのためには，国際社会が核の国際管理と核兵器廃絶の方向を示す必要がある。米国の包括的核実験禁止条約CTBTへの反対は，核兵器廃絶や北朝鮮の核開発阻止という点で問題がある。核兵器の有効性を低下させるためには，北東アジアに非核地帯を形成することも重要になる。

3）**経済協力**：北朝鮮が核・ミサイル開発を外交交渉で経済支援を得るための手段にしている場合には，核・ミサイル開発断念の利益 b_N を大きくするために，食糧支援や経済協力を実施し，経済制裁を緩和することも1つの方法である。ただし，経済協力には経済制裁と同様に，レベル2の批准が必要であり，必ずしも容易ではない。

12.4.2 核開発のペナルティ

北朝鮮が核・ミサイル開発をするとき，それに対するペナルティ x を大きくすれば（図12.5の矢印②），核抑止が成功する可能性は高まる。その方法として軍事制裁や経済制裁があるが，軍事制裁は政治的コストが大きく，経済制裁には国際協調が重要になる。

1）**軍事制裁**：北朝鮮の核・ミサイル開発に対するペナルティ x を大きくするためには，軍事制裁の可能性を残すことである。第1次北朝鮮核危機の際には，核施設へのピンポイント爆撃が議論された。米国防総省の東アジア戦略報告では，北朝鮮が米朝枠組み合意に反すれば，軍事力で対抗することを明記していた。朝鮮半島有事を想定し，米韓には「米韓合同作戦計画5027号（OPLAN 5027）」があり，日本は1999年5月に「日米防衛協力のためのガイドライン関連法」を制定した。

ただし，北朝鮮への軍事制裁は，同盟国である韓国に大きなコストを伴い，米韓同盟に亀裂を生じる可能性がある。制裁に北朝鮮が応戦すれば，韓国軍や韓国国民への大きな被害が予想される。それ故，韓国は軍事制裁には消極的である。

2）**経済制裁**：北朝鮮の核・ミサイル開発に対するペナルティ x を大きくするためには，経済制裁を強化することも1つの方法となる。北朝鮮の経済体制は脆弱であり，経済制裁の強化は，経済危機をもたらし政治体制の変革につながる可能性もある。

国連安保理は，2006年10月の北朝鮮の核実験に対して国連憲章第7条にもとづく非軍事制裁決議を全会一致で採択した。この決議には，大量破壊兵器に関連する物資の売却・移転の阻止や金融資産の凍結を明記し，必要に応じて船舶などへの貨物検査を各国に要請した。米国は，北朝鮮の偽ドル紙幣への関与を

理由にすでに2005年9月に，金融制裁を実施した。日本は，改正外為管理法や特定船舶入港禁止法などの経済制裁法を整備し，北朝鮮の船舶の入港禁止や物品の輸入禁止など独自の制裁措置を実施した。

　経済制裁においては国際社会の協調体制が重要になる。協調体制が不十分ならば，グローバル経済が進展した世界では経済制裁は有効に機能しない。北朝鮮が核・ミサイル開発を外貨獲得の手段にしている場合には，経済制裁は却ってそれを促進する場合もある。

12.4.3　制裁の信頼性

　米国が制裁のルールにコミットするという北朝鮮の主観的確率 θ_{US} を高めれば（図12.5の矢印③），核抑止が成功する可能性は高まる。この制裁の信頼性 θ_{US} を高めるためには，北朝鮮が核・ミサイル開発をすれば決して黙認せず，北朝鮮に対する制裁に国内政治や同盟国および国際社会が協調体制を堅持することが必要になる。

　米国内では，共和党は北朝鮮に対して軍事力による抑止政策を採っているが，民主党は必ずしもそうではない。同盟国では，日本は，日朝政府間交渉が途絶するなか，政治解決よりも軍事的抑止政策を優先し，新ガイドライン関連法案（1999年5月成立）の制定や戦域ミサイル防衛構想による軍事的対応をすすめてきた。しかし，包容政策を採っている韓国が日米の対応に同調するとは限らない。また，6ヵ国協議の主導権を握っている中国も軍事制裁には慎重な対応をするであろう。

　米日韓には，北朝鮮が共通の脅威であるという点で認識の一致があり，1999年4月に「日米韓の調整監督グループ」が制度化された。しかし，軍事制裁や経済制裁の実施において，国内政治や同盟国（特に韓国）および国際社会（特に中国）の支持を十分に得ることは難しく，制裁の信頼性を十分に確保できない可能性がある。

---練習問題　*Questions*---
問題12.1　北朝鮮の核開発を阻止する3つの方法について述べなさい。
問題12.2　北朝鮮の核開発の誘因と米国の制裁の信頼性との関係について述べなさい。
問題12.3　米朝核交渉の成功条件（$(b-b_N)/(x-1)<\theta_{US}$）を求めなさい。
（解答は巻末にあります）

文 献 案 内

Guide to Further Reading

オーバードーファー（1998）『二つのコリア─国際政治の中の朝鮮半島─』共同通信社。
　▶第1次北朝鮮核危機の恐怖の内幕を米国のジャーナリストが明らかにする。
キノネス（2000）『北朝鮮 ─米国務省担当官の交渉秘録─』中央公論新社。
キノネス（2003）『北朝鮮Ⅱ ─核の秘密都市寧辺を往く─』中央公論新社。
　▶クリントン政権下の国務省北朝鮮担当官が交渉の内幕を解き明かす。
船橋洋一（2006）『ザ・ペニンシュラ・クエスチョン─朝鮮半島第二次核危機』朝日新聞社。
　▶第2次北朝鮮核危機を巡る国際政治の過程を明らかにするノンフィクション。
Carter, Ashton and William Perry（1999）*Preventive Defense: A New Strategy for America,* Washington D. C.: Brookings Institute.
　▶ペリー報告の基礎にある予防防衛の概念について検討する。
Mazarr, Michael（1995）*North Korea and the Bomb: A Case Study in Nonproliferation,* New York: St. Martin's Press.
　▶第1次北朝鮮核危機の直後に出版されたこの分野の初期の包括的研究書。

練習問題の解答

第1章

問題1.1 リベラリズムは，貿易は各国に利益をもたらすものであり，貿易による経済成長は各国間の政治関係を安定させるとする。リアリズムは，重商主義国家や競争国家は国力の増大のために経済資源を巡って競争・対立し，国家間関係を不安定化させるとする。マルクシズムは，グローバリゼーションは各国の不均等発展をもたらし，中心周辺構造を拡大し，国際秩序を不安定化させるとする。

問題1.2 リベラリズムは，相互依存関係の深化によって国家主権が後退すると考える。リアリズムは，グローバリゼーションの進展自体を疑い，国家はグローバリゼーションを管理できると考える。マルクシズムは，グローバリゼーションの進展を認めるが，資本のグローバリゼーションには反対している。資本による国家主権の侵害には批判的である。

問題1.3 リベラリズムは，貿易自由化は経済成長をもたらし，経済成長は貧困問題や労働問題を解決し，環境問題も排出権市場の創設よって解決できるとする。リアリズムは，人権や民主主義の問題は国家主権に属する問題であり，国家間関係の問題ではないとする。マルクシズムは，資本のグローバルな利潤追求は労働者だけではなく国内の多様なアクターの政治的権利を抑圧し，階級対立や環境破壊を促進するとする。

第2章

問題2.1 潜在的拡散国が「核開発の断念」の戦略をとるとき，安保理の最適な戦略は「核開発の容認」と「核開発の制裁」である。安保理が「核開発の制裁」の戦略をとるとき，潜在的拡散国の最適な戦略は「核開発の断念」である。したがって，（核開発の断念，核開発の制裁）はナッシュ均衡である。

問題2.2 情報集合 I_B での安保理の最適反応戦略は「核開発の制裁」である。情報集合 I_A での潜在的拡散国の最適反応戦略は「核開発の断念」である。したがって，このゲームの部分ゲーム完全均衡は，（核開発の断念，核開発の制裁）という戦略の組である。

問題2.3 政治交渉が成功する場合には，多数派の利得 α は，少数派が受け入れる範囲（$1-\alpha \geq 1-p-c$）で最大の $\alpha = p+c$ であり，少数派の利得は $1-\alpha = 1-p-c$ である。武力紛争が起きる場合には，多数派の期待利得は $p-c$ であり，少数派の期待利得は $1-p-c$ である。多数派の利得を比較すると，$p+c > p-c$ である。政治交渉の成功によって，少数派の利得（$1-p-c$）を変えることなく，多数派は利得を $2c$（紛争のコスト）だけ増大させることができる。

問題2.4 潜在的拡散国の期待利得 Π は，$\Pi = \theta\{p(-1)+(1-p)(-4)\}+(1-\theta)\{p(-1)+(1-p)(1)\} = (5\theta-2)p+1-5\theta$ である。したがって，潜在的拡散国の期待利得を最大にするような最適反応戦略 p^* は以下のようになる。$\theta < 2/5$ のとき $p^* = 0$，$\theta = 2/5$ のとき $p^* = [0,1]$，$\theta > 2/5$ のとき $p^* = 1$ である。

第3章

問題3.1 トランスナショナルな連携は，交渉代表者がタカ派の場合に行われる可能性が高い。交渉代表者がハト派の場合には，各国の国内構成員の利害が互いに異なるので，その可能性は低い。

問題3.2 ハト派の交渉代表者は，国内により強硬な国内構成員が存在するので，制裁の批准を得られやすく，制裁の威嚇の信頼性は高くなる。タカ派の交渉代表者の場合には，国内の批准が得られず，威嚇の信頼性は低くなる。タカ派が制裁を実施する場合には，制裁のコストを負担する国内構成員が存在し，制裁の実行可能性は低下する。

問題3.3 制裁の威嚇の信頼性は，威嚇国の制裁のコストと便益によって影響を受ける。制裁のコストを負担する利益集団がより集中し影響力があれば，威嚇の信頼性は低下する。他方，制裁によって便益を得る利益集団がより集中し影響力があれば，威嚇の信頼性は高まる。例えば，制裁のコストを特定の業界団体が負担する場合には，その信頼性は低下するだろう。他方，消費者がそのコストを負担する場合にはその信頼性を維持できるかもしれない。

第4章

問題4.1 外国政府が提案する場合には，交渉力は外国の方が強くなる。通商交渉の結果は外国政府の最適点に近づき（図4.3の点 a^*），交渉結果は外国政府に有利になる。

問題4.2 両国が貿易障壁を削減すれば，両国とも国内の政治的支持率を高めることができる。しかし，たとえ自国が貿易障壁を削減したとしても，相手国が削減するかどうかは分からない。自国議会と外国政府の政治的支持率は，それぞれ $U_C(t_C, t_a^*) > U_C(t_a, t_a^*) > U_C(t_C, t_b^*) > U_C(t_a, t_b^*)$, $U_F(t_a, t_b^*) > U_F(t_a, t_a^*) \geqq U_F(t_C, t_b^*) > U_F(t_C, t_a^*)$ となる。このとき自国議会にも外国政府にも，一方的に貿易障壁を削減するインセンティブはない。

問題4.3 通商交渉が決裂した場合の自国の貿易障壁は t_C である。通商交渉に合意する場合の結果は，$t_a, t_P, t_d = t_C - t_b^*$ である。これらはいずれも t_C より低い。図4.6では，通商交渉が決裂した場合の自国の貿易障壁は，例えば直線 t_PE（省略）でつねに曲線 $t_b ABD$ の上にある。

問題4.4 図4.6の曲線 $t_b^* A''B''D''$ は，通商交渉の結果決まる外国の貿易障壁を表す。自国議会が内向き志向を強めるほど，外国の貿易障壁 t_b^* は領域①では低下する。領域②と③では外国は貿易障壁を完全に撤廃する。両国の貿易自由化は，政府と議会の選好の乖離が小さい領域①でもっとも促進される。

問題4.5 自国の政府と議会の最適な貿易障壁は，$t_i = -(1/x_i)[s_i y_i(p-c) + p_i y(s_i - 1) + x(1-p_i)], (i = P, C)$ であり，外国政府の最適な貿易障壁は $t_b^* = -(1/y_F^*)[s_F x_F^*(p^* - c^*) + p_F^* x^*(s_F - 1) + y^*(1 - p_F^*)]$ である。

第5章

問題5.1 クリントン政権は，一方的措置を伴う通商法301条によって威嚇しながら，結果重視の管理貿易を志向していた。その対日通商政策の特徴は，まず日本政府に数値目標を同意させ，つぎにその数値目標の達成のために産業界を行政指導させ，さらにもし数値目標が達成されなければ，通商法301条によって制裁の威嚇を行うというものである。

問題5.2 米国政府による制裁は，通商交渉の結果に影響を及ぼさない。日本政府と日本自動車工業会の政策選好が適度に乖離している場合には，米国政府が制裁しても，両国のウインセットの中に日本政府の最適点 $(t_P, 0)$ がある限り，交渉結果は $(t_P, 0)$ で変わらない。

問題5.3 米国政府による制裁は，日本の通商障壁を低下させるが，米国の通商障壁には影響を及ぼさない。このとき，米国政府が制裁すると，日本のウインセット

が広がり，日本の通商障壁 t_d は低下する。しかし，米国の通商障壁は変化しない。

問題5.4 日本の通商障壁 t_0 は，米国政府の制裁が強くなるとともに低下する。日本の通商障壁 t_0 は米国政府の制裁 t_f^* に関して，厳密ではないが単調減少になる。

問題5.5 日本政府と日本自動車工業会の選好を所与とした場合，通商交渉におけるアクターの影響力は米国政府の制裁の程度によって異なる。米国政府の制裁が強まるにつれ，通商交渉の影響力は，日本自動車工業会から日本政府へ，そして米国政府へと移動する。

第6章

問題6.1 貿易自由化の反対派が通産省に政治的圧力をかける場合には，自国の貿易障壁も外国の貿易障壁も上昇させる。しかし，農水省に政治的圧力をかける場合には，自国の貿易障壁を上昇させるが，外国の貿易障壁への効果は農水省の交渉力に依存して異なる。

問題6.2 貿易自由化交渉の結果は，日本政府の交渉代表者の選好に規定され，この交渉代表者の選好は通産省や農水省の選好や官僚部局間の交渉力に影響を受ける。農水省や通産省に対する貿易自由化反対派の政治的圧力の強化や，農水省の交渉力の増大は，日本の貿易障壁を上昇させるが，外国の貿易障壁を変化させない。

問題6.3 官僚の管轄領域が規制緩和によって縮小したり，企業活動が国境や業界を超えて拡大したりすることによって，官僚制多元主義は有効に機能しなくなる可能性がある。

第7章

問題7.1 基軸通貨国は，x^e を所与として（7-1）式を最大にするような通貨政策 e を実施する。非基軸通貨国は，e を所与として（7-2）式を最大にするように為替レート x^e を予想する。

問題7.2 $x^e = 0$ として（7-1）式を最大化する為替レート e を求めることによって得られる。

問題7.3 基軸通貨国は，$x^e = e$ として（7-1）式を最大化する通貨政策 e を実施す

る。このとき，$U_H = -(1/2)e^2 - (a/2)\gamma^2$となり，これを最大にするような為替レートは$e = 0$となる。

第8章

問題8.1 インフレに厳しい通貨当局の利得関数の傾きは緩やかになる。極端な場合は，利得関数が水平になる。インフレに寛容な通貨当局の利得関数の傾きは急勾配になる。極端な場合は，利得関数が垂直になる。

問題8.2 裁量的均衡点Eでは，通貨当局はインフレ率を引き上げる誘因をもたない。点Eを通るフィリップス曲線上の移動は，通貨当局の利得を低下させる。また点Eは長期フィリップス曲線上にあるため，民間経済主体にはインフレ期待を変更する誘因がない。

問題8.3 ドイツが通貨統合に参加するためには，ECBの政策選好をドイツ通貨当局以上にインフレに厳しくする必要がある。ECBの利得関数がドイツ以上に緩やかであれば，均衡インフレ率p_E^*はドイツのインフレ率p_Gよりも低下する。ドイツの参加を促すためにマーストリヒト条約の欧州中央銀行法には，優先目標を物価安定（消費者物価指数の上昇率を2％以内）にするという規定がある。

第9章

問題9.1 $A_1 B_1 C_1 A_2$の矢印（省略）は通貨危機の発生から解決までの1つの経路を示している。初期状態（A_1）では，国際金融資本が通貨投機をせず，通貨は安定している。このとき何らかの理由で通貨投機の期待収益が上昇すると，国際金融資本が通貨投機を行い，通貨当局が政策介入する通貨攻防の状態（B_1）に至る。その後，US/IMFの金融支援が十分に期待できなければ，通貨当局が政策介入を放棄し，通貨危機が発生する（C_1）。最後に，US/IMFの金融支援が十分に期待されれば，通貨危機は解決する（A_2）。

問題9.2 通貨投機のコストを引き上げる政策には，資本取引規制，外貨建て預金に対する支払準備率の引き上げ，強制預託制度，トービン税などがある。これらは，図9.5の右下がりの曲線を右上方にシフトさせ，通貨安定領域Aを広げる。

問題9.3 通貨当局の期待利得Π_{Gov}は，$\Pi_{Gov} = \beta(\gamma x + a_1 - a_2) - a_1$である。$\beta$は通貨当局が政策介入する確率を表す。期待利得を最大にするようなβで，かつ通貨

当局が政策介入する（$\beta=1$）ような条件を求める。同様に，国際金融資本の期待利得 Π_{IFC} は，$\Pi_{IFC}=(1-\alpha)\{b-c_1-\beta[\gamma(b-c_2)+c_2]\}$ である。α は国際金融資本が通貨投機しない確率を表す。期待利得を最大にするような α で，かつ国際金融資本が通貨投機しない（$\alpha=1$）ような条件を求める。

第10章

問題10.1 国内紛争が発生する原因は，多数派が最初の和平案 $\alpha^{**}=p_1+c$ にコミットしないと，少数派が予想する点にある。多数派が最初に和平協議の呼びかけにおいて和平案 α^{**} を提示したとしても，その後の段階で多数派にとって最適な和平案は $\alpha^{*}=p_2+c$ であり（$\alpha^{**}<\alpha^{*}$），多数派は α^{*} を実施するインセンティブをもっている。このとき，少数派は多数派の最初の和平案 α^{**} を信頼せず，最初の手番で予防戦争に出ることになる。

問題10.2 コミットメント問題を回避するためには，多数派が最初に提示する和平案 $\alpha^{**}=p_1+c$ に信頼性がなければならない。そのためには，多数派が $\alpha^{**}=p_1+c$ よりも大きな和平案 α を設定できないようにすればよい。そのような方法の1つは，少数派に拒否権を与え，多数派の α^{**} 以上の提案につぎのようなペナルティ v を科す制度をつくることである。

$$v = \begin{cases} 0, & \alpha \leq \alpha^{**} \text{のとき} \\ \alpha - \alpha^{**}, & \alpha > \alpha^{**} \text{のとき} \end{cases}$$

問題10.3 内戦回避のための国際社会の介入は，少数派の拒否権を機能的に代替するものとしてデザインすることができる。多数派による要求の増大を相殺するように，国際社会が多数派にペナルティを加えることができれば，コミットメント問題は解消され，内戦を回避することができる。

第11章

問題11.1 核不拡散体制の安定のためには，第1に，核開発の誘因を除去することである。非核保有国の周辺紛争の解決，核保有以外の安全保障，核保有の政治的有効性の低下によって，非核保有国の核保有の誘因は低下する。第2に，核開発のペナルティを大きくすることである。ただし，制裁に関する国際社会の見解の不一致や経済活動のグローバル化は，制裁の効果を弱める可能性がある。第3に，制裁能力に関する核保有国の信頼性を高めることである。

問題11.2 サプライサイドの核拡散防止論は，国際原子力機関 IAEA の核査察・検証や核関連資機材の輸出規制を重視する。ディマンドサイドの核拡散防止論は，核開発の原因を安全保障に求め，核不拡散政策として拡大抑止（核の傘）や非核兵器地帯を重視する。覇権安定論は，核不拡散体制安定の条件として覇権国の制裁能力を重視する。よって，覇権国の制裁能力が低下すると，核不拡散体制は不安定化する。

問題11.3 非核保有国が核開発を断念する確率を ρ とすれば，合理的な非核保有国は期待利得 $\Pi=(1-\theta)(1-\rho)b+\theta(1-\rho)(b-x)=-(b-\theta x)\rho+(b-\theta x)$ を最大化するように，その行動を選択する。非保有国の最適反応戦略 ρ^* は，$b/x>\theta$ のとき $\rho^*=0$，$\theta=b/x$ のとき ρ^* は 0 以上 1 以下のすべての値，$b/x<\theta$ のとき $\rho^*=1$ である。$\rho^*=1$ となる条件は $b/x<\theta$ である。

第12章

問題12.1 北朝鮮の核開発を阻止するためには，第 1 に，核開発の誘因を除去すること，第 2 に，核開発のペナルティを大きくすること，第 3 に，北朝鮮に対する制裁の信頼性を高めることである。米国の国内政治や同盟国との協調体制を不安定化させずに，核抑止を成功させるためには，これら 3 つの方法を有効に組み合わせることが重要になる。

問題12.2 米国の国内政治や同盟国が北朝鮮に対する制裁を批准することができない場合でも，北朝鮮の核・ミサイル開発の誘因を低下させ，米国の制裁に十分な信頼性を確立することができれば，核抑止を成功させることができる。

問題12.3 軟弱な北朝鮮は，期待利得 $\theta_{US}[(1-\rho_w)(b-x)+\rho_w b_N]+(1-\theta_{US})[(1-\rho_w)b+\rho_w b_N]$ を最大化するような戦略 ρ_w^* を選択する。強硬な北朝鮮は，期待利得 $\theta_{US}[(1-\rho_s)(b-x+1)+\rho_s b_N]+(1-\theta_{US})[(1-\rho_s)b+\rho_s b_N]$ を最大化するような戦略 ρ_s^* を選択する。$\rho_w^*=1$ の条件は $(b-b_N)/x<\theta_{US}$ であり，$\rho_s^*=1$ の条件は $(b-b_N)/(x-1)<\theta_{US}$ である。$(b-b_N)/(x-1)<\theta_{US}$ であれば，$\rho_w^*=\rho_s^*=1$ となる。

引用・参考文献

欧米語文献

Acemoglu, Daron and James Robinson (2006) *Economic Origins of Dictatorship and Democracy*, Cambridge: Cambridge University Press.

Aglietta, Michel (1992) *L'enjeu de l'intégration monétaire* (斉藤日出治訳『通貨統合の賭け——欧州通貨統合へのレギュラシオン・アプローチ——』藤原書店, 1992年).

Allan, Pierre and Christian Schmidt, eds. (1994) *Game Theory and International Relations: Preference, Information and Empirical Evidence*, Hants: Edward Elgar.

Allison, Graham (2004) *Nuclear Terrorism: The Ultimate Preventable Catastrophe*, New York: Henry Holt Company (秋山信将他訳『核テロ』日本経済新聞社, 2006年).

Alt, James, Randall Calvert and Brian Humes (1988) "Reputation and Hegemonic Stability: A Game-Theoretic Analysis," *American Political Science Review*, Vol. 82, pp. 445-466.

Axelrod, Robert (1984) *The Evolution of Cooperation*, New York: Basic Books (松田裕之訳『つきあい方の科学——バクテリアから国際関係まで——』HBJ出版, 1987年).

Baldwin David ed. (1993) *Neorealism and Neoliberalism: The Contemporary Debate*, New York: Columbia University Press.

Baldwin, Robert (1987) "Politically Realistic Objective Functions and Trade Policy," *Economics Letters*, Vol.24, pp.287-290.

Bhagwati, Jagdish (2004) *In Defense of Globalization*, Oxford: Oxford University Press (鈴木主税他訳『グローバリゼーションを擁護する』日本経済新聞社, 2005年).

Bhagwati, Jagdish and Hugh Patrick eds. (1990) *Aggressive Unilateralism: America's 301 Trade Policy and the World Trading System*, Ann Arbor: University of Michigan Press (渡辺敏訳『スーパー301条——強まる「一方主義」の検証——』サイマル出版会, 1991年).

Blix, Hans (2004) *Disarming Iraq*, New York: Pantheon Books (伊藤信訳『イラク大量破壊兵器査察の真実』DHC, 2004年).

Brams, Steven and Marc Kilgour (1988) *Game Theory and National Security*, London: Basil Blackwell,

Brander, James and Barbara Spencer (1984) "Tariff Protection and Imperfect Competition," in Kierzkowski, Henryk ed., *Monopolistic Competition and International Trade*, Oxford: Clarendon Press.

Brander, James and Barbara Spencer (1985) "Export Subsidies and International Market Share Rivalry," *Journal of International Economics*, Vol. 18, pp. 83-100.

Bueno de Mesquita, Bruce (2000) *Principle of International Politics: People's Power,*

Preferences, and Perceptions, Washington, D. C.: CQ Press.

Bueno de Mesquita, Bruce et al.（2003）*The Logic of Political Survival,* Cambridge: MIT Press.

Bull, Hedley（1995）*The Anarchical Society: A Study of Order in World Politics,* London: Macmillan（臼杵英一訳『国際社会編——アナーキカル・ソサイエティ——』岩波書店，2000年）．

Canzoneri, Matthew and Dale Henderson（1991）*Monetary Policy in Interdependent Economies: A Game-Theoretic Approach,* Cambridge: MIT Press.

Carter, Ashton and William Perry（1999）*Preventive Defense: A New Strategy for America,* Washington D. C.: Brookings Institute.

Cooper, Richard（1968）*The Economics of Interdependence: Economic Policy in the Atlantic Community,* New York: Columbia University Press.

Cukierman, Alex（1992）*Central Bank Strategy, Credibility and Independence: Theory and Evidence,* Cambridge: MIT press.

De Grauwe, Paul（1994）*The Economics of Monetary Integration* 2nd ed., Oxford: Oxford University Press（金俊昊訳『通貨統合の経済学』文眞堂，1995年）．

Destler, I.M. and Randall Henning（1989）*Dollar Politics: Exchange Rate Policymaking in the United States,* Washington, D.C.: Institute for International Economics（信田智人他訳『ダラー・ポリティクス——ドルをめぐるワシントンの政治構造——』TBSブリタニカ，1990年）．

Dixit, Avinash（1996）*The Making of Economic Policy: A Transaction-Cost Politics Perspective,* Cambridge: MIT press（北村行伸訳『経済政策の政治経済学——取引費用政治学アプローチ——』日本経済新聞社，2000年）．

Downs, George and David Rocke（1995）*Optimal Imperfection?: Domestic Uncertainty and Institutions in International Relations,* Princeton: Princeton University Press.

Drazen, Allan（2000）*Political Economy in Macroeconomics,* Princeton: Princeton University Press.

Drezner, Daniel ed.（2003）*Locating the Proper Authorities: The Interaction of Domestic and International Institutions,* Ann Arbor: The University of Michigan.

Dyson Kenneth and Kevin Featherstone（1999）*The Road to Maastricht: Negotiating Economic and Monetary Union,* Oxford: Oxford University Press.

Eatwell, John and Lance Taylor（2000）*Global Finance at Risk,* New York: New Press（岩本武和他訳『金融グローバリゼーションの危機——国際金融規制の経済学——』岩波書店，2001年）．

Eichengreen, Barry（1994）*International Monetary Arrangements for the 21st Century,* New York: Brookings Institution（藤井良広訳『21世紀の国際通貨制度』岩波書店，1997年）．

Eichengreen, Barry（1999）*Toward A New International Financial Architecture: A Practical Post-Asia Agenda,* Washington D.C.: Institute of International Eco-

nomics（勝悦子監訳『国際金融アーキテクチャー』東洋経済新報社，2003年）．
Eichengreen, Barry and Jeffry Frieden eds.（2001）*The Political Economy of European Monetary Unification* 2nd ed., Boulder: Westview.
Evans, Peter et al. eds.（1993）*Double-Edged Diplomacy: International Bargaining and Domestic Politics*, Berkeley: University of California Press.
Fearon, James（1995）"Rationalist Explanation for War," *International Organization*, Vol.49, No.3, pp.379-414.
Fearon, James（1998）"Commitment Problems and the Spread of Ethnic Conflict," in Lake, David and Donald Rothchild eds., *The International Spread of Ethnic Conflict: Fear, Diffusion, and Escalation*, Princeton: Princeton University Press.
Feenstra, Robert（2004）*Advanced International Trade: Theory and Evidence*, Princeton: Princeton University Press.
Frank, Gunder（1978）*Dependent Accumulation and Underdevelopment*, London: Macmillan（吾郷健二訳『従属的蓄積と低開発』岩波書店，1980年）．
Frey, Bruno（1984）*International Political Economics*, Oxford: Basil Blackwell（長谷川聡哲訳『国際政治経済学』文眞堂，1996年）．
Frieden, Jeffry and David Lake eds.（1995）*International Political Economy: Perspectives on Global Power and Wealth*, 3rd ed., New York: St. Martin's Press.
Fudenberg, Drew and Jean Tirole（1992）*Game Theory*, Cambridge: MIT press.
Garrett, Geoffrey（1995）"Capital Mobility, Trade, and the Domestic Politics of Economic Policy," *International Organization*, Vol.49, pp.657-687.
Garrett, Geoffrey（1998a）*Partisan Politics in the Global Economy*, Cambridge: Cambridge University Press.
Garrett, Geoffrey（1998b）"Global Markets and National Politics: Collision Course or Virtuous Cycle?," *International Organization*, Vol.52, pp.787-824.
Gates, Scott and Brian Humes（1997）*Games, Information, and Politics: Applying Games Theoretic Models to Political Science*, Ann Arbor: The University of Michigan.
Gibbons, Robert（1992）*Game Theory for Applied Economists*, Princeton: Princeton University Press（福岡正夫他訳『経済学のためのゲーム理論入門』創文社，1995年）．
Gilpin, Robert（1981）*War and Change in World Politics*, Cambridge: Cambridge University Press.
Gilpin, Robert（1987）*The Political Economy of International Relations*, Princeton: Princeton University Press（佐藤誠三郎他監訳『世界システムの政治経済学』東洋経済新報社，1990年）．
Gilpin, Robert（2000）*The Challenge of Global Capitalism: The World Economy in the 21st Century*, Princeton: Princeton University Press（古城佳子訳『グローバル資本主義——危機か繁栄か——』東洋経済新報社，2001年）．
Gowa, Joanne（1994）*Allies, Adversaries, and International Trade*, Princeton: Princeton

University Press.
Grieco, Joseph and John Ikenberry (2003) *State Power and World Markets: The International Political Economy*, New York: Norton and Company.
Grossman, Gene and Elhanan Helpman (1995) "The Politics of Free Trade Agreements," *American Economic Review*, Vol.105, pp.667-690.
Grossman, Gene and Elhanan Helpman (2002) *Interest Groups and Trade Policy*, Princeton: Princeton University Press.
Gruber, Lloyd (2000) *Ruling the World: Power Politics and the Rise of Supranational Institutions*, Princeton: Princeton University Press.
Haas, Ernest (1964) *Beyond the Nation State: Functionalism and International Organization*, Stanford: Stanford University Press.
Hefeker, Carsten (1997) *Interest Groups and Monetary Integration: The Political Economy of Exchange Regime Choice*, Boulder: Westview Press.
Held, David and Anthony McGrew eds. (2002) *Governing Globalization: Power, Authority and Global Governance*, Cambridge: Polity Press.
Helpman, Elhanan and Paul Krugman (1989) *Trade Policy and Market Structure*, Cambridge: MIT Press.
Hinich, Melvin and Michael Munger (1997) *Analytical Politics*, Cambridge: Cambridge University Press.
Hiscox, Michael (2002) *International Trade and Political Conflict: Commerce, Coalitions, and Mobility*, Princeton: Princeton University Press.
Iida, Keisuke (1993) "When and How Do Domestic Constrains Matter?: Two-Level Games with Uncertainty," *Journal of Conflict Resolution*, Vol.39, No.3, pp.403-426.
Johnson, Chalmers (1982) *MITI and the Japanese Miracle: The Growth of Industrial Policy, 1925-1975*, Stanford: Stanford University Press（矢野俊比古監訳『通産省と日本の奇跡』TBSブリタニカ，1982年）．
Kahler, Miles and David Lake eds. (2003) *Governance in a Global Economy: Political Authority in Transition*, Princeton: Princeton University Press.
Katzenstein, Peter et al. eds. (1999) *Exploration and Contestation in the Study of World Politics*, Cambridge: MIT Press.
Kehoane, Robert (1984) *After Hegemony: Cooperation and Discord in the World Political Economy*, Princeton: Princeton University Press（石黒馨他訳『覇権後の国際政治経済学』晃洋書房，1998年）．
Kehoane, Robert ed. (1986) *Neorealism and its Critics*, New York: Columbia University Press.
Kehoane, Robert (1989) *International Institutions and State Power: Essays in International Relations Theory*, Boulder: Westview Press.
Kehoane, Robert (2002) *Power and Governance in a Partially Globalized World*, New York: Routledge.

Kehoane, Robert and Joseph Nye (1979) *Power and Interdependence: World Politics in Transition*, Boston: Little Brown.
Keohane, Robert and Helen Milner eds. (1996) *Internationalization and Domestic Politics*, Cambridge: Cambridge University Press.
Kindleberger, Charles (1973) *The World in Depression, 1929-1939*, Berkeley: University of California (石崎昭彦他訳『大不況下の世界 一九二九――一九三九』東京大学出版会, 1982年).
King, Gary et al. (1994) *Designing Social Inquiry: Scientific Inference in Qualitative Research*, Princeton: Princeton University Press (真渕勝監訳『社会科学のリサーチ・デザイン――定性的研究における科学的推論――』勁草書房, 2004年).
Krasner, Stephen ed. (1982) *International Regimes*, Ithaca: Cornell University Press.
Krauss, Ellis (1993) "U.S.-Japan Negotiations on Construction and Semiconductors, 1985-1988 : Building Friction and Relation-Chips," in Evans, Peter et al. eds., *Double-Edged Diplomacy: International Bargaining and Domestic Politics*, Berkeley: University of California Press.
Krauss, Ellis (2003) "The United States and Japan in APEC's EVSL Negotiations," in Krauss, Ellis and T. J. Pempel eds., *Beyond Bilateralism: U.S.-Japan Relations in the New Asia-Pacific*, Stanford: Stanford University Press.
Kreps, David (1990a) *Game Theory and Economic Modelling*, Oxford: Oxford University Press (高森寛他訳『ゲーム理論と経済学』東洋経済新報社, 2000年).
Kreps, David (1990b) *A Course in Microeconomic Theory*, Princeton: Princeton University Press.
Kreps, David and Robert Wilson (1982) "Reputation and Imperfect Information," *Journal of Economic Theory*. Vol.27, pp.253-279.
Krugman, Paul (1979) "A Model of Balance-of-Payments Crises," *Journal of Money, Credit, and Banking*, Vol.11, No.3, pp.311-325.
Krugman, Paul ed. (1984) *Strategic Trade Policy and New International Economics*, Cambridge: MIT Press (高中公男訳『戦略的通商政策の理論』文眞堂, 1995年).
Krugman, Paul (1985) "Is the Strong Dollar Sustainable?," *NBER Working Paper Series*, No.1644.
Kydd, Andrew (2005) *Trust and Mistrust in International Relations*, Princeton: Princeton University Press.
Laffont, Jean-Jacques (2000) *Incentives and Political Economy*, Oxford: Oxford University Press.
Lustig, Nora (1998) *Mexico: The Remaking of an Economy*, 2nd ed., Washington, D.C.: Brookings Institution Press.
Mansfield, Edward (1994) *Power, Trade, and War*, Princeton: Princeton University Press.
Mansfield, Edward et al. (2000) "Free to Trade: Democracies, Autocracies, and International Trade," *American Political Science Review*, Vol.94, No.2, pp.305-321.

Mansfield, Edward and Brian Pollins (2003) *Economic Interdependence and International Conflict: New Perspectives on an Enduring Debate*, Ann Arbor: The University of Michigan.
Mas-Colell, Andreu et al. (1995) *Microeconomic Theory*, Oxford: Oxford University Press.
Mayer, Frederic (1998) *Interpreting NAFTA: The Science and Art of Political Analysis*, New York: Columbia University Press.
Mazarr, Michael (1995) *North Korea and the Bomb: A Case Study in Nonproliferation*, New York: St. Martin's Press.
McKinnon, Ronald and Kenichi Ohno (1997) *Dollar and Yen: Resolving Economic Conflict between the United States and Japan*, Cambridge: MIT Press (『ドルと円』日本経済新聞社, 1998年).
McMillan, John (1990) "The Economics of Section 301: A Game-Theoretic Guide," *Economics and Politics*, Vol.2, No.1, pp.45-57.
Milner, Helen (1997) *Interests, Institutions, and Information*, Princeton: Princeton University Press.
Milner, Helen and Peter Rosendorff (1996) "Trade Negotiations, Information, and Domestic Politics," *Economics and Politics*, Vol.8, pp.145-189.
Milner, Helen and Peter, Rosendorff (1997) "Democratic Politics and International Trade Negotiations: Elections and Divided Government as Constraints on Trade Liberalization," *Journal of Conflict Resolution*, Vol.41, pp.117-146.
Moravcsik, Andrew (1993) "Introduction: Integrating International and Domestic Theories of International Bargaining," in Evans, Peter et al. eds., *Double-Edged Diplomacy: International Bargaining and Domestic Politics*, Berkeley: University of California Press.
Morgenthau, Hans (1948) *Politics among Nations: The Struggle for Power and Peace*, New York: Alfred A. Knopf (現代平和研究会訳『国際政治 I II III』福村出版, 1986年).
Morrow, James (1994) *Game Theory for Political Scientists*, Princeton: Princeton University Press.
Myerson, Roger (1991) *Game Theory: Analysis of Conflict*, Cambridge: Harvard University Press.
Nicholson, Michael (1989) *Formal Theories in International Relations*, Cambridge: Cambridge University Press.
Nicholson, Michael (1992) *Rationality and the Analysis of International Conflict*, Cambridge: Cambridge University Press.
Nye, Jr, Joseph (2004) *Soft Power: The Means to Success in World Politics*, New York: Public Affairs (山岡洋一訳『ソフト・パワー』日本経済新聞社, 2004年).
Nye, Jr, Joseph (2005) *Understanding International Conflicts: An Introduction to Theory and History*, New York: Pearson Education (田中明彦他訳『国際紛争

――理論と歴史――原著第5版』有斐閣，2005年).
Oberdorfer, Don (1997) *The Two Koreas: A Contemporary History,* Mass.: Addison Wesley Longman (菱木一美訳『二つのコリア――国際政治の中の朝鮮半島――』共同通信社，1998年).
Obstfeld, Maurice (1996) "Models of Currency Crises with Self-Fulfilling Features," *European Economic Review,* Vol.40, No.3/5, pp.1037-1047.
Obstfeld, Maurice and Kenneth Rogoff (1996) *Foundations of International Macroeconomics,* Cambridge: MIT Press.
Odell, John (2000) *Negotiating the World Economy,* Cornell: Cornell University Press.
Olson, Mancur (1965) *The Logic of Collective Action: Public Goods and the Theory of Groups,* Cambridge: Harvard University Press (依田博他訳『集合行為論――公共財と集団理論――』ミネルヴァ書房，1983年).
Ordeshook, Peter (1986) *Game Theory and Political Theory: An Introduction,* Cambridge: Cambridge University Press.
Osborne, Martin (2004) *An Introduction to Game Theory,* Oxford: Oxford University Press.
Osborne, Martin and Ariel Rubinstein (1994) *A Course in Game Theory,* Cambridge: MIT Press.
Perry, William (1999) *Review of United States Policy toward North Korea: Findings and Recommendations,* October 12 (http://usembassy.state.gov/posts/ja1/www.3118.txt)
Persson, Torsten and Guido Tabellini (2000) *Political Economics: Explaining Economic Policy,* Cambridge: MIT Press.
Powell, Robert (1990) *Nuclear Deterrence Theory,* Cambridge: Cambridge University Press.
Powell, Robert (1999) *In the Shadow of Power: States and Strategies in International Politics,* Princeton: Princeton University Press.
Przeworski, Adam (2003) *States and Markets: A Primer in Political Economy,* Cambridge: Cambridge University Press.
Putnam, Robert (1988) "Diplomacy and Domestic Politics: The Two-level Games," *International Organization,* Vol.42, No.3, pp.427-460.
Rasmusen, Eric (1989) *Games and Information: An Introduction to Game Theory,* London: Basil Blackwell (細江守紀他訳『ゲームと情報の経済分析 I II』九州大学出版会，1990年).
Rosenau, James and Ernst Czempiel eds. (1992) *Governance without Government: Order and Change in World Politics,* Cambridge: Cambridge University Press.
Russett, Bruce (1993) *Grasping the Democratic Peace: Principles for a Post-Cold War World,* Princeton: Princeton University Press (鴨武彦訳『パクス・デモクラティア――冷戦後世界への原理――』東京大学出版会，1996年).
Russett, Bruce and John Oneal (2001) *Triangulating Peace: Democracy, Interdependence,*

and *International Organizations*, New York: Norton and Company.
Sagan, Scott (1996/97) "Why Do States Build Nuclear Weapons?: Three Models in Search of a Bomb," *International Security*, Vol.21, No.3, pp.54-86.
Schelling, Thomas (1960) *The Strategy of Conflict*, Cambridge: Harvard University Press.
Schelling, Thomas (1966) *Arms and Influence*, New Haven: Yale University Press.
Schelling, Thomas (1978) *Micromotives and Macrobehavior*, New York: W. W. Norton & Company.
Scholte, Jan (2005) *Globalization: A Critical Introduction*, 2nd ed., New York: Palgrave.
Schoppa, Leonard (1993) "Two-Level Games and Bargaining Outcomes: Why Gaiatsu Succeeds in Japan in Some Cases but Not Others," *International Organization*, Vol.47, pp.353-386.
Schoppa, Leonard (1997) *Bargaining with Japan: What American Pressure Can and Cannot Do*, New York: Columbia University Press.
Shubik, Martin (1987) *A Game-Theoretic Approach to Political Economy*, Cambridge: MIT Press.
Sigal, Leon (1998) *Disarming Strangers: Nuclear Diplomacy with North Korea*, Princeton: Princeton University Press.
Spencer, Barbara and James Brander (1983) "International R & D Rivalry and Industrial Strategy," *Review of Economic Studies*, Vol.50, pp.707-722.
Strange, Susan (1986) *Casino Capitalism*, Oxford: Basil Blackwell（小林襄治訳『カジノ資本主義――国際金融恐慌の政治経済学――』岩波書店，1988年）.
Strange, Susan (1994) *States and Markets: An Introduction to Political Economy*, Second Edition, London: Pinter Publishers（西川潤他訳『国際政治経済学入門』東洋経済新報社，1994年）.
Strange, Susan (1996) *The Retreat of the State: The Diffusion of Power in the World Economy*, Cambridge: Cambridge University Press（櫻井公人訳『国家の退場――グローバル経済の新しい主役たち――』岩波書店，1998年）.
Strange, Susan (1998) *Mad Money*, Manchester: Manchester University Press（櫻井公人他訳『マッド・マネー――世紀末のカジノ資本主義――』岩波書店，1999年）.
Tyson, Laura (1993) *Who's Bashing Whom?: Trade Conflict in High-Technology Industries*, Washington. D. C.: Institute for International Economics（竹中平蔵監訳『誰が誰を叩いているのか』ダイヤモンド社，1993年）.
Volcker, Paul and Toyoo Gyohten (1992) *Changing Fortunes*, New York: Random House（江澤雄一監訳『富の興亡』東洋経済新報社，1992年）.
Wallerstein, Iammuel (1974) *The Modern World-System: Capitalist Agriculture and the Origins of the European World Economy in the Sixteenth Century*, New York: Academic Press（川北稔訳『近代世界システムⅠⅡ』岩波書店，1981年）.
Wallerstein, Iammuel (1979) *The Capitalist World-Economy*, Cambridge: Cambridge University Press（藤瀬浩司他訳『資本主義世界経済ⅠⅡ』名古屋大学出版会，

1987年).
Wallerstein, Iammuel (1980) *The Modern World-System II: Mercantilism and the Consolidation of the European World Economy 1600-1750,* New York: Academic Press（川北稔訳『近代世界システム1600-1750』岩波書店, 1993年).
Wallerstein, Iammuel (1983) *Historical Capitalism,* London: Verso（川北稔訳『史的システムとしての資本主義』岩波書店, 1985年).
Wallerstein, Iammuel (1984) *The Politics of the World-Economy: The State, the Movements and the Civilizations,* Cambridge: Cambridge University Press（田中治男他訳『世界経済の政治学』同文館, 1991年).
Wallerstein, Iammuel (1989) *The Modern World-System III: The Second Era of Great Expansion of the Capitalist World-Economy, 1750-1840s,* New York: Academic Press（川北稔訳『近代世界システム1730-1840s』岩波書店, 1997年).
Walter, Barbara (2002) *Committing to Peace: The Successful Settlement of Civil Wars,* Princeton: Princeton University Press.
Walter, Barbara and Jack Snyder eds. (1999) *Civil Wars, Insecurity, and Intervention,* New York: Columbia University Press.
Waltz, Kenneth (1979) *Theory of International Politics,* New York: McGraw Hill.
Weingast, Barry (1998a) "Political Stability and Civil War: Institutions, Commitment, and American Democracy," in Bates, Robert et al. eds., *Analytic Narratives,* Princeton: Princeton University Press.
Weingast, Barry (1998b) "Constructing Trust: The Political and Economic Roots of Ethnic and Regional Conflicts," in Soltan, Karol et al. eds., *Institutions and Social Order,* Ann Arbor: The University of Michigan Press.
Wendt, Alexander (1999) *Social Theory of International Politics,* Cambridge: Cambridge University Press.
Williamson, John and Marcus Miller (1987) *Targets and Indicators: A Blueprint for the International Cooperation of Economic Policy,* Washington, D. C.: Institute for International Economics（天野明弘監訳『為替レートと国際協調――目標相場圏とマクロ経済政策――』東洋経済新報社, 1988年).
Wolferen, Karl (1989) *The Enigma of Japanese Power: People and Politics in a Stateless Nation,* New York: Vintage Books（篠原勝訳『日本/権力構造の謎』早川書房, 1989年).
Wong, Kar-yiu (1995) *International Trade in Goods and Factor Mobility,* Cambride: MIT Press（下村耕嗣他訳『現代国際貿易論 I II』多賀出版, 1999年).
Yarbrough, Beth and Robert Yarbrough (1982) *Cooperation and Governance in International Trade: The Strategic Organizational Approach,* Princeton: Princeton University Press.

邦語文献

青木昌彦(1992)『日本経済の制度分析――情報・インセンティブ・交渉ゲーム――』筑摩書房。
青木昌彦(2001)『比較制度分析に向けて』NTT出版。
青木昌彦他編(1999)『市場の役割 国家の役割』東洋経済新報社。
石井菜穂子(1990)『政策協調の経済学』日本経済新聞社。
石黒馨(1998)『国際政治経済の理論』勁草書房。
石黒馨(2006)「WMD不拡散の２つの戦略」『国際経済』第57号。
石黒馨(2007)「国内紛争後の政治改革への国際関与」『国際政治』第147号。
石田淳(1997)「国際政治理論の現在」『国際問題』第447/448号。
石田淳(2004)「内政干渉の国際政治学――冷戦終結と内戦――」，石田淳他編『国際政治講座4――国際秩序の変動――』東京大学出版会。
石田淳(2006)「国際安全保障の空間的ガヴァナンス」，河野勝編『制度からガヴァナンスへ』東京大学出版会。
伊藤元重(2000)『通商摩擦はなぜ起きるのか』NTT出版。
馬田啓一他編(2005)『日本の新通商戦略』文眞堂。
岡田章(1996)『ゲーム理論』有斐閣。
岡本次郎編(2001)『APEC早期自由化協議の政治過程』アジア経済研究所。
嘉治佐保子(2004)『国際通貨体制の経済学』日本経済新聞社。
軽部謙介(2001)『ドキュメント 機密公電』岩波書店。
河合正弘(1994)『国際金融論』東京大学出版会。
姜尚中(2003)『日朝関係の克服』集英社新書。
キノネス, ケネス(2000)『北朝鮮 米国務省担当官の交渉秘録』中央公論新社。
キノネス, ケネス(2003)『北朝鮮II 核の秘密都市寧辺を往く』中央公論新社。
黒沢満(1999)『核軍縮と国際平和』有斐閣。
河野勝(2001)「「逆第二イメージ論」から「第二イメージ論」への再逆転？」『国際政治』第128号。
河野勝＆竹中治堅編(2003)『国際政治経済論』日本経済評論社。
河野勝＆清野一治編(2006)『制度と秩序の政治経済学』東洋経済新報社。
古城佳子(1996)『経済的相互依存と国家』木鐸社。
古城佳子(1998)「国際政治経済学の動向」『国際問題』第456/457号。
古城佳子(2001)「グローバリゼーションの再検討」『国際問題』第497号。
佐々木宏夫(2003)『入門ゲーム理論』日本評論社。
島野卓爾(1996)『欧州通貨統合の経済分析』有斐閣。
白井早由里(1999)『検証IMF経済政策』東洋経済新報社。
信用理論研究会編(2006)『金融グローバリゼーションの理論』大月書店。
鈴木基史(2000)『国際関係』東京大学出版会。
高木信二編(2003)『通貨危機と資本投機』東洋経済新報社。
田中素香編(1996)『EMS：欧州通貨制度』有斐閣。
田中素香(2002)『ユーロ』岩波新書。

谷口将紀(1997)『日本の対米貿易交渉』東京大学出版会。
通商産業省編(1997)『日米自動車交渉の軌跡』通商産業省調査会出版部。
西脇文昭(1998)『インド対パキスタン――核戦略で読む国際関係――』講談社現代新書。
日本経済新聞社編(1995)『ドキュメント 日米自動車協議』日本経済新聞社。
春原剛(2004)『米朝対立――核危機の十年――』日本経済新聞社。
船橋洋一(1988)『通貨烈々』朝日新聞社。
船橋洋一(2006)『ザ・ペニンシュラ・クエスチョン――朝鮮半島第二次核危機――』朝日新聞社。
武藤滋夫(2001)『ゲーム理論入門』日本経済新聞社。
山本栄治(1997)『国際通貨システム』岩波書店。
吉田文彦編(2005)『核を追う――テロと闇市場に揺れる世界――』朝日新聞社。
渡辺昭夫・土山實男編(2001)『グローバル・ガヴァナンス――政府なき秩序の模索――』東京大学出版会。

223

事項索引

ア 行

アクセプタビリティーセット　40
悪の枢軸　191
アジア太平洋経済協力会議　86
アセアン地域フォーラム　199
アナーキー　3
アルーシャ協定　168
威嚇の信頼性　27
イスラエル　174
委任　41
イラク　173
イラン　173
インド　174
ウインセット　40, 60, 79, 80, 96, 196, 197
ウェルナー報告　120
後ろ向き帰納法　27, 30, 180
内向きの通貨当局　111
埋め込まれた自由主義　17
エージェント　39
欧州共同体　120
欧州決済同盟　105
欧州中央銀行　124
欧州通貨危機　123
欧州通貨制度　121, 132
欧州連合　123
穏健な米国　194, 195

カ 行

外部機会　30
核開発のコスト　182
核開発の制裁　193
核開発のペナルティ　183, 200
核開発の黙認　193
核開発の誘因　181, 199
核軍縮　175, 183
核の闇市場　174
核廃絶　185
核不拡散ゲーム　20, 177
核不拡散条約　175
核不拡散体制　171
　――の安定条件　180
　――の信頼性　184
核不拡散の臨界曲線　181
核抑止　193
　――の臨界曲線　198
ガバメント・リーチ　43
カフェテリア方式　90
ガリオア・エロア　105
為替相場メカニズム　122
頑強な核保有国　177, 178
間主観性　13
関税削減ゲーム　23
関税収入　56
関税同盟　120
完全情報　26
完備情報ゲーム　19
寛容な通貨当局　127
官僚制多元主義　85, 92
官僚部局　91
緩和政策　42
緩和戦略　46
機会費用　185
危機管理の信頼性　146
企業利潤　56
基軸通貨　103
　――国　110, 111
北朝鮮　174
　強硬な――　193
　第1次――核危機　174, 188
　第2次――核危機　174, 191
　軟弱な――　193
既得権益　49
厳しい通貨当局　127
機能主義論　10
キューバ危機　172
業界団体　91
強硬な米国　194, 196
強制委託制度　149
協調的安全保障　199
共同農業市場　120
共同フロート　121

行政指導　43,72,82,91
共鳴　43
協力ゲーム　19
局所戦略　32
拒否権　48,54,76,93,97,161
金為替本位制　105
均衡プレイ　30,162
金・ドル本位制　105
金プール協定　106
金融・為替の自由化　108
金融自由化　138
金利平衡税　106
クロスレベル戦略　45
グローバリゼーション　4,137
グローバル・ガバナンス　13,147,150
軍事制裁　183,200
軍事対立　157
経済協力　200
経済制裁　183,200
経済・通貨同盟　123
契約曲線　40,60,78,80
結託　46
ゲーム理論　19
交渉可能領域　41
交渉ゲーム　28,156
交渉代表者　36,37
交渉の臨界点　97,99
構造的権力　8
行動戦略　33
購買力平価　126
国際介入　157,158
国際原子力機関　173,188
国際交渉　36,76,89,192
国際社会の介入　163
国際収支危機　142
国際政治経済学　4
国際秩序論争　14
国際通貨基金　141,150
国際流動性　104
国際レジーム　10,185
国内交渉　36,76
国内構成員　37
国内紛争　158
国家間システム　12
国家主権　155

―――論争　15
国家の自律性論争　16
固定為替レート制　104,129,130
コミットメント問題　113,115,130,156,158,160,166
ゴールド・ラッシュ　106
コンストラクティヴィズム　13
コンディショナリティ　46,157,163,164

サ　行

最後通牒ゲーム　28
最後の貸し手　143
最適関税率　24
最適反応戦略　22,25,59,95,114,162,195,196,197
サイドペイメント　43
裁量的均衡　128
サステナビリティ問題　108
サパティスタ民族解放軍　140
サプライサイド・アプローチ　176,182
参加者拡大戦略　44
自主性原則　87,95
システムの民営化　107
私的情報　31,178,192
支払準備率　149
資本取引規制　149
社会協約　140
ジャパン・マネー　107
集合行為論　49
自由主義的平和論　13
囚人のジレンマ　58
従属論　11
収斂基準　123
主権国家　3,7
シュタッケルベルグ均衡　114,115,127
消極的安全保障　182
消費者余剰　55,56
情報構造　42,55,76,94,143,178,194
情報集合　25,26
情報の非対称性　31,178,194
承認　41
新規借入取極　150
信念　31
信頼性　27,113,130,150,161,184,197,201
数値目標　73

事項索引

スターリング・ブロック　105
スネーク制度　121
スーパー301条　44
スミソニアン協定　107
スワップ協定　106
制裁の威嚇　44
制裁の信頼性　201
政策選好　41, 61, 78, 95, 126
政策の収斂　16
政治交渉ゲーム　28
政治的圧力　56, 62
政治的支持関数　56
脆弱な核保有国　177, 178
政府内対立　47, 63
勢力均衡論　7
世界システム論　11
節　25, 26
積極的安全保障　182
絶対利益　9
説得　43
ゼロサム関係　7
選好が十分に乖離　61, 78, 95
選好が十分に近似　61, 78, 95
選好が適度に乖離　78, 95
戦略　21
　──形ゲーム　20
戦略兵器削減交渉　172
戦略兵器制限交渉　172
早期自主的分野別自由化　88
相互依存論　10
相対利益　7
相乗的リンケージ　46, 49
族議員　92, 96
外向きの通貨当局　111
ソフト・パワー　8
ソマリア内戦　168

タ 行

体制支持金融　109
タイプ　31, 111, 177, 193, 194
太陽政策　192
大量報復戦略　172
対話と圧力　187, 199
タカ派　40
多角的決済制度　104

多国籍企業　15
縦割り行政　92
知識共同体　10
チーティング解　115, 116, 128
調整可能な釘付け平価制度　104
朝鮮半島エネルギー開発機構　189
通貨安定　142, 146, 147
通貨危機　142, 146, 147
　──の回避　142
通貨権力　110
　──の非対称性　110, 112
通貨攻防　146, 147
通貨投機ゲーム　144
通貨統合　119
通産省　91
通商法301条　44, 74, 83
2レベルゲーム　36, 53, 69, 85
提案権　54, 76, 93
帝国主義論　11
ディマンドサイド・アプローチ　177, 182
鉄の三角形　92
展開形ゲーム　25, 141
動学的整合性　114
トービン税　149
トランス・ガバメンタルな連携　46
トランスナショナルな連携　45
ドル危機　105
ドル防衛　106
ドル本位制　105, 107
ドロール委員会報告　122

ナ 行

内政不干渉　155
内戦　157, 160
ナッシュ均衡　23, 25, 58, 77, 96, 114, 116, 117, 128
2段階ゲーム　54
日米構造協議　44, 49, 71
日米コメ交渉　46, 49
日米自動車交渉　48, 71-75
日米半導体協定　73
日米半導体交渉　48
日米包括経済協議　49, 69, 71
ネオ・リアリズム　7
ネオ・リベラル制度論　12

農林水産省　91, 96

ハ行

パキスタン　174
覇権安定論　8, 179
覇権循環論　8
破綻国家　168
パッケージ方式　90
ハト派　39
非核地帯　182, 199
引き締め政策　42
引き締め戦略　46
非協力ゲーム　19
批准　36, 41, 53
非ゼロサム　9
評判効果　151
開かれた地域主義　87
ファンダメンタルズ　148
フィリップス曲線　126, 127
不完備情報ゲーム　19, 31, 176, 180, 192
複合的相互依存　10
2つの軌道システム　4
部分ゲーム　27
　　――完全均衡　27, 30, 158, 178
プライベート・レジーム　14
プラザ合意　70, 108
ブラック・ウェンズデー　123
ブラック・マンデー　109
フリーライダー　169
プレイヤー　21
ブレトンウッズ協定　104
ブレトンウッズ体制　103, 115
分析レベル　4
米朝枠組み合意　188
ヘテロドックス型の経済安定化政策　138
ペナルティ　157, 161, 163, 164, 177, 194, 200
ベリー報告　187, 190
変動為替レート制　107, 116
包括的核実験禁止条約　175, 199
包容政策　192, 201
補完的融資制度　150
北米自由貿易協定　141
北米枠組み合意　141
ボゴール宣言　87, 88

マ行

マーシャル・プラン　105
マーストリヒト条約　123, 134
マニラ・フレームワーク　150
マルク圏　121
マルクシズム　10
マルク本位制　122
民主的平和論　13
メキシコ通貨危機　138
黙認　41
モラル・ハザード　143, 151

ヤ行

輸出自主規制　70
輸入自主拡大　71
ユーロ　125
予防戦争　157, 163
予防的クレジットライン　150

ラ行

リアリズム　6
利益団体　92, 96
利得　21, 25, 26
　　――関数　21
　　――行列　22
リビア　173
リベラリズム　8
累積債務問題　107
ルーブル合意　109
ロシア　174
6カ国協議　191
ロビー活動　44
ローマ条約　120

A

APEC　→　アジア太平洋経済協力会議
ARF　→　アセアン地域フォーラム

C

CTBT　→　包括的核実験禁止条約

E

EC　→　欧州共同体
ECB　→　欧州中央銀行

EMS → 欧州通貨制度
EMU → 経済・通貨同盟
ERM → 為替相場メカニズム
EU → 欧州連合

I

IAEA → 国際原子力機関
IMF → 国際通貨基金
IMF 経済調整プログラム　148, 149

M

MOSS 協議　71

N

NAFA → 北米枠組み合意
NAFTA → 北米自由貿易協定
NPT → 核不拡散条約
NPT 体制　175, 185
N-1 論　108

人名索引

A

Aglietta, M.　135
Allison, G.　185

B

Baldwin, D.　12
Baldwin, R.　67
Bhagwati, J.　83
Blix, H.　186
Brander, J.　55

C

Carter, A.　202

D

De Grauwe, P.　135
Destler, I.　118
Dyson, K.　135

E

Eatwell, J.　152
Eichengreen, B.　135, 151
Evans, P.　43, 46, 50

F

Fearon, J.　169
Featherstone, K.　136
Frank, G.　11
Frieden, J.　135

G

Garrett, R.　15, 18
Gibbons, R.　34
Gilpin, R.　8, 14, 15

H

Haas, E.　10
Henning, R.　118

J

Johnson, C.　91, 100

K

Kahler, M.　13, 14, 17, 18
Kautsky, K.　11
Keohane, R.　10, 12, 18
Kindleberger, C.　8
Krauss, E.　47, 99, 100
Krugman, P.　108, 152

L

Lake, D.　13, 14, 17, 18
Lenin, V.　11

M

Mansfiesd, E.　67
Mayer, F.　43, 50, 66
Mazarr, M.　202
McKinnon, R.　118
Milner, H.　55, 67
Morgenthau, H.　7
Morrow, J.　34

N

Nye, J.　8, 10, 169

O

Oberdorfer, D.　202
Obstfeld, M.　152
Olson, M.　49

P

Patrick, H.　83
Perry, W.　202
Powell, R.　186
Putnam, R.　47, 50

Q

Quinones, K.　202

R

Rosendorff, P.　55, 67
Russett, B.　13

S

Sagan, S.　186
Scholte, J.　17
Schoppa, L.　44, 50
Spencer, B.　55, 67
Strange, S.　8, 15, 18, 18

T

Taylor, L.　152
Tyson, L.　71, 83

V

Volcker, P.　118

W

Wallerstein, I.　11
Walter, B.　170
Waltz, K.　7
Weingast, B.　170
Wendt, A.　13

ア 行

青木昌彦　92, 100
大野健一　118
岡田章　34
岡本次郎　89, 100

カ 行

行天豊雄　118

サ 行

佐々木宏夫　34

ハ 行

船橋洋一　118, 202

著者紹介
1954年　愛知県に生まれる
1985年　神戸大学大学院経済学研究科博士課程修了
現　在　神戸大学大学院経済学研究科教授
専　攻　国際経済学，国際政治経済学。博士（経済学）
著訳書　『創造するコミュニティ』（共編著，晃洋書房，2014年）
　　　　『国際経済学を学ぶ』（ミネルヴァ書房，2012年）
　　　　『インセンティブな国際政治学』（日本評論社，2010年）
　　　　『開発の国際政治経済学』（勁草書房，2001年）
　　　　『国際政治経済の理論』（勁草書房，1998年）
　　　　『現代の国際政治経済学』（共編著，法律文化社，1998年）
　　　　『覇権後の国際政治経済学』（共訳，晃洋書房，1998年）
　　　　『FTA/EPA推進に何が必要か』（編著，勁草書房，2011年）
　　　　『ラテンアメリカ経済学』（編著，世界思想社，2003年）
　　　　『ラテンアメリカが語る近代』（共編著，世界思想社，1998年）
　　　　『グローバルとローカルの共振』（共編著，人文書院，2007年）

入門・国際政治経済の分析
ゲーム理論で解くグローバル世界

2007年4月15日　第1版第1刷発行
2018年11月20日　第1版第9刷発行

著　者　石　黒　　馨
発行者　井　村　寿　人

発行所　株式会社　勁　草　書　房
112-0005　東京都文京区水道2-1-1　振替 00150-2-175253
（編集）電話 03-3815-5277／FAX 03-3814-6968
（営業）電話 03-3814-6861／FAX 03-3814-6854
堀内印刷所・中永製本所

©ISHIGURO Kaoru　2007

ISBN978-4-326-30167-6　　Printed in Japan

JCOPY ＜(社)出版者著作権管理機構　委託出版物＞
本書の無断複写は著作権法上での例外を除き禁じられています。
複写される場合は、そのつど事前に、(社)出版者著作権管理機構
（電話 03-3513-6969、FAX 03-3513-6979、e-mail: info@jcopy.or.jp）
の許諾を得てください。

＊落丁本・乱丁本はお取替いたします。
http://www.keisoshobo.co.jp

今井晴雄・岡田章編著
ゲーム理論の新展開
A5判　3,100円
50227-1

キング／コヘイン／ヴァーバ　真渕勝監訳
社会科学のリサーチ・デザイン
定性的研究における科学的推論
A5判　3,800円
30150-8

河野勝・真渕勝監修
──ポリティカル・サイエンス・クラッシック（第1期）──

M.ラムザイヤー／F.ローゼンブルース
日本政治と合理的選択

A.レイプハルト
民主主義対民主主義

K.ウォルツ
国際政治の理論

T.シェリング
紛争の戦略

勁草書房

＊表示価格は2018年11月現在。消費税は含まれておりません。